Trotz aller Fortschritte in Wissenschaft und Technik, die »okkulte Welle« in den Wohlstandsländern hält an: Kinder beschwören die Geisterwelt, während ihre Eltern Esoterik-Seminare besuchen. Sinnkrisen und Bildungsdefizite, Neu-Gier und Sensationslust werden häufig als Motive für die Suche nach »Hinterwelten« genannt. Doch zuweilen stecken dahinter auch ernst zu nehmende Begegnungen mit einer noch unerforschten »höheren« Wirklichkeit, zumindest aber eine nicht einfach abzutuende Hoffnung darauf. Das belegt dieses Buch anhand der eindrucksvollsten Psi-Fälle aus jüngster Zeit: von Astrologie über Geistheilung, Hellsehen und Wiedergeburt bis hin zu Jenseits-Kontakten.

Harald Wiesendanger, Jg. 1956, hat Philosophie, Psychologie und Soziologie an der Universität Heidelberg studiert und dort 1981 auch promoviert. Anschließend war er Redakteur von Fachzeitschriften und ist seit 1986 freier Publizist und Lektor mit den Schwerpunkten Psychologie und Grenzwissenschaften. Er ist Autor mehrerer Sachbücher. – Weitere Titel des Autors im Fischer Taschenbuch Programm: ›Zwischen Wissenschaft und Aberglaube‹ (42323) und ›Wiedergeburt; Herausforderung für das westliche Denken‹ (10031).

HARALD WIESENDANGER

DIE JAGD NACH PSI

Über neue Phänomene an den Grenzen
unseres Wissens

FISCHER TASCHENBUCH VERLAG

Ungekürzte Ausgabe
Veröffentlicht im Fischer Taschenbuch Verlag GmbH,
Frankfurt am Main, November 1992

Lizenzausgabe mit freundlicher Genehmigung des
Aurum Verlag GmbH & Co KG, Freiburg im Breisgau

Umschlaggestaltung: Buchholz/Hinsch/Hensinger
Satz: Benziger AG, Graphisches Unternehmen, Einsiedeln/Schweiz
Druck und Bindung: Clausen & Bosse, Leck
Printed in Germany
ISBN 3-596-11140-4

Gedruckt auf chlor- und säurefreiem Papier

Für Roland

Damit ein Physiker
die Anomalistik entdeckt.

INHALT

»Seltsam, daß der Geist in ein Buch schauen muß, um zu sehen, was er sein könnte.«

Georg Christoph Lichtenberg
(1742–1799)

DER BELLARMIN-KOMPLEX

»Die Ansicht, die Erde sei nicht das Zentrum des Alls
und drehe sich sogar einmal im Tag um sich selbst,
ist philosophisch falsch und zum mindesten ein Irrglaube.«

Edikt der Heiligen Römischen Inquisition vom 5. März 1616
gegen die kopernikanische Astronomie

Im September 1975 verschwindet die 24jährige Hausfrau Leni Hof spurlos. Sie wird nie gefunden. Trotzdem verurteilt das Landgericht Heilbronn zwei Jahre später den Arbeiter Kurt Seifert (33) zu 14 Jahren Freiheitsstrafe: Er habe die Vermißte umgebracht und ihre Leiche beseitigt.

Seifert beteuert seine Unschuld – aber wie soll er sie beweisen? Im Laufe des Prozesses beantragt sein Anwalt, die Hellseherin Käthe Niessen hinzuziehen: Sie verfüge über die »hochentwickelte Gabe der Telepathie und des Hellsehens«. Damit könne sie wichtige Anhaltspunkte liefern, ob die Vermißte noch lebt, wo sie sich aufhält; oder, falls sie tatsächlich schon tot ist, wo sich ihre Leiche befindet – und daß nicht Seifert es war, der sie umgebracht hat.

Weil die Heilbronner Richter ablehnen, geht der Mordverdächtige in Revision. Erstmals in der bundesdeutschen Nachkriegsgeschichte hat nun der Bundesgerichtshof (BGH) in Karlsruhe über Paranormales zu befinden – und tut es kurzerhand ab. »Die hier in Rede stehenden Kräfte«, so weiß der BGH-Strafsenat in seinem Urteil vom 21. Februar 1978 (AZ 1 StR 624/77), seien als »Beweismittel völlig ungeeignet; vielmehr »gehören sie lediglich dem Glauben oder Aberglauben, der Vorstellung oder dem Wahne an«. Deshalb erübrige es sich auch, einen Parapsychologen wie Professor Hans Bender von der Universität Freiburg als Sachverständigen zu laden: Was er vorzutragen hätte, zähle ohnehin nicht zu den »gesicherten wissenschaftlichen Erkenntnissen«.[1]

Dem höchstrichterlichen Glaubensbekenntnis, das eine ähnliche Entscheidung des Reichsgerichts vom 21. Juni 1900 bestätigt (RGSt 33, 321), schließt sich bis heute beinahe alles an, was in unserem Staat Rang und Namen hat. Da warnen Spitzenpolitiker wie Nordrhein-Westfalens Kultusminister Hans Schwier öffentlich vor der »neuen Droge« Okkultismus, die insbesondere Jugendliche zu Opfern eines »massiven Kampfs gegen die Vernunft« mache.[2] Um dagegenzuhalten, beruft die bayerische Landesregierung im September 1988 den ersten staatlichen »Okkultimus-Beauftragten«. Sehr recht kommt das den Amtskirchen, die sich um ihr Alleinvermittlungsrecht zwischen Diesseits und Jenseits sorgen: »Angebliche« paranormale Erfahrungen während okkulter Praktiken sind für Kirchenobere wie den Bischof von Trier, Josef Spital, schlicht »Dummheit und Aberglaube«.[3] Spezielle »Beauftragte für Sekten- und Weltanschauungsfragen« beider großer Konfessionen warnen öffentlich vor einem »Selbstmord des rationalen Denkens«, vor Geister»wahn« und »religiösem Analphabetismus«. Selbst seriöse Tageszeitungen erklären Psi-Gläubige pauschal zu »Verführten« und »Süchtigen«, unter denen eine »Epidemie grassiert«; kommentarlos übernehmen und drucken sie Meinungen selbsternannter »Experten«, »gewissenlose Okkultverbrecher« zögen die Beschäftigung mit Übernatürlichem »wieder zur Volksseuche groß«.[4] Wissenschaftler, die hinter Übersinnlichem samt und sonders Betrug oder Sinnestäuschung, seelische Defekte, geistige Kurz-Schlüsse oder physikalische Ursachen wähnen, erhalten bei öffentlich-rechtlichen Rundfunkanstalten großzügige Sendezeiten, bei Gerichtsverfahren ein Gutachtermonopol – und vorderste Plätze bei Fachtagungen und öffentlichen Anhörungen.

Es ist eine große Koalition der Ahnungslosen, die wieder einmal mit Macht, Arroganz und Rhetorik auszugleichen sucht, was ihren Argumenten an Stichhaltigkeit fehlt. Paranormalen Erlebnissen und Fähigkeiten klebt sie flugs das Etikett »okkultistisch« oder »spiritistisch« an, um sie in Bausch und Bogen als unbeweisbaren Humbug, als »faulen Zauber« abzutun. Differenzieren liegt ihr nicht; wer dies einklagt, den trifft prompt die Unterstellung, er brauche schleunigst Nachhilfeunterricht in wissenschaftlicher Methodologie und rationalem Argumentieren. Daß seit über hundert Jahren ein eigenständiger Forschungszweig, die Parapsychologie, solche Phänomene empirisch untersucht und teilweise erhärtet, nimmt sie kaum zur Kenntnis. Ein »Bellarmin-Komplex« hält sie zusammen: die gleichen Motive, Werthaltungen und emotional besetzten Vor-Urteile, die einst Roms Kardinal Robert Bellarmin daran hinderten, durch Galileis Fernrohr zu schauen, ehe die Inquisition am 5. März 1616 ihr historisches Edikt »gegen die Ansicht« veröffentlichte, »die Erde sei nicht das Zentrum des Alls und drehe sich sogar einmal im Tag um sich selbst«. Beinahe wörtlich decken sich die Einwände von damals und heute: »närrisch, philosophisch falsch und zum mindesten ein Irrglaube«. Es kann nicht sein, was nicht sein darf. Denn es würde ein Bild vom Menschen sprengen, das seit der Aufklärung vorherrscht – und ein erweitertes begründen, für welches das christliche Abendland vielleicht erst noch reif werden muß. Dieses Bild steht auf sechs Säulen:

1. Menschen weisen Fähigkeiten auf, die sie nicht haben könnten, wenn das Bild zutrifft, das Biologie, Chemie, Physik und andere Wissenschaften gegenwärtig von ihnen zeichnen. Kein Teil des menschlichen Körpers scheint in der Lage, diese Fähigkeiten zu realisieren, insbesondere nicht das Gehirn. Das legt den Schluß auf einen anderen, heute noch weitgehend unbekannten Träger nahe: ein unkörperliches Selbst, eine »Seele«, einen »Geist«.[5]

Fälle von außersinnlicher Wahrnehmung – Telepathie, Hellsehen, Zukunftswissen – sind mittlerweile ebenso sauber dokumentiert und experimentell erhärtet wie »Psychokinese«, die rätselhafte Fähigkeit, ohne Einsatz des eigenen Körpers, willentlich oder unbewußt, in die materielle Welt verändernd einzugreifen: Objekte zu bewegen, zu verformen oder gar zu teleportieren, schweben zu lassen, in andere Aggregatzustände überzuführen, auftreten und wieder verschwinden zu lassen; im weitesten Sinn gehören auch »Geistheilen« und »Psychochirurgie« dazu.

2. Dieses unkörperliche Selbst scheint nicht unbedingt an den Körper gebunden. Dafür sprechen »außerkörperliche Erfahrungen« (OBEs, von engl. *o*ut-of-the-*b*ody *e*xperiences): Personen schildern Wahrnehmungen, die sie unmöglich hätten machen können, wenn sie sich dort aufgehalten hätten, wo sich ihr Körper befand.

3. Insbesondere im Augenblick des Todes kann sich dieses Selbst offenbar vom Körper lösen, statt mit ihm abzusterben. Entsprechende »Nahtodeserlebnisse« (NDEs) Sterbender und Reanimierter haben Thanatologen wie Raymond Moody, Kenneth Ring, Michael Sabom und Elisabeth Kübler-Ross längst vom Ruch des Aberglaubens befreit.

4. Ein entkörperlichtes Selbst kann offenbar weiterexistieren. Wenige überzeugende Medien demonstrieren unter streng experimentellen Bedingungen Kenntnisse und Fähigkeiten, die schwerlich anders als durch Jenseitskontakte zu erklären sind. Merkwürdige Botschaften von Stimmen Verstorbener auf nachweislich leeren Ton- und Videobändern, rätselhafte Begebenheiten im Verlauf von Séancen, Spukphänomene und Erscheinungen Toter haben sich nicht immer als Sinnestäuschung, Halluzination, Betrug oder psychischer Automatismus abtun lassen.

5. Ein solches Selbst scheint fähig, sich mit einem neuen Körper zu verbinden. Neben verifizierten Reinkarnationserinnerungen, die sich jeder anderen psychologischen Erklärung entziehen, sprechen dafür etliche dramatische Fälle von »Besessenheit«, die selbst Psychiater ins Grübeln bringen: Fälle, die sich Diagnosen wie »Schizophrenie«, »multiple Persönlichkeit« oder »Hysterie« hartnäckig widersetzen. Handelt es sich dabei um Sonderfälle von »Inkarnationen«: Ein Geist bemächtigt sich eines menschlichen Körpers, den bereits ein anderer besetzt hatte?

6. Wiederverkörperungen folgen nicht beliebig und unendlich oft aufeinander: Wie die Analyse des »harten Kerns« *bestätigter* Reinkarnationserinnerungen nahelegt, vollziehen sie sich nach einer Entwicklungslogik, die fernöstliche Religionen *Karma* nennen. Schicksale, Taten, Beziehungen, Lehren aus früheren Inkarnationen beeinflussen spätere.

Selbst in der westlichen Welt nähern sich immer größere Teile der Bevölkerung diesem Bild an – eine wachsende Zahl unter dem tiefen Eindruck persönlicher Erlebnisse. Einer Umfrage des *National Opinion Research Center* der Universität Chicago von 1984 zufolge geben inzwischen zwei von drei Amerikanern an, schon einmal eine außersinnliche Wahrnehmung gemacht zu haben. (Bei einer ersten Erhebung 1973 waren es 58 Prozent.) 42 Prozent berichten von »Kontakten mit Verstorbenen« (gegenüber 27 Prozent 1973). 29 Prozent wollen »Visionen« erlebt haben. Jeder Vierte glaubt an die Wiedergeburt – in der Bundesrepublik immerhin schon fast jeder Fünfte über 16 Jahren, wie Allenbacher Meinungsforscher im Februar 1989 zu vermelden hatten.

Sind das allesamt Verführte, mitgerissen von der Okkultismuswelle, geleimt von Gurus? Mindestens jeder zweite Erwachsene hat schon einmal Übersinnliches erlebt – *selbst wenn er nie zuvor von solchen Phänomenen gehört oder gelesen hat.* Also wurzelt die gegenwärtige »Okkult-Welle« vor allem in der gewachsenen Aufmerksamkeit für bestimmte persönliche Erfahrungen, im Mut, sich zu ihnen zu bekennen, und der beharrlichen Weigerung, sie sich weiterhin ausreden zu lassen. Darauf deuten jedenfalls Untersuchungen wie die des amerikanischen Psychologen Vernon Neppe hin, Direktor der Neuropsychiatrischen Abteilung an der Universität Washington.[6] Neppe verglich 1986 zwei ausgewählte Personenkreise: die »Vorgebildeten« und die »Ahnungslosen«. Zunächst suchte und befragte er 57 Erwachsene, die sich alle schon eingehend mit Paranormalem beschäftigt hatten. Nicht weniger als 98,5 Prozent von ihnen gaben an, sie hätten schon mindestens einmal etwas Übersinnliches erlebt.

Verleitet ihr Vorwissen sie vielleicht dazu, hinter jeder rätselhaften Erscheinung gleich »höhere« Kräfte und Mächte zu vermuten? Zum Vergleich testete Neppe nun 40 weitere Erwachsene aus denselben Alters-, Bildungs- und Berufsgruppen. Keiner von ihnen hatte je ein Buch über Übersinnliches in der Hand gibt; keiner hatte je einen Vortrag darüber besucht oder Rundfunk- und Fernsehsendungen zu diesem Thema eingeschaltet. Doch selbst unter ihnen berichteten 60 Prozent von paranormalen Erlebnissen. Am häufigsten nannten sie:

- Vorahnungen (zwei Drittel)
- Erscheinungen von Verstorbenen oder von weit entfernten Angehörigen (46 Prozent)
- Eindrücke, den eigenen Körper zu verlassen (40 Prozent)
- Wahrträume (ein Drittel).

Neun von zehn Befragten waren beim ersten Psi-Erlebnis jünger als 20 Jahre.

Worauf sie stießen, gehört in allen bekannten Kulturen seit Jahrtausenden zum beinahe selbstverständlichen Erfahrungsschatz. Zumindest ein Bruchteil davon hätte wohl schon immer sorgfältigsten Prüfungen standgehalten – wenn wissenschaftliche Empiristen und christliche Dogmatiker ihn nicht anmaßend beiseitegeschoben hätten. Einige wenige Bausteine, die sich irgendwann einmal ins Mosaik eines neuen, erweiterten Bilds vom Menschen einfügen könnten, stellt dieses Buch vor: Fälle von außersinnlicher Wahrnehmung und Psychokinese, Hinweise auf Reinkarnation und Geistheilung, auf kosmische Einflüsse, auf außerirdische und »jenseitige« Wesenheiten. Es sichert flüchtige Spuren, die eine andere Wirklichkeit hinterlassen hat, aber auch falsche Fährten – und untersucht, wie sich Menschen verändern, die auf sie gestoßen sind. An zwei Dutzend Beispielen verfolgt es Wege und Irrwege der Jagd nach dem Übersinnlichen. Am Fall der gegenwärtig aufgeregt diskutierten »Okkultismus-Welle« unter Jugendlichen zeigt es Gefahren und Chancen der »Psi-Wendezeit« auf.

Nicht alle Beispiele halten strengen Maßstäben stand, wie ihnen der amerikanische Reinkarnationsforscher Ian Stevenson inzwischen genügen kann, nachdem er weltweit über 2500 Fällen nachging, in denen sich Kinder an ein früheres Leben zu erinnern scheinen. Manche Mängel des Materials, das ich hier vorstelle, scheinen mit Eigenheiten der Phänomene selbst zusammenzuhängen: Meist verhalten sie sich so, als äußere sich in ihnen eine eigenwillige, unfaßbare Superintelligenz, die sich nur offenbaren will, wenn es ihr paßt. Andere Mängel rühren daher, daß Meßtechniken fehlen, um sie zu objektivieren: um beispielsweise die Medien telepathischer Übertragungen oder psychokinetischer Fernwirkungen ähnlich greifbar zu machen wie die Kirlian-Fotografie einige Eigenschaften jener Strahlung, die Geistheiler als »Aura« spüren. Zudem fehlt fast immer ein theoretischer Rahmen, der die Phänomene verständlich macht: typisch für frühe Stadien in der Entwicklung eines neuen wissenschaftlichen Paradigmas. Vom »normalen« Forschungsbetrieb ausgeschlossen und belächelt, unternehmen Expeditionen in die »Andere Wirklichkeit« heute noch überwiegend enthusiastische Privatforscher auf eigene Faust. Dafür setzen sie Freizeit, Geld und öffentliches Ansehen aufs Spiel: ein Lippstädter Kosmobiologe, der seit über 15 Jahren beharrlich dem Zusammenhang zwischen Zeugungszeitpunkt und Mongolismus nachforscht; ein Geschäftsmann aus Burscheid bei Köln, der seine Videoausrüstung wiederholt in den brasilianischen Urwald schafft, um dort ein Materialisationsmedium zu filmen; ein amerikanischer Philosoph, der die Präkognition eines verheerenden Brückeneinsturzes überprüft; ein französischer Professor für Biologie, der im Ruhestand mit Psychokinese experimentiert; eine Frau, die mit Schreibblock, Fotoapparat und Tonbandgerät vier spiritistische Sitzungen in einer römischen Privatwohnung dokumentiert, auf denen ihr verstorbener Vater anscheinend Beweise für sein Weiterleben führt: der große italienische Arzt und Parapsychologe Dr. Gastone de Boni; Psychiater aus den USA, Frankreich und der Schweiz, die Levitationen, Ufo-Berichten und Besessenheiten nachgehen; bundesdeutsche Forschungsgruppen in Kelkheim und Mannheim, die mit außersinnlicher Wahrnehmung im Traum experimentieren, unter hunderten von Ufo-Meldungen die Spreu vom Weizen trennen. Alle könnten weiter sein, wenn ihnen eine offene Forschungspolitik die notwendigen finanziellen, personellen und Sachmittel bereitstellte, ihre Anstrengungen koordinierte, Kontakte untereinander und zu universitären Forschungsstellen knüpfen hülfe.

Der Rahmen staatlicher Forschungsförderung müßte dabei einbeziehen und integrieren helfen, was zumindest in Europa bis heute immer noch weitgehend nebeneinander herläuft, trotz vielfältiger Berührungspunkte und Überschneidungen, was die beobachteten Phänomene und ihre theoretischen Implikationen anlangt: In ihm muß die *Anomalistik*[7], die Para*normologie*[8] insgesamt Platz finden – die wissenschaftliche Erforschung *sämtlicher* Erscheinungen, die dem »Nomos« neuzeitlicher Welterklärung zuwiderlaufen –, nicht nur bevorzugt die Para*psychologie*. (Reichlich einäugig deckt diesen Themenbereich als ganzen die 1988 gegründete deutsche »Gesellschaft zur wissenschaftlichen Untersuchung von Parawissenschaften e.V.« (GWUP) mit Hauptsitz in Roßdorf bei Darmstadt ab, nach dem Modell der amerikanischen Skeptiker-Vereinigung CSICOP, dem *Committee for the Scientific Investigation of Claims of the Paranormal* in Buffalo, New York. Was die in der GWUP zusammengeschlossenen Wissenschaftler bislang noch aus eigener Tasche, spärlichen Spenden und Mitgliedsbeiträgen auf Kosten ihrer Freizeit betreiben müssen, benötigt endlich Lehrstühle und Forschungsaufträge an deutschen Hochschulen – für unvoreingenommene Fachkräfte.) »Grenzwissenschaften« wie Paramedizin, Astrologie oder Radiästhesie etwa dürfen ebensowenig von vornherein ausgegrenzt werden wie die Ufologie: Selbst hier schält sich aus Tausenden von fragwürdigen, oft geradezu lächerlichen »Augenzeugenberichten« von »fliegenden Untertassen«, Marsmännchen und »Ufo-Entführungen« ein harter Kern von Phänomenen heraus, die sich schwerlich als Sinnestäuschungen, Halluzinationen oder Wichtigtuerei abtun lassen. Selbst zwei amerikanische Präsidenten beharren auf entsprechenden Erlebnissen, ungeachtet der Gefahr, sich öffentlich der Lächerlichkeit preiszugeben. Dutzende »unidentifizierter Flugobjekte«, so klassifiziert nach sorgfältiger Prüfung, hat allein die amerikanische Raumfahrtbehörde NASA aktenkundig gemacht. Wäre das gesammelte Material samt und sonders ohne Brisanz, so bliebe unbegreiflich, weshalb sich US-Regierungsbehörden in Einzelfällen mit Händen und Füßen dagegen wehren, es herauszurücken, wozu sie das »Informationsfreiheitsgesetz« eigentlich verpflichten würde – und dafür notfalls auch aufwendige Gerichtsprozesse durch alle Instanzen durchfechten. Ernstzunehmen sind Ufo-Meldungen vor allem dann, wenn sie nachweislich mit unerklärlichen physikalischen Veränderungen in der Umgebung, mit dem Ausfall technischer Geräte, mit meßbaren elektromagnetischen Effekten oder mit paranormalen Erscheinungen einhergehen; wenn Verwechslungen (etwa mit Planeten am Nachthimmel, mit Satelliten oder Meteoriten, mit Ballons oder Flugzeugen, mit Wolkenformationen oder Lichtspiegelungen) systematisch ausgeschlossen werden können; wenn mehrere Augenzeugen unabhängig voneinander übereinstimmende Aussagen machen – mit der Empfehlung, besonders geschulte, kritische, erfahrene Beobachter zu sein. So sammelte der amerikanische Parapsychologe Richard F. Haines aus Los Altos (Kalifornien) Aussagen von 266 Flugzeugpiloten, die zwischen 1952 und 1985 über 85 Begegnungen der »dritten Art« mit insgesamt 110 beteiligten Ufos zu Protokoll gaben.[9] Vielfach spielten dabei gleichzeitig Anzeigegeräte im Cockpit verrückt, versetzten nie aufgeklärte Bewegungen auf dem Radarschirm Bodenstationen in helle Aufregung. So abwegig wilde Spekulationen über Besucher aus dem All, über Bewohner von »Parallelwelten«, über Zeitreisende aus der Zukunft, über einen Materialisationsspuk eigener Art am Ende auch dastehen mögen: Die Phänomene selbst verdienen Aufmerksamkeit – mit einem feinen Gespür für Zeitungsenten; mit langem Atem, der nötig ist, um alle denkbaren natürlichen Erklärungen zu prüfen; mit selbstkritischer Aufgeschlossenheit genug, über eigene Voreingenommenheiten hinweg einzugestehen, wann diese Erklärungen ausnahmsweise versagen.

Doch Hochschulinstitute für Paranormologie werden, zumal in der Bundesrepublik, wohl noch lange auf sich warten lassen: »Grenzwissenschaften«, die ohne volkswirtschaftlichen Nutzen etablierten Fächern ins Gehege kommen würden, hält der Staat lieber im akademischen Abseits.[10] Bis heute bietet keine einzige europäische Hochschule eine formale Ausbildung zum Parapsychologen an; geforscht wird bisher lediglich an drei Universitäten: in Utrecht (Niederlande), in Edingburgh (Großbritannien) – und in Freiburg. Am 19. Juni 1950 eröffnete Hans Bender dort das erste »Institut für Grenzgebiete der Psychologie und Psychohygiene e.V.« – eine private Einrichtung, die ohne eine großzügige Stiftung der 1953 verstorbenen Schweizer Biologin und Parapsychologin Fanny Moser kaum überlebt hätte. Vier Jahre später übertrug ihm die Universität Freiburg eine außerordentliche Professur für »Grenzgebiete der Psychologie«, die 1967 in ein Ordinariat umgewandelt wurde. Zugleich wurde dem Psychologischen Institut eine »Abteilung für Grenzgebiete der Psychologie« angegliedert. Gehälter für einen Lehrstuhlinhaber, einen Assistenten, eine Hilfskraft und jährlich rund 5000 Mark Sachmittel – mehr haben deutsche Bildungspolitiker noch Ende der achtziger Jahre für die Parapsychologie nicht übrig. Erst recht alleingelassen fühlen sich Forscher, die nicht alles Paranormale para*psychologisch* auf einen »Psi«-Faktor zurückführen wollen – weil sie nicht einsehen, weshalb die übermenschlichen, »jenseitigen« Kräfte des Spiritismus von vornherein unwahrscheinlicher sein sollen als höhere Kräfte *im* Menschen, wie sie Animisten voraussetzen. Solange der »Bellarmin-Komplex« fortwirkt, können Grenzwissenschaftler keine ihrer beiden Aufgaben auch nur annähernd erfüllen: die zahllosen Begegnungen von Laien mit einer »höheren« Wirklichkeit sauber dokumentieren und testen, experimentell prüfen, statistisch auswerten und erhärten; und wirksam *Psychohygiene* treiben, wie sie gerade auf der gegenwärtigen Okkultismuswelle dringend Not täte: warnen vor gerissenen Betrügern, charismatischen Rattenfängern und gewissenlosen Vermarktern, vor allem aber vor den unterschätzten Gefahren eines unkritischen Umgangs mit dem »Höheren« – und ihnen vorbeugen, beratend und aufklärend, Konrad Lorenz' Ausspruch im Sinn: »Der Mensch ist das einzige Tier, das an allen Blödsinn glaubt.« Nur Geisteskinder Bellarmins schließen daraus: alles, woran dieses Tier glaubt, sei Blödsinn – und sie seien keines.

I

OKKULTISMUS: DIE NEUE JUGENDDROGE?

DAS AUSMASS

Bereits sechs Millionen Schüler auf Geisterjagd?

Die Kerze flackert, wirft unheimliche Schatten an die Wände des Kinderzimmers. Mit vier Klassenkameradinnen hockt Martina (14) aus Essen um einen runden Tisch. Atemlose Stille. Ihre ausgestreckten Zeigefinger berühren ein umgestülptes Weinglas. Drumherum liegen 38 kleine Kärtchen: »ja« steht auf dem einen, »nein« auf einem anderen. Dazu alle Buchstaben des Alphabets. Und die Zahlen von null bis neun.

»Geist, wir rufen dich!« durchbricht Martina das Schweigen. Nichts geschieht, minutenlang. »Geist, wir rufen dich!«, wiederholt sie eindringlich. »Bist du da?«

Plötzlich setzt sich das Glas in Bewegung. Millimeter um Millimeter gleitet es auf das Ja-Kärtchen zu.

»Wer bist du?«, fragt Martina mit zitternder Stimme. Erneut wandert das Glas, wie von selbst – und buchstabiert »P-a-u-l-a«. So hieß Martinas Großmutter, die vor vier Monaten an Darmkrebs starb.

Die Fünf fragen nach ihren Geburtstagen, den Noten im letzten Deutschaufsatz, der ersten Liebe, dem Beruf der Eltern. Fast immer stimmt die Antwort.

»Wann werde ich sterben?«, will die Schülerin jetzt wissen.

»20.8.2014«, sagt der »Geist« voraus.

»Mensch, da biste gerade erst 38 – und sollst schon in die Kiste hüpfen?«, kichert Claudia (15) nervös.

Doch Martina ist nicht nach Scherzen zumute. »Geist, sage mir: *Wie* werde ich ums Leben kommen?«

»U-n-f-a-l-l.«

So machen sie weiter, über vier Stunden lang. Hinterher schwören alle am Tisch: Niemand hat das Glas absichtlich verschoben.

Mit Fällen wie diesen bekommt das Essener »Sekten-Info« inzwischen fast täglich zu tun. Rund ein Drittel aller Schüler ab der achten Klasse hat sich schon mit *Okkultismus* beschäftigt (von dem lateinischen Wort *occultus*: geheim, verborgen): mit übersinnlichen Kräften und Mächten, mit übernatürlichen Erscheinungen und Verbindungen zum »Jenseits«, sogar zum Satan. Diplom-Psychologe Jörg Hoyer, Mitarbeiter beim »Sekten-Info«: »Jeder zehnte Schüler sagt, daß er schon einmal mit Geistern in Kontakt getreten ist und Botschaften der Toten empfangen hat«: 2000 allein in Essen. »30 Prozent haben nähere Kenntnisse.« Das war im Sommer 1988. Inzwischen dürften sich die Zahlen vervielfacht haben.

Schockierte Eltern, ratlose Lehrer, besorgte Freunde klingeln beim »Sekten-Info« die Telefone heiß, suchen Informationen, Rat und Hilfe. Oft melden sich auch verstörte Betroffene selbst, wenn sie die Geister nicht mehr loswerden, die sie riefen. Noch 1985 hatten gerade drei Prozent der Anfragen mit Okkultismus zu tun gehabt – inzwischen dreht sich schon mehr als jede zweite Beratung darum. Fast täglich ist die »Info«-Mitarbeiterin Sabine Linn (28), eine ausgebildete Lehrerin, an Schulen im Ruhrgebiet unterwegs, hält Vorträge, spricht mit Schülern.

Essen ist kein Einzelfall. Von Kiel bis Passau, von Saarbrükken bis Berlin sollen schon 200 000 Kinder und Jugendliche Erfahrungen mit okkulten Praktiken gemacht haben.[11] Manche Schätzungen greifen noch wesentlich höher: Inzwischen seien bereits zwei Drittel aller Schüler mit okkulten Praktiken in Berührung gekommen, trug Wolfgang Hund vom Bayerischen Lehrer- und Lehrerinnenverband im Dezember 1988 auf einem Hearing der SPD-Fraktion im Münchner Landtag vor: Bei 9,5 Millionen westdeutschen Schülern wären das über sechs Millionen. »An jeder Schule gibt es Heranwachsende, die sich mit Übersinnlichem beschäftigen«, mußte der Hersbrukker Seminarrektor für das Lehramt an Gymnasien feststellen, den das bayerische Kultusministerium im September 1988 zum ersten staatlichen »Okkultismus-Beauftragten« berufen hat. Dabei wird der Kreis der Betroffenen immer jünger: »Anfangs waren es noch Jugendliche um 18. Jetzt machen bereits zehn- bis 15jährige mit«, erlebt Pfarrer Dr. Rüdiger Hauth (48) aus Witten, seit 20 Jahren Beauftragter für Sekten- und Weltanschauungsfragen der Evangelischen Landeskirche von Westfahlen. Die meisten ihrer Fragen an »Geister« drehen sich um die Schule (»Wann kommt die nächste Mathearbeit?«), Persönliches (»Wie viele Kinder bekommt Monika?«, »Heiratet Bernd die Mona?«, »Kommen meine Eltern wieder zusammen?«), Leid und Tod (»Wie wird Herbert sterben?«).

Nicht alle verkraften die Offenbarungen aus dem »Jenseits«: Psychologen, Psychotherapeuten und Beratungsstellen bekommen zunehmend mit Minderjährigen zu tun, denen Totengeister, Dämonen oder der Teufel persönlich einen tiefen Schock und panische Angst einjagen; einzelne werden schwer depressiv, leiden an Zwängen und Wahnvorstellungen, denken an Selbstmord.

»Das ist keine Modewelle wie andere, die rasch wieder verebbt«, befürchten Kirchenvertreter wie Pfarrer Hauth. Ein Ende sei »nicht abzusehen, die okkulte Welle ist kaum noch zu stoppen«. Die schlimmsten Auswüchse aufgreifend, schlachten Massenmedien den Gruselstoff weidlich aus, machen einhellig in Panik; nicht nur Boulevardblätter, selbst seriöse Tageszeitungen bedienen sich dazu eines Katastrophenvokabulars, das ihre Leser sonst nur von Überschwemmungen, Rauschgiftwellen und Seuchen her kennen: Eine regelrechte »Epidemie« wollen sie ausgemacht haben; Schlagworte wie »Flut«, »Welle«, »Sog«, »Sucht«, »Massenwahn« gehen Medienmachern heuer flink von der Hand. Mit wissenschaftlichem Segen, wie es scheint: Vor »geradezu epidemischen Ausmaßen der Droge Okkultismus« warnen Sachverständige wie Johannes Mischo,

Professor für Psychologie an der Universität Freiburg. Aufgeschreckt schlagen auch hochrangige Politiker Alarm: Von einer »neuen Droge« spricht Nordrhein-Westfalens Kultusminister Hans Schwier. Im Bayerischen Landtag fand im Dezember 1988 eine öffentliche Anhörung zum Thema »Jugendliche und Okkultismus« statt; für die SPD-Landtagsfraktion prangerte ihre kulturpolitische Sprecherin Christa Meier dabei jegliche »Beschwichtigungsstrategie« an. Schon im Juni 1988 hatten sich 700 Lehrer, Jugenderzieher und Wissenschaftler auf der Landeskonferenz 1988 der Aktion Jugendschutz in Herne ausschließlich mit dem Thema »Okkultismus – die neue Droge?« befaßt. Für Mitte April 1989 lud das Kultusministerium Nordrhein-Westfalen zu einer Fachtagung »Okkultismus als gesellschaftliches Problem?« in die Landeshauptstadt Düsseldorf. Notstandsstimmung macht sich breit. Muß Deutschlands Jugend schleunigst vor sich selbst geschützt werden?

Die aufgeregten Warnungen und Appelle, die dies nahelegen, stehen vorläufig in krassem Mißverhältnis zu ihrer empirischen Beurteilungsgrundlage. Was an Untersuchungen darüber vorliegt, ist bislang spärlich und widersprüchlich, von höchst unterschiedlicher Qualität, zum Zeitpunkt ihres Erscheinens bereits wieder überholt, durchweg an unrepräsentativen und zu kleinen Stichproben erhoben, fast immer auf Informationen aus zweiter Hand gegründet – und teilweise erschreckend undifferenziert. Da handeln angesehene Persönlichkeiten mit Professoren-, Minister- und Bischofstiteln die grundverschiedenen Dimensionen der Beschäftigung mit dem Übersinnlichen öffentlich so ab, als gingen sie zwangsläufig Hand in Hand: *Glauben, Wissen, Neugier* und okkultistische *Praxis*; da werden so unterschiedliche Inhalte wie Pendeln und Kartenlegen, Astrologie und Ufos, Satanskult und Telepathie, Psychokinese und Geisterbeschwörung kurzerhand in einen Topf geworfen. Mit atemberaubenden Kurzschlüssen deuten sie aus einer Handvoll schlimmster Auswüche ein allgemeines, allgegenwärtiges Gefahrenpotential heraus.

Übertreiben sie – oder unterschätzen sie noch immer? Zu

einem »Kongreß gegen den Aberglauben« in Bremen Anfang 1989, mit Hintergedanken auf einen Freitag den 13. gelegt, waren 3500 Einladungen verschickt worden – ganze 70 Gäste verloren sich im Saal. »Davon zwölf Lehrer, zehn Pastore – allein vier aus einer Gemeinde, die vor Ort etwas läuten gehört hatten –, der Rest Sozialarbeiter und einige Eltern«, zählte der frustrierte Tagungsleiter Dr. Herbert Schäfer ab, Jurist und Vorsitzender der Bremer Gesellschaft für Jugendhilfe und Kriminalitätsvorbeugung. »Haben die Verantwortlichen (die Geisterwahn-Welle) überhaupt kapiert?«, fragt Schäfer fassungslos. »Ein paar Jahre so weiter, und sie kriegen das große Augenflattern.« Was bislang über Minderjährige bekannt wurde, die »plötzlich ausflippen und das große Zittern kriegen«, ist für ihn alles nur die Spitze eines Eisbergs – bei »einer ungeheuren Dunkelziffer von bestimmt 99,9 Prozent«.

Wie groß ist der Eisberg wirklich?

1. Im bayerischen Landtag präsentierte Mitte Dezember 1988 der Vorsitzende des Landeselternverbandes der Bayerischen Realschulen, Johannes Fackelmann, was eine Umfrage unter 89 Elternbeiräten aus ganz Bayern ergeben hatte: Nur 13 Prozent von ihnen wollten unter Jugendlichen eine verstärkte Hinwendung zum Okkultismus beobachtet haben. Demgegenüber sollen von 222 befragten Realschülern 24 Prozent angegeben haben, sie hätten sich schon mindestens einmal an ›Geisterbeschwörungen‹ beteiligt.[12]

2. Im März 1988 legte der Freiburger Psychologe Johannes Mischo die erste Studie über »Okkultpraktiken bei Jugendlichen« vor, die Vermutungen durch Zahlen zu belegen versuchte.[13] Dazu verschickte Mischo 520 Fragebögen an katholische Religonslehrer von Gymnasien im Saarland und in Rheinland-Pfalz. 138 machten mit. Fast alle von ihnen sahen sich bereits veranlaßt, auf das Thema »Okkultismus« im Unterricht einzugehen – meist auf Betreiben der Schüler, die sich dabei auf persönliche Erfahrungen beriefen:

* 52 Prozent haben schon einmal Gläser gerückt oder automatisches Buchstabieren versucht.

* Die Hälfte kennt »automatisches Schreiben« aus eigener Erfahrung. Dabei bringt ein Teilnehmer in Trance geheime Botschaften zu Papier, die ihm ein »Geist« diktiert; seine Hand bewegt sich dabei unwillkürlich, wie unter Zwang. Oft wird dabei auch ein »Tischchen« (Planchette) benutzt: Zwei Tischbeine laufen auf Kugeln, das dritte bildet ein Stift. Wenn die Anwesenden ihre Hand leicht darauf legen, schreibt es scheinbar wie von selbst.
* Jeder zweite Jugendliche hat schon »Tischrücken« probiert. An einem runden Tisch sitzend, bilden die Teilnehmer mit gespreizten Händen eine »Kette«. Auf Fragen »antwortet« der Tisch, indem er Klopfgeräusche von sich gibt. Manchmal hebt und senkt er sich auch.
* 36 Prozent wollen schon an spiritistischen Sitzungen teilgenommen haben.
* 41 Prozent versuchten schon einmal, Stimmen Verstorbener auf Tonband einzufangen.
* Hoch im Kurs stehen auch wissenschaftlich nicht anerkannte Deutungs- und Beratungspraktiken: allen voran Horoskopieren (33 Prozent), gefolgt von Handlesen (14 Prozent), Tarot (7 Prozent) und Orakeln wie dem I Ging, einem uralten chinesischen Wahrsagespiel, bei dem Schafgarbenstengel gezogen werden (3 Prozent).
* Fast jeder vierte Jugendliche hat schon einmal über dem Alphabet gependelt, annähernd jeder Fünfte über Gegenständen. 23 Prozent forschten schon einmal mit der Wünschelrute nach verborgenen Kraftfeldern.
* Jeden Zwanzigsten faszinierte das Kristallsehen (4,3 Prozent).
* Nahezu jeder Vierte versuchte sich schon einmal in Magie, der Beherrschung übernatürlicher Kräfte, guter wie böser (23 Prozent).
* 15 Prozent wollen schon mit Satanskulten zu tun gehabt und an schwarzen Messen teilgenommen haben – »im Namen des Teufels«.

Am häufigsten wollten die Schüler von ihren Lehrern wissen: Ist auf die »Botschaften aus dem Jenseits« Verlaß? Wie kommen sie zustande? Welche Konsequenzen haben sie für das eigene Leben: für Ausbildung und Beruf, Freundschaft und Partnerschaft, das eigene zukünftige Schicksal?

3. An 906 psychosoziale Beratungsstellen der Bundesrepublik verschickten zwei Mitarbeiter Mischos, die Diplom-Psychologen Eberhard Bauer und Barbara Lay, zwischen Januar und April 1988 einen Fragebogen zum Thema »Okkultpraktiken bei Jugendlichen«.[14] Bei einer erstaunlich hohen Rücklaufquote von fast 52 Prozent gaben 80 Prozent von 469 Beratern an, sie hätten schon mit okkulterfahrenen Minderjährigen zu tun gehabt. An der Spitze standen Praktiken wie Pendeln, Glas- und Tischrücken (61 Prozent), gefolgt von wissenschaftlich nicht anerkannten Deutungs- und Beratungstechniken wie Horoskopieren (55 Prozent), spiritistischen Sitzungen (37 Prozent), Satanskulten und schwarze Messen (24 Prozent) und Magie (11 Prozent). Fast jeder zweite (46 Prozent) sah darin ein ernsthaftes Beratungsproblem.

Begierig stürzten sich eifrige Jugendschützer in Behörden, Kirchen, Verbänden und Redaktionen auf die Freiburger Studien, schlachteten sie weidlich aus. Großzügig übergingen sie die dicken Fragezeichen, welche die Forscher selbst hinter ihre Zahlen setzten. Welche Aussagekraft können denn Untersuchungen beanspruchen, die Meinungen von Leuten abfragen, die glauben, sie wüßten, was Schüler tun – statt Schüler selbst? »Aus wissenschaftlicher Sicht ist das ohnehin nicht zu vertreten«, moniert Ulrich Müller (45), Leiter einer Forschungsstelle für psychiatrische Soziologie an der Universität Düsseldorf und ehrenamtlicher Mitarbeiter der »Aktion Psychokultgefahren«. Von ihm stammt die bislang einzige, statistisch sauber ausgewertete größere Untersuchung, die auf Aussagen von Jugendlichen selbst beruht. Sie erfaßt 104 Gymnasiasten und 215 Hauptschüler aus Dörfern, Mittel- und Großstädten Bayerns; der bayerische »Okkultismus-Beauftragte« Wolfgang Hund hatte sie in den Klassen befragt, an denen er tätig war.[15] Dabei zeigte sich: »Nahezu alle Schüler wissen davon, nahezu jeder versucht's mal. Mädchen glauben und wissen mehr, sind neugieriger, probieren mehr – erschrecken aber auch tiefer, fürchten sich eher und lassen auch eher wieder die Finger davon als Jungen. Zudem scheint Jugendokkultismus keine Bildungsfrage; Gymnasiasten (G) erliegen ihm ebenso wie Hauptschüler (HS) – auch wenn einzelne *Themenbereiche* sie offenbar unterschiedlich stark faszinieren[16]:

	Ich glaube, das gibt es.		*Darüber weiß ich schon etwas.*		*Darüber will ich mehr wissen.*	
	HS	G	HS	G	HS	G
	(in Prozent der Befragten)					
UFOS	39	33	33	53	38	36
TELEPATHIE	65	53	24	25	51	69
ASTROLOGIE	42	18	50	40	33	33
KARTENLEGEN	23	10	41	30	43	31
HELLSEHEN	32	14	30	18	19	34
GEISTERFOTOS	11	10	15	8	43	46
SPUK	21	10	24	20	38	39
PENDELN	63	35	70	48	44	33
TELEKINESE	35	22	15	28	46	71
WÜNSCHELRUTE	53	63	61	53	29	28
WUNDERHEILER	18	10	24	10	33	28

Müllers Stichprobe ist freilich klein, kaum repräsentativ und unsystematisch befragt worden. Zudem gibt sie keinen Aufschluß darüber, wie verbreitet okkulte *Praktiken* unter Schülern sind. Mit Genehmigung des bayerischen Kultusministeriums arbeitete Müller seither an einer weiteren, erheblich aufwendigeren Studie, für die er auf Tagungen die Mitarbeit von Schulleitern gewann. Bis März 1989 lagen ihm bereits über 2000 ausgefüllte Fragebögen vor; »bis zum Abschluß meiner Untersuchung, die das bayerische Kultusministerium im Sommer 1989 veröffentlicht, werden es über 6000 sein«. Nach den statistischen Auswertungen, die Müller laufend vornimmt, »bestätigen sie den Trend der Pilotstudie«[17]: Zwei Drittel aller Schüler beschäftigt sich mit okkulten Praktiken – die meisten lassen es allerdings gleich wieder: sei es, daß sie es fad finden, weil nichts, nicht genug oder immer das gleiche passiert, sei es, daß sie wirklich irritiert sind und lieber gleich die Finger davon lassen. Daß weitere Untersuchungen nötig sind, ist Müller klar. »Solange wir noch nicht einmal genau wissen, *was* Jugendliche wirklich tun, plädiere ich für sehr viel Gelassenheit.«

Doch damit steht der Sozialwissenschaftler zur Zeit ziemlich alleine da: »Keiner weiß was, aber jeder sagt was.«

DIE GEFÄHRLICHSTE SPIELART: SATANISMUS
Wenn Kinder zum Teufel gehen

»... ein Engel vom Himmel ... überwältigte ... den Teufel oder Satan ... und fesselte ihn für tausend Jahre ... Wenn die tausend Jahre vollendet sind, wird der Satan aus seinem Gefängnis freigelassen werden. Er wird ausziehen, um die Völker ... zu verführen und sie zusammenzuholen für den Kampf.«

Offenbarung des Johannes (20, 2–3, 7–8)

»Seid nüchtern und wachet, ihr Brüder, denn euer Widersacher, der Teufel, streift umher wie ein brüllender Löwe und sucht, wen er verschlinge.«

1. Petrus 5,8

»Ich sehe euch deutlich«, spricht »Satan« im Juni 1987 während einer Séance in Solingen aus dem Mund eines 17jährigen »Mediums« zu fünf anwesenden Schülern. »Ich bin da. Man will meine Macht zerstören, aber ich werde kämpfen. Tötet, vernichtet, was euch bedroht, ich bin bei euch.«

Von einer Ferienfreizeit heimgekehrt, kündigt die 15jährige Katharina aus Osnabrück an: Sie werde ihr Zimmer schwarz anstreichen, in einem Sarg schlafen und sich nur noch schwarze Kleidung anziehen. Denn sie sei eine »Braut des Satans«.

Anfang 1987 nimmt ein Lehrer der Kaiser-Wilhelm-Hauptschule in Lahnstein (Rheinland-Pfalz) einer Neuntklässlerin einen Zettel ab, den sie gerade weiterreichen will: »Ich habe Luzifer gestern gefragt, wer alles vom Teufel besessen ist. Er hat mir gesagt ... « – es folgen die Vornamen von elf Mitschülern.

Seit fünf, sechs Jahren häufen sich Fälle wie diese. Bereits Zwölf- bis Dreizehnjährige beschwören den Teufel, nehmen an schwarzen Messen teil, geraten in die Fänge von Satanszirkeln. Aus ihren Schulmappen fischen entsetzte Lehrer die Symbole der Teufelsanbeter: das umgekehrte Kreuz und das Pentagramm, den fünfzackigen Stern. Auf Hauswände schmieren sie die »666«, nach der biblischen Offenbarung das Zeichen des »Antichrist«. In schwarzen Lederjacken, mit Totenköpfen bestickt, provozieren sie mit dem Satansgruß: dem vorgestreckten Zeige- und kleinen Finger.

Geht Deutschlands Jugend zum Teufel? Allein im Landkreis Osnabrück soll es Klassen geben, in denen drei von vier Schülern Satanszirkeln angehören; teilweise sollen sogar Lehrer den Geheimbünden vorstehen. In Neuburg kennt der evangelische Pfarrer Klaus Weyermann eine »Satanisten«-Gruppe, in der die jüngsten Mitglieder erst 13 Jahre alt sind, kaum einer über 21. Im westfälischen Coesfeld, so schätzt ein ortsansässiger Geistlicher, nehmen rund 500 meist jugendliche Personen gelegentlich oder regelmäßig an schwarzen Messen teil.

Was sie dort erwartet, verursacht bei Feinfühligeren Brechreiz. »Wir waren sieben Leute, die sich nachts auf einer Waldlichtung getroffen haben«, erzählt eine 23jährige Verkäuferin aus dem Ruhrgebiet. »Alle waren schwarz gekleidet. Einer schlachtete einen Hahn, dessen Blut in einer Schale aufgefangen wurde. In das Blut wurde eine geweihte Hostie gelegt, die jemand aus einer Kirche geholt hatte, und zerteilt.« Mit Stangenweißbrot geht es manchmal reihum. In dunklen Kutten, eine schwarze Kapuze mit Sehschlitzen auf dem Kopf, sinken die Teilnehmer vor dem Altar auf die Knie, erheben ihre Hände, rufen Satan an. Auf Geheiß des ›Hohepriesters‹ vollzieht ein nacktes Paar den Geschlechtsakt. Damit das Ritual stärker wirkt, graben Satansjünger Totenschädel aus, benutzen aus Gräbern geraubte Urnen als Kelche. Beim »Ekeltraining« verzehren sie manchmal selbst Kot und Urin. Puppen werden aufgeschlitzt, zerfetzt oder verbrannt, stellvertretend für Menschen, die aus dem Weg geräumt werden sollen.

Am Ende aller Mühen soll manchmal auch Luzifer persönlich erscheinen. »Benommen von den Dämpfen aus Räucherschalen, die überall herumstanden, habe ich mit großen Augen in der Ecke gesessen«, erinnert sich die Münchnerin Petra Singh (24) an eine schwarze Messe in Berlin. »Dann stieg aus dem Rauch eine monsterähnliche Gestalt auf, mit der haben sie ein Geschäft gemacht. Ich weiß nicht, um was es ging.«

Tierquälerei, Sachbeschädigung, Vergewaltigung, Störung der Friedhofsruhe, Kirchenraub: Immer häufiger bekommen Polizeibehörden mit Minderjährigen zu tun, die Teuflisches über das Strafgesetz stellen.

* In Rain am Lech werden 1987 fünf Jugendliche festgenommen, die gleich mehrere Requisiten für schwarze Messen bei sich tragen: neben sakralen Gegenständen auch Menschenknochen sowie einen Totenschädel, der dem Zeremonienmeister als Kerzenhalter dienen soll.

* In einer Julinacht 1988 suchen vier Schüler aus dem Bielefelder Stadtteil Joellenbeck auf dem Friedhof einen echten Totenschädel für ihre schwarzen Messen. Sie graben einen Sarg aus, zertrümmern ihn am verkehrten Ende – und werden festgenommen, als sie das Gebein einer Verstorbenen in der Hand halten.

* Am 11. Februar 1989, eines Samstagnachts, ertönen auf dem Aubinger Friedhof in München monotone Sprechgesänge: »Luzifer, Herr der Finsternis, höre uns!« In schwarzen Kutten und Schnabelschuhen, mit brennenden Kerzen in den Händen, die Gesichter kreideweiß bemalt, die Lippen blutrot geschminkt: So feiern zehn Jugendliche, darunter fünf Mädchen, eine schwarze Messe. Der jüngste Teilnehmer ist 15, der älteste 21 Jahre alt. Ein Busfahrer beobachtet sie, ruft die Polizei. Die Beamten umstellen den Friedhof und beenden die düstere Feier mit vorübergehenden Festnahmen.

Das wahre Ausmaß läßt sich indes nur ahnen. Zu peinlich achten die Satanszirkel auf Diskretion; Zutritt erhalten nur Eingeweihte, Werbung ist verpönt, Maulhalten oberstes Gebot. Vergeblich bemühte sich der Düsseldorfer Soziologe Dr. Ulrich Müller, tiefere Einblicke in die Szene zu bekommen: »Da kriegt man kaum Antworten. Cliquen haben sich gebildet, die sich abschirmen und gegenseitig zum Stillschweigen verpflichten.« Was an Zahlen kursiert, beruht bisher samt und sonders auf kühnen Verallgemeinerungen aus wenigen Einzelfällen, die findige Journalisten zur reißerischen Story aufbauschen[18], aus Eindrücken, Befürchtungen und Vermutungen von Außenstehenden oder aus wenig repräsentativen Statistiken örtlicher Beratungsstellen und Jugendämter. »Es passiert mit großer Wahrscheinlichkeit viel weniger, als das publizistische Echo vermuten läßt«, glaubt jedenfalls Hans Gasper, Sektenexperte der Deutschen Bischofskonferenz. Allein das Essener »Sekten-Info« bekam innerhalb eines Jahres mit zehn Satanismus-Fällen zu tun. Von 7000 minderjährigen Satansjüngern wollte schon 1986 das katholische *Sonntagsblatt* wissen. Und von 138 Religionslehrern, die dem Freiburger Psychologen Professor Mischo über ihre Gespräche mit okkulterfahrenen Schülern berichteten, erlebten knapp 15 Prozent, daß sich die Jugendlichen dabei auf Satanskulte und schwarze Messen beriefen. Wie viele Minderjährige, die auf einer Party mal aus Spaß ein paar Minuten »Satan« das Pendel schwingen lassen, dabei mit fanatischen, straff organisierten Teufelsanbetern in einen Topf geworfen werden, weiß niemand. Der »harte Kern«, der im Namen des Bösen vor nichts zurückschreckt, besteht womöglich nur aus einigen hundert, die Schlagzeilen machen. Viele Neugierige, die bei einer Satansmesse »bloß vorbeischauen« und »mal zugucken« wollen, suchen schon nach wenigen Minuten angewidert das Weite. Andere haben spätestens nach der üblichen »Aufnahmeprüfung« die Nase gestrichen voll. »Es war nachts«, erinnert sich die 18jährige Marion aus Darmstadt an ihre »Initiation«. »Mit einem rituellen V-Schnitt mußte ich eine schwarze Katze töten. Ihr Blut wurde in zwei Schalen gegossen. Nun bekam ich wahllos einen männlichen Partner zugeordnet. Der ›Hohepriester‹ zeichnete jedem von uns mit dem Blut ein Mal auf die Stirn. Das übrige Blut goß er uns über die Hände. Dann schnitt er uns die Hand auf, und wir hatten das Blut des anderen zu trinken. Zum Schluß mußten wir uns auf dem schwarzen Altar lieben – vor der ganzen Gruppe.«

Wer jetzt immer noch nicht genug hat und tapfer dabeibleibt, gerät allerdings zunehmend in Teufels Küche. Auszusteigen wird immer schwerer. »Als im ›Siebenerrat der Priester‹ darüber beraten wurde, ob ein Kind geopfert werden sollte, ist mir klargeworden, daß ich die ganze Zeit Dinge gemacht habe, die ich eigentlich gar nicht tun wollte«, erzählt Ricarda S. (24) aus Köln. Fünf Jahre lang gehörte sie einer Satanssekte an, war zuletzt Priesterin im ›Siebener-Rat‹. (Ihre Erlebnisse schildert sie in ihrem Buch *Satanspriesterin*, Eichborn Verlag: Frankfurt 1989.) Als sie ihren Austritt ankündigte, brach für sie die Hölle los: »Zuerst wollten mich die anderen weichprügeln, damit ich dabeibleibe. Dann haben sie mich eingesperrt, mir Medikamente eingegeben, später auch Rauschgift... Irgendwann konnte ich dann weglaufen und bei Freunden unterkommen.«

Wem Kraft und Mut zur Flucht fehlen, den treibt der Satanswahn schlimmstenfalls zu Mord oder Selbstmord:

* In Bensheim an der Bergstraße bringen sich 1986 vier junge Leute zwischen 17 und 22 Jahren um – alle Mitglieder einer Satansgruppe. In ihrem Abschiedsbrief heißt es: Das Omen hat sich erfüllt.

* Im Juni 1986 verhindert die Polizei auf dem Dortmunder Nordfriedhof vielleicht in letzter Minute einen Doppelmord. Eine Gruppe Jugendlicher hat sich dort zu einer schwarzen Messe eingefunden, »um unsere Seelen Satan darzubringen«. Dabei sollen zwei Mädchen geopfert werden, alarmierte ein anonymer Anrufer die Polizei.

* Mitte Oktober 1987 sitzen René (17) und Elke (15), Mitglieder der Lüdinghauser Teufelsgruppe »Die Luzifikaner«, vor dem Landgericht Münster wegen Totschlags auf der Anklagebank: Am 15. Mai hatten sie sich mit Gruppenmitglied Anja (15) im Wald verabredet – zu ihrem gemeinsamen Todestag, »um in Luzifers Reich einzugehen«. Als erste kam Anja an die Reihe: René und Elke schnitten ihr Hals und Pulsadern auf. Von ihren Schreien wachgerüttelt, rannten sie davon – Anja verblutete.

* In einer Herbstnacht 1988 trifft sich der Gymnasiast Uwe E. (16) mit seinem Freund Gordon Breuer (16) in einer verlassenen Fabrikhalle in Essens noblem Vorort Kettwig. Plötzlich bückt sich Uwe nach einer Eisenstange, schlägt wie von Sinnen auf Gordon ein. Den blutüberströmten, reglosen

Körper schleift er zu einem offenen Schacht, stößt ihn hinunter. »Ich mußte es tun« gesteht Uwe anderntags. »Gordon hatte sich in einen Zombie verwandelt, in eine lebende Leiche. Er bedrohte mich.« Satan befahl ihm zu töten.

Dabei hält sich der Gehörnte offenbar in der Bundesrepublik eher noch zurück. Anderswo scheint ärger die Hölle los: In den USA gehen seit 1983 über 800 Morde auf das Konto von Teufelsanhängern, berichtet Kriminalleutnant Edmund Pierce, Leiter einer Konferenz über »Satanische Verbrechen« in Los Angeles. Allein in Großbritannien werden bei schwarzen Messen jährlich 4000 Kinder gopfert – so warnte öffentlich 1988 Dianne Core, Vorsitzende der britischen Organisation »Childwatch«, die Minderjährige vor dem Satanskult schützen will. »Wir wissen beispielsweise von 17 Kindern in Nottingham, die in die geschlossene Psychiatrie mußten, nachdem sie in Ritualen mißbraucht worden waren.« Besonders gefährdet seien Kinder am 31. Oktober, »einem bedeutenden Termin im okkulten Kalender«; hier wird in angelsächsischen Ländern »Halloween« gefeiert, die Walpurgisnacht, in der Satan geboren worden sein soll. So seien im »Halloween« 1987 drei Kinder im Alter von 8, 10 und 11 Jahren bestialisch geopfert worden: Nachdem Satanisten sie zu einem rituellen Sexualakt zwangen, wurden sie mit dem Kopf nach unten gekreuzigt. Dianne Core: »Frauen und Mädchen werden als Zuchtstuten benutzt, Sie werden in okkulten Zeremonien geschwängert, und ihre Babies werden dann als Menschenopfer benutzt.« So habe eine Mutter zusehen müssen, wie ihrem Kind ein Kreuz ins Herz gestoßen wurde. »Es ist kaum zu fassen – aber wahr.« Daß Satanisten Minderjährige mindestens ebenso oft zu Opfern wie zu Mittätern machen – darüber geht die aufgeregte bundesdeutsche Diskussion bislang weitgehend hinweg.

Was kann Jugendliche, und nicht nur sie, überhaupt dafür anfällig machen, sich mit Satan zu verbünden? Lang ist die Liste von Erklärungsversuchen, die unter Fachleuten derzeit kursieren:

I. *Protest*: Mit ungezügelter Sexualität, pervertiertem »Gottesdienst« und dem anarchischen Grundsatz »Tue, was du willst« sollen Moral, Religion und Gesetz verhöhnt werden. »Der Teufel scheißt auf Prüderie, Frömmelei und Sachzwänge«, erklärt ein 20jähriger »Satanspriester« aus Frankfurt.

II. *Apokalyptische Ängste*: »Wir leben in einer Krisenzeit«, erklärt der Düsseldorfer Soziologe Dr. Ulrich Müller. »Der einzelne erlebt sich selbst als ohnmächtig und hilflos. Man sucht einen Sinn, eine hinter allen Bedrohungen stehende Macht – da malen viele Satan an die Wand.« Luft und Boden, Meer und Trinkwasser verseucht; Nahrungs- und Arzneimittel voller Gift; selbst die Muttermilch ein Risiko für gestillte Säuglinge; über uns das Ozonloch, vor uns ein Treibhauseffekt, der sich zur Klimakatastrophe auswächst; dazu noch Aids und Krebs, Wald- und Artensterben, eines gar nicht so fernen Tages vielleicht gentechnisch maßgeschneiderte Lebewesen aus der Retorte und übermächtige künstliche Intelligenzen: Ob es da nicht mit dem Teufel zugeht?

III. *Neu-Gier, Lust auf Abwechslung*: Er habe keine Lust mehr auf die üblichen Feten, auf denen nur gesoffen und geknutscht werde – so erklärt ein 17jähriger aus München, weshalb er den »Kids of Satan« beitrat.

IV. *Minderwertigkeitsgefühle, der Wunsch, etwas Besonderes zu sein, aufzufallen, aus der »Masse« herauszuragen.* Viele benehmen, äußern, kleiden sich, um anzustoßen; um Beachtung zu finden, empören und schockieren sie. Düster geschminkt, zierliche Totenköpfe ans Ohrläppchen geklemmt, in schwarzer Lederhose, schwarzen Schuhen, schwarzem Umhang: Solch finsterer Eleganz, mit dem Stolz des Außenseiters aufrecht und unnahbar zur Schau gestellt, wandern auf belebten Straßen entsetzte Blicke nach. Die anerkannten Wege, als etwas Besonderes zu gelten, sind den meisten verbaut – da ersetzt die Teufelsfratze auf der Jeansjacke, was begüterte Yuppies mit dem Cabrio vor der Garage, der Postkarte von den Bahamas anzuzeigen versuchen.

V. *Aggressive Allmachtsphantasien*: »Wir wollen Power, auch wenn jemand auf der Strecke bleibt«, hörte Rüdiger Hauth (Witten), Sektenbeauftragter der Evangelischen Landeskirche Westfalen, von Satansjüngern. Um jeden Preis, meint Hauth, »wollen junge Leute, die es mit dem Teufel aufnehmen, absolute Macht über andere Menschen«. Auf Soziologendeutsch drückt es Dr. Ulrich Müller aus: »Im Satanskult kompensieren vornehmlich soziale Underdogs ihr Machtdefizit.«

In der »Unfähigkeit vieler Zeitgenossen, mit ihrer eigenen inneren Aggression fertigzuwerden«, findet auch der Wiener Satanismus-Forscher Josef Dvorak ein Hauptmotiv. Die »Wiederkehr des Teufels« ist für ihn eine »Rückkehr des Verdrängten. Und das Ritual ist es, das die Affekte ordnet und bannt.« Einen Zusammenhang zwischen Satansmessen und der steigenden Nachfrage nach »Dominas« und »Sklavinnen« auf dem Pornomarkt sieht der Frankfurter Diplom-Psychologe Werner Gross: Hier wie dort »können Männer ihre aggressiven und masochistischen Phantasien ausleben. Im Prinzip ist das das Gleiche. Was die Männer im Satanskult suchen, können sie auch in jedem Bordell finden.« Viele leben im Satansritual einfach ihre Perversion »rechtmäßig« aus – die Legitimation liefert der Teufel persönlich. Die Szene sei »durchsetzt von krankhaft Veranlagten«, ist Joachim Keden vom Volksmissionarischen Amt der Evangelischen Landeskirche in Düsseldorf überzeugt.

VI. *Anstiftung durch erwachsene Vorbilder*: Seit Jahren sorgen Vereinigungen wie der berüchtigte »Thelema-Orden« für Aufsehen, reizen zur Nachahmung. Bis 1985 zelebrierte die Bruderschaft unter ihrem »Abt« Michael Eschner, einem ehemaligen Fernsehmechaniker, der sich für eine Wiedergeburt des englischen Satanisten Aleister Crowley (1875–1947) hält.

VII. *Anstiftung durch Filme*: Im Lüdinghauser »Satansprozeß« um den Tod einer 16jährigen soll der Mittäter René (17) dem Sektenbeauftragten Hauth gestanden haben, nach dem Satan-Film »Omen« (1982) habe sich ihm eine »Luzifer-

Vision« aufgedrängt: »Der Vater« wies ihn an, eine Gruppe zu bilden – dann forderte er von den »Luzifikanern«, »sich zu opfern«. In Horrorstreifen wie »Omen« sieht der Medienpfarrer Karl-Heinz Pfeiffer aus Saarbrücken eine regelrechte Schule für grausame Exzesse. Denn Halbwüchsige von heute seien Medienkinder.

Selbst neutrale Berichterstattung steht im Verdacht, zum Hinnehmen, Dabeisein und Mitmachen einzuladen: so etwa das »Dokument« der rituellen Vergewaltigung einer Gekreuzigten, mit der das ARD-Kulturmagazin »Titel, Thesen, Temperamente« am 17. März 1989 nach 22 Uhr 3,25 Millionen Fernsehzuschauer bestrahlte. In einem knallroten Gummianzug und mit umgeschnalltem Kunst-Penis durfte da, 90 Sekunden lang, ein Satanist über eine dunkelhaarige, nur mit einem BH bekleidete Frau herfallen, die mit einer dunklen Flüssigkeit besudelt und mit gespreizten Beinen an ein weißes Kreuz gefesselt war. Über dem zuckenden Paar entleerte ein Helfer einen Kübel voll Blut. (Im Kampf um die Lufthoheit über deutschen Stammtischen stieß Blättern wie *Bild* diese »Schweinerei des Jahres« moralinsauer auf.) Die erste Übertragung einer Schwarzen Messe hatte die ARD schon am 12. Mai 1973 gewagt. Ihr Höhepunkt war die »Kommunion«: »Laßt uns jetzt das Fleisch mit dem Blut in Form der Hostie zu uns nehmen«, tönte es in Millionen bundesdeutscher Wohnstuben. »Vereinigt euch mit dem teuflischen Leib.« Am 17. September 1984 zog das ZDF nach: »Ich töte, wenn Satan es befiehlt« betitelte es die Sendung, die sie nach 22.05 Uhr ausstrahlte. »Satan-Unser« durfte darin eine Teufelspriesterin aus dem hessischen Atzenrode vorbeten. Inwieweit solche Vorführungen auf diabolischen Nervenkitzel *live* neugierig machen, bleibt freilich ebenso umstritten wie die Frage, ob Krimiserien an Kapitalverbrechern, Pornos an Vergewaltigern oder Horrorfilme an Sadisten mitschuldig sind.

VIII. *Verführung durch »Satanspop«*: Eine Hauptschuld weisen die beiden kirchlichen Sektenbeauftragten Haack und Hauff dem »Black Metal« zu, einer Richtung des »Heavy-

Metal-Rock«. Da treten Gruppen wie »Black Sabbath«, »Black Widow«, »Venom« (Gift), »Exodus« (Tod), »Destruction« (Zerstörung) oder »Iron Maiden« (Eiserne Jungfrau) auf, landen mit »Luzifer«, »Sympathy for the Devil« und ähnlichen Titeln in den Hitlisten. Rockstar Alice Cooper, der sich von Fans gerne als »Sohn des Teufels« feiern läßt, eröffnet, er sei wiedergeboren, um die Erde zu dämonisieren. Die »Slayer« (»Totschläger«), so will Hauff erfahren haben, zersägen auf der Bühne Totenschädel und verspritzen Blut. Andere Showstars sollen schon kreuzähnliche Gitarren zerschmettert, rohes Fleisch ins Publikum geworfen haben. Auf ihren Plattenhüllen schocken blutüberströmte Körper, übergroß triumphierende oder drohende Teufelsgestalten, Folterkeller, Friedhofslandschaften. »Verleugnet Jesus den Täuscher«, »Die Hölle wartet«, »Tötet wieder«: So lauten ihre dröhnenden Appelle. »Bring' den einzigen Sohn des Priesters um«, singen die »Totschläger«, »schau zu, wie das Baby stirbt, ... trinke das reine Blut.« Und: »Kreuzigt den sogenannten Herrn, ... die Hölle wartet ... Jesus weiß, daß deine Seele nicht zu retten ist.« Immerhin jeder fünfte Schüler, der die Gymnasiallehrer der Mischo-Studie auf okkulte Themen ansprach, berief sich dabei auf »Satanspop«-Lieder (18,8 Prozent).

Alles nur Show, Effekthascherei ohne ernstere Absicht, auf die unreife Idolsucher da hereinfallen? »Privat bin ich der gleiche Typ wie auf der Bühne« stellt der Leadsänger der dänischen Band »Merciful Fate«, King Diamond, im Interview mit einem Rockmagazin klar: »Ich sammle Kreuze und Reliquien, die ich aus Kirchen stehle. Die meisten Leute denken, wenn sie was von schwarzen Messen hören, gleich an Menschenopfer. Die Leute wollen nicht verstehen, daß Babies geopfert werden müssen, weil ihr Blut das Unschuldigste und Reinste ist, was es gibt.«

Jugendliche selbst schütteln über die »Satanspop«-Hysterie durchweg fassungslos den Kopf. »Ich persönlich höre diese Art Musik seit Jahren«, rückte Mirko Engel aus Dortmund in einem Leserbrief an die *Ruhr-Nachrichten* einen aufgeregten Artikel des Blatts vom Juli 1988 zurecht, »hatte aber nie das

Verlangen, nachts auf dem Friedhof Katzen zu schlachten und den Teufel anzubeten.« Im übrigen möchte er »wetten, daß (die Verfasser solcher Artikel) noch nie eine Black-Metal-Band auf der Bühne gesehen oder sich kritisch mit ihren Textaussagen befaßt haben«. Diese Texte »wollen nicht ›bekehren‹, sie weisen nur darauf hin, daß es neben dem Guten auch das Böse gibt.« Und zumindest drei Schüler der Klasse 9a R der Stadtschule Biedenkopf scheinen besser verstanden zu haben als mancher kirchliche Sektenbeauftragte, was zu einem differenzierten, auf Erfahrung gegründeten Urteil gehört. Sie machten sich die Mühe, ihre Klassenkameraden zu befragen: Was ihnen denn am Satanspop und seinen Texten gefalle? Die Antworten seien »recht unterschiedlich ausgefallen«, berichteten sie im Februar 1989 der *Wetzlarer Neuen Zeitung* in einem Leserbrief. »Die einen interessierte der Text gar nicht, sondern nur die Musik. Ein anderer meinte, ihm wäre egal, was im Text vorkomme, ihm würde nur der Rhythmus gefallen.« 75 Prozent gaben an, den meist englischen Text überhaupt nicht zu verstehen, weitere 14 Prozent nur »teilweise«.

Doch richtet der »Teufelsrock« womöglich *unbewußt* Schaden an? Manche diabolischen Botschaften sollen »getarnt« rüberkommen, wodurch sie angeblich noch tiefer wirken. *Backward-Masking,* »Rückwärts-Maskierung« heißt der Trick: Rückwärts abgespielt, ertönen von Schallplatten, mehr oder minder deutlich vernehmbar, Teufelsbeschwörungen, -anbetungen und -befehle. Schon Jimmy Page von der Gruppe »Led Zeppelin«, ein Anhänger des berüchtigten Satanisten Alisteir Crowley, behauptete: Wenn man die 5. und 6. Strophe seines Hits »Stairway to Heaven« (»Leiter zum Himmel«) rückwärts abspiele, ergäben sich die Sätze: »Ich singe, weil ich mit Satan lebe. Es gibt kein Entkommen, Satan ist der Herr.« Erst ein Prozeß, den der US-Verbraucherschutz 1982 anstrengte, machte die Sache publik. »Led Zeppelin« wurde zu einer Geldstrafe verdonnert – ab jetzt kannten alle den Trick. Der 27jährige Theologiestudent Michael Baumann sammelte in vier Jahren Dutzende solcher Beispiele. So bitte die Popgruppe »Styx« auf ihrer Platte »Snowblind« rückwärts klipp und klar:

»Satan, move in our voices!« (»Satan, rege dich in unseren Stimmen!«). Amerikas Rockidol Bruce Springsteen, für sein politisches und soziales Engagement bisher eigentlich eher gelobt und bewundert, formuliere in seinem Titel »Born in the USA« im Rückwärtsgang »Oh Christ, you're Dirt and Mess!« (»O Christus, du bist Dreck und Mist!«). Wenn Chris Norman seinen Welthit »Midnight Lady« singe, erklinge plötzlich »The Church is Damned« (»Die Kirche ist verdammt«). Selbst die deutsche Disco-Queen Sandra soll an der neuen Masche mitstricken: In ihrem Song »Hey Little Girl« stimme sie rückwärts plötzlich an: »Evil is in me« (»Das Böse ist in mir«). Wie es zu dieser weltweiten Verschwörung von Popgrößen und ihren Tontechnikern gekommen sein soll, bleibt mindestens ebenso schleierhaft wie die Frage, inwieweit die »Masken« bei Hörern seelischen Schaden anrichten können – vorausgesetzt, sie werden überhaupt wahrgenommen, zumindest unbewußt. Psychologische Tests darüber stehen noch aus.

IX. *Spiritismus als »Einstiegsdroge«*: Satanistische Auswüchse hätten in okkulten Praktiken wie Pendeln, Glas- oder Tischrücken ihren breiten »Unterbau«, glaubt Rüdiger Hauth. Auch für Friedrich Haack ist »die Gefahr vorprogrammiert, daß sie (›Geisterbeschwörer‹) in den Satanismus abrutschen«: Wer erst einmal jenseitige Mächte beschwöre, rufe irgendwann auch böse. Das sei »das gleiche wie bei den Drogen, bei denen harte auf die weichen folgen. Erst wird gependelt, schließlich Satan angebetet.« Handfeste empirische Beweise dafür sind die streitbaren Kirchenmänner bisher schuldig geblieben.

X. *Die christliche Satanslehre*: Sind es nicht gerade die Kirchen, zumal die katholische, die Gläubigen seit je her den Teufel an die Wand gemalt haben? Schon Papst Paul VI. hatte bei einer Generalaudienz am 12. November 1972 klargestellt, was an der Sünde schlimm ist: »Die Sünde gibt einem dunklen, feindlichen Täter, dem Teufel, Gelegenheit zum wirksamen Eingreifen in unsere Welt.« Daran zu rütteln, komme geradezu einer Häresie gleich: »Wer die Existenz dieser Realität bestreitet, stellt sich außerhalb der biblischen und kirchlichen Lehre.« Bezeichnet das Neue Testament Satan nicht als »Gott dieser Welt« (2. Kor 4.4), als »Fürst dieser Welt« (Joh 12.31), der Besessenheit, Krankheit und Tod bewirkt, Zorn und üble Nachrede? Zumal für den gegenwärtigen Papst Johannes Paul II. steht fest, daß »die Heiligen Schriften den Teufel als eine Person präsentieren, wenn sie auch gleichzeitig hervorheben, daß er nicht allein existiert, sondern als eine Gemeinschaft von bösen Geistern«. (So 1986 in zwei seiner wöchentlichen Generalaudienzen.) Könnten es nicht diese »bösen Geister« sein, die sich von Satanisten mitunter heraufbeschwören lassen, um ihnen dann übel mitzuspielen?

Grundsätzlich, so Karol Wojtyla weiter, könne auch nicht die Möglichkeit geleugnet werden, daß der Teufel vom Körper eines Menschen Besitz ergreife. Zahlreiche Stellen im Neuen Testament verbürgen schließlich, daß Jesus Christus selbst Teufel und Dämonen anwies, Menschen und Gegenstände zu verlassen. Darauf gestützt, hält der Katholizismus auch nach dem neuen kirchlichen Gesetzbuch, dem *Codex Iuris Canonici* von 1983, an der Möglichkeit der Teufelsaustreibung fest. Folgerichtig betätigen sich allein im Erzbistum Turin sieben Priester als hauptamtliche Exorzisten, vom Kardinalerzbischof Ballestrero persönlich 1983 berufen: Mit Gebeten, Bibelversen und Handauflegen, im »Rituale Romanum« von 1614 streng vorgegeben, versuchen sie zu bannen, was Satanisten mit Blutopfern und Gruppensex herzlich zu sich einladen. Warum sollte Luzifer, wenn er bisweilen in unsereiner Leib fahren kann, nicht auch schwarzen Messen beiwohnen können, um dort seine Macht anderweitig unter Beweis zu stellen?

Daß evangelische Jugendliche weniger anfällig für satanistischen Nervenkitzel sind als katholische, hat bisher noch niemand empirisch belegt. Auch wenn der moderne Protestantismus in der Nachfolge Rudolf Bultmanns den Teufel Martin Luthers weitgehend der »Entmythologisierung« geopfert hat: Wieviele Gläubigen, ob volljährig oder nicht, kommen denn mit den Metaphern zurecht, die ihnen evangelische Theologen ersatzweise anboten? Übersetzen sie die Entscheidung »Gott oder Teufel« wirklich mit »Glaube oder Unglaube«, wie ihnen Bultmann ans Herz legte? Degradieren sie aus tiefster Überzeugung und vollem Verständnis, mit Karl Barth, den Teufel zum »Nichtigen«, der dritten ontologischen Kategorie neben dem Göttlichen und Kreatürlichen? Leuchtet ihnen tatsächlich ein, daß dieses »Nichtige« die »Möglichkeit« ist, »die Gott, indem er zur Schöpfung schritt, *übergangen*, an der er verachtend *vorübergegangen* ist, wie ein menschlicher Schöpfer, indem er ein bestimmtes Werk wählt, ein anderes, viele andere vielleicht, nicht wählt und also verwirft, ... sie unausgeführt hinter sich läßt« (so Karl Barth in seiner monumentalen *Kirchlichen Dogmatik*)? Versteht ein junger Protestant mit dem Teufel ebenso zu verfahren wie Gott: ihn als Nichtiges links liegenzulassen? Zweifel sind angebracht.

Gewiß, auch innerhalb der katholischen Kirche schwimmen Theologen gegen den Strom. Wie Herbert Haag, Jahrgang 1915, Professor für Exegese des Alten Testaments an der Universität Tübingen, verurteilen sie den Glauben an den personifizierten Teufel als »zutiefst unchristlich«. Schon im Dezember 1972, vier Jahre nach seinem Buch *Abschied vom Teufel*, hatte Haag den Papst öffentlich gerügt und seine Äußerungen als Rückfall ins tiefste Mittelalter bezeichnet – wie zuletzt wieder in der Neuerscheinung *Vor dem Bösen ratlos?* (München 1989). Doch »diese abweichende Meinung vertreten (bloß) er und eine Handvoll Theologen«, stellt der Jesuitenpater Corrado Balducci (Jahrgang 1924) klar; als Luzifer-Experte des Vatikans streitet er gegen die Auffassung, der Teufel sei lediglich ein Symbol des Bösen – mit päpstlichem Segen.

XI. *Bestätigende Erlebnisse*: Keiner der selbsternannten Jugendschützer, die derzeit minderjährige Seelen aus Satans Klauen retten wollen, rechnet ernsthaft damit, daß ihre Sorgenkinder einer realen, höheren Macht begegnen könnten. Manchmal allerdings scheint es so. Der ehemaligen Satanistin Ricarda S. (24) etwa: Mit 17 »hatte ich ein Problem: Frau Ottens. Sie war meine Deutschlehrerin und hatte mich auf dem Kieker.« Nach einer »Fünf« im Aufsatz »hätte ich sie am liebsten umgebracht. Aber dann hätte sie ja nicht leiden müssen«. So beschloß Ricarda: »Ich würde ihren dämlichen Alten umbringen! Ich weihte (meine Freundinnen) Petra und Sabine in den Plan ein. Wir trafen uns bei mir. Das Zimmer verdunkelt, die brennende Kerze auf dem Tisch. Ich schrieb den Namen ›Ewald Ottens‹ auf einen Zettel und malte darauf ein Kreuz mit Hörnern. Wir konzentrierten uns. Ich hielt den Zettel über die Kerze und verbrannte ihn.

Eine Woche später fehlte Frau Ottens in der Schule. Ihr Mann sei plötzlich gestorben, wurde erzählt. An einem Gehirnschlag, beim Schwimmen im Hallenbad sei er abgesoffen. Die Wochen und Monate danach lebte ich wie im Taumel. Ich, die kleine Ricky, hatte durch IHN (Satan) Macht über Leben und Tod!«

Ottens Tod möchte man am liebsten als seltsame Koinzidenz abtun, wie Wolfgang Hund, Okkultismus-Beauftragter des bayerischen Kultusministeriums: »Natürlich« könne man »keine Kerze mit dem bloßen Willen zum Erlöschen bringen und auch niemanden ›tothexen‹. In beiden Fällen ist purer Zufall am Werk.« Zufall – wenn da nicht etliche gutdokumentierte Fälle von »Besessenheiten« wären, die für gängige psychiatrische Schubladen wie »Hysterie« oder »Schizophrenie« zu sperrig scheinen. (Der Züricher Psychiater Hans Naegeli-Osjord, der mit solchen Patienten seit 40 Jahren zu tun hat, steht damit nicht allein.) Allein das bestürzende Schicksal der »besessenen« Studentin Anneliese Michel aus Klingenberg am Main, die 24jährig am 1. Juli 1976 völlig entkräftet starb, stellt einen »entmythologisierten« Teufelsglauben auf eine harte Probe. Nicht irgendwelches psychiatrisch erklärbare Verhalten, sondern paranormale Vorgänge massivster Art hatten den damaligen Bischof von Würzburg, Dr. Josef Stangl, veranlaßt, einem Exorzismus zuzustimmen. Wer Karol Wojtilas personales Böses hohnlächelnd abtut, sollte sich mit allen Einzelheiten dieses Falls vertraut machen.[19] Jugendliche Satanisten kennen sie durchweg besser als ihre »Aufklärer«.

In Betroffene wie Anneliese Michel muß nicht gleich ein gehörntes, schweflig stinkendes Ungeheuer mit Pferdefuß gefahren sein – womöglich aber der Geist eines Verstorbenen. Sofern die Lehre von der Wiedergeburt recht hat[20], gibt es deren etliche: vom toten Leib befreite Seelen, die in einem »jenseitigen« Zwischendasein ihrer nächsten Inkarnation harren. Spätestens mit Ian Stevensons 30jährigen Forschungen an Kindern, die sich an frühere Leben erinnern, hat diese Lehre aufgehört, reine Glaubenssache von weltweit einer Milliarde Menschen zu sein: Sie ist zu einer handfesten empirischen Theorie geworden, die anomale Befunde einfacher und einleuchtender erklärt als jede andere. Seriöse Forschung über Spuk und Medialität rehabilitiert überdies zunehmend die alte spiritistische Überzeugung, daß es nicht immer und überall mit rechten Dingen zugeht, wenn Gegenstände sich wie von selbst verändern oder Sensitive als »Kanal zum Jenseits« auftreten. *Daß* Geister, auch böse, mit Menschen kommunizieren, sie traktieren und schlimmstenfalls gar in Besitz nehmen können, kann zuallerletzt die katholische Kirche als jugendlichen Wahn abtun: *Was* wäre es sonst, das sie bisweilen »auszutreiben« versucht? Ehe ein »Großer Exorzismus« durchgeführt werden darf, fordert sie, die »Echtheit« einer Besessenheit sorgfältigst zu prüfen. Zu den wichtigsten Kriterien zählt das »Rituale Romanum« dabei *paranormale* Vorkommnisse dreierlei Art: »Ein wirklich Besessener kann 1. mehrere Wörter in einer ihm fremden Sprache sprechen oder jemanden verstehen, der sie spricht, 2. Entferntes und Verborgenes offenbaren und 3. Kräfte zeigen, die über sein Alter und seine körperliche Konstitution hinausgehen.« *Das* erlebt zu haben, bezeugen viele okkulterfahrene Jugendliche.

Vor allem die christliche Teufelslehre ist es, deretwegen der Satanismus feste Wurzeln in einer regelrechten Volksreligion schlagen kann. 40 Prozent aller Bundesbürger glauben an den Teufel als das personifizierte Böse, schätzt der Bayreuther Theologieprofessor Walter Sparn. (1983 waren es Umfragen zufolge 25 Prozent.) Im internationalen Vergleich hält sich die Bundesrepublik damit immer noch auf reichlicher Distanz zu Gottes Gegenspieler: Nach demoskopischen Erhebungen des amerikanischen Gallup-Instituts von 1988 liegen Nordirland und die USA mit jeweils 66 Prozent Satansgläubigen an der Spitze, gefolgt von der Republik Irland mit 57 Prozent. Wie Meinungsforscher des Hamburger Gewis-Instituts 1988 Umfrageergebnisse hochrechneten, erziehen 400 000 bundesdeutsche Elternpaare ihre Kinder im Glauben an den Satan. Nur 40 Prozent halten Satanskulte für eine Sünde. Vier von fünf Befragten meinen, daß der Teufel Hörner hat, jeder zweite glaubt, daß Satan nach Schwefel stinkt. Nicht weniger als zweieinhalb Millionen wollen dem Teufel schon einmal begegnet sein. Drei Prozent würden einen Exorzisten hinzuziehen, wenn sich ihr Kind einem Teufelskult zuwendet – und einer von hundert würde zu Satan selbst beten, er möge die Seele des Kindes freigeben.

Dem kirchlichen Glauben nach, so Papst Johannes Paul II., sei Satans Macht nicht unbegrenzt; am Ende werde das Gute obsiegen. Nur darin sind Satanisten ganz anderer Meinung.

DIE FOLGEN

Am Rande eines Massenwahns?

An ihrem verstorbenen Großvater hatte Gudrun (17) sehr gehangen. Während einer spiritistischen Sitzung rief ihn die Berufsschülerin aus Essen. »Sein Geist meldete sich.«

»Erst hat mir Opa nur gesagt, wie es ihm drüben geht. Da war ich auch ganz glücklich«, erzählt Gudrun. Doch bald wurde sie den Geist nicht mehr los. »Auf einmal kamen ganz schreckliche Fratzen zu mir, und ich war überall von Geistern umgeben.« Im Unterricht ist sie oft nicht ansprechbar: »Klar kann ich in der Schule nicht zuhören, weil Opa immer dazwischenredet.«

So schnell kann anscheinend zum Alptraum werden, was oft als harmloser Partyspaß beginnt. Immer häufiger machen Jugendliche Schlagzeilen, die »ausflippen«, nachdem sie mit dem Okkultismus in Berührung gekommen sind:

* Schüler eines Gymnasiums in Kettwig weigerten sich, an einer Nachtwanderung teilzunehmen: Im Wald lauern Gespenster, so fürchteten sie.

* »Ihre Tante ist dem Tod nahe«, weissagte eine Kartenlegerin einer Schülerin aus dem Spessart. Kurz darauf starb die Tante tatsächlich. Das Mädchen drehte durch, wurde schließlich in eine Nervenheilanstalt eingeliefert.

* Mit düsteren Prophezeiungen beendete eine 15jährige Realschülerin aus Würzburg vorzeitig eine Klassenreise an die

Nordsee: Schon am ersten Abend sagte sie einigen Mitschülerinnen den Tod naher Verwandter voraus. Die Mädchen waren so verängstigt, daß sie sofort wieder nach Hause wollten.

Aufgebauschte Einzelfälle – oder nur die Spitze eines Eisbergs? Wievielen Minderjährigen das Spiel mit dem Übersinnlichen wie sehr, wie anhaltend schaden kann, ist heiß umstritten. Während das bayerische Kultusministerium an okkulten Praktiken bis vor kurzem »keine erkennbaren Risiken« sah, findet Pastor Knackstedt (51), Beauftragter der hannoverschen Landeskirche für Sekten- und Weltanschauungsfragen, »keine dieser Praktiken ungefährlich«. Bei öffentlichen Vorträgen erzählt Knackstedt gerne von einem Siebtklässler, der »immer noch ganz durcheinander war«, nachdem er in den Sommerferien auf einem Reiterhof gemeinsam mit Schulkameraden glasrückend die Zukunft erkunden wollte; dabei sei dem Jungen »prophezeit worden, er werde mit 23 an Aids sterben«. Einmütig warnen Kirchenvertreter wie er vor Verharmlosung. Für Pastor Hinrich Westphal, Öffentlichkeitsarbeiter der Nordelbischen Landeskirche, steht jedenfalls fest: »Wer so etwas in sein Leben läßt, muß schnell die Erfahrung machen, daß es vom Nichts zur Macht wird.« *Muß*? Und das *schnell*? »Viele Kinder, die in spiritistische Erfahrungen hineinrutschen, bekommen kaum zu bewältigende Ängste«, stellt Pfarrer Dr. Rüdiger Hauth aus Witten fest, seit 20 Jahren Sektenbeauftragter der Evangelischen Kirche in Westfalen. *Wie viele*, sagt er nicht. Immer häufiger wenden sich besorgte Eltern an ihn, deren Kinder sich verfolgt fühlen, Stimmen und Schritte hören, nicht mehr schlafen, sich nicht mehr konzentrieren können. Von Lernschwierigkeiten und Depressionen bis hin zu Selbstmordgedanken wird berichtet.

Begierig stürzen sich Presseleute auf den Stoff, der Gänsehaut macht, erzählen Schicksalsberichte Okkultgeschädigter, die zu Herzen gehen – und schüren das dumpfe Gefühl, Deutschlands okkultgläubige Jugend stehe beinahe schon am Abgrund zum Wahnsinn.

Sind gar Spätschäden für die politische Kultur im Lande zu befürchten? Dem nordrhein-westfälischen Kultusminster Hans Schwier schwant Schlimmes: »Der massive Kampf gegen die Vernunft«, mahnte er in einer Presseerklärung vom 5. Februar 1988, »kann auch politische Folgen haben, die Deutschen verfügen hier über einschlägige Erfahrungen.« Auch der Parteinachwuchs der SPD sorgt sich: »Jugendliche, die dem Okkultismus verfallen sind, wollen nichts mehr mit der Realität zu tun haben«, stand für die »Jungsozialisten« des Unterbezirks Dortmund von vornherein fest, als sie sich im Dezember 1988 zu ihrer Jahreskonferenz trafen. Mit Stimmenmehrheit beschlossen sie, sich »Fragen des Zeitgeists – wie der Geheimwissenschaft vom Übersinnlichen (Okkultismus) – verstärkt zuzuwenden«. Den Vorsitzenden der Bremer Gesellschaft für Jugendhilfe und Kriminalitätsvorbeugung, Dr. Herbert Schäfer, »bedrückt« geradezu: »Die jungen Leute, die sich auf diesen Bereichen verlaufen, ziehen in einigen Jahren in durchaus rationale Berufe ein. Aber in der Tasche haben sie womöglich immer noch ihr Pendel...«

Doch über das wahre Ausmaß der Okkultschäden tappen selbst Wissenschaftler bislang weitgehend im dunkeln. Ihre spärlichen Forschungsergebnisse sind mehrdeutig, widersprüchlich und von beschränkter Aussagekraft. Als der Freiburger Psychologieprofessor Johannes Mischo Religionslehrer an saarländischen und rheinland-pfälzischen Gymnasien befragte, wußte jeder Vierte (23,9 Prozent) von »psychischen Auffälligkeiten oder Störungen im Gefolge von Okkultpraktiken« zu berichten. 71 Prozent fiel nichts dergleichen auf. (Fünf Prozent machten keine Angaben.) Die 138 Lehrer wußten von insgesamt 42 derartigen Fällen. Weitaus bedenklicher fielen die Auskünfte aus, die Eberhard Bauer und Barbara Lay, zwei Diplom-Psychologen an Mischos Institut, Anfang 1988 bei 906 psychosozialen Beratungsstellen im Bundesgebiet einholten: Vier von fünf Beratern waren okkulterfahrene Jugendliche bekannt; 37 Prozent meinten, während solcher Praktiken seien psychische Auffälligkeiten aufgetreten; 26 Prozent beurteilten Auffälligkeiten oder gar Störungen als unmittelbar damit zusammenhängend. Demnach dürfte mindestens jeder vierte Jugendliche seelisch »okkultgeschädigt« sein. Was genau denn unter »auffällig« und »gestört« zu verstehen sei; woran man psychische Abnormitäten eigentlich erkenne; ob es bedenklich stimmen müsse, wenn jemand in irgendeiner Hinsicht anders als die anderen ist: Das überließen die Freiburger dem Gutdünken ihrer Interviewpartner – und der Phantasie der Zeitungsleser, denen zahlengläubige Redakteure die Schreckensbilanz sogleich weiterreichten, als ließe sie sich so einfach quantifizieren wie beim Waldsterben der Anteil geschädigter, kranker und toter Bäume.

Weniger dramatisch urteilen Wissenschaftler, die Auskünfte von den Jugendlichen selbst einholen statt bloß *über* sie. Eine vom Düsseldorfer Soziologen Dr. Ulrich Müller ausgewertete Umfrage unter 317 bayerischen Hauptschülern und Gymnasiasten ergab: Acht von zehn Schülern, die aus Neugier einmal Okkultes ausprobiert haben, hören rasch wieder auf damit.

Aber was ist mit den restlichen 20 Prozent? »Bei denen greift das Problem hart an. Da wird die Angst vor dem Unerklärlichen zum alles beherrschenden Problem.«

Wer je eine »Geisterbeschwörung« miterlebt hat, wird unschwer nachvollziehen, wie sehr sie manchen labilen Teilnehmer mitnehmen kann: »Einen ersten Schock«, fühlt Professor Mischo mit, »gibt es, wenn sich nach einer Probierphase ... anscheinend personifizierte ›Wesenheiten‹ melden, sinnvolle Botschaften vermitteln und auf Befragen mitteilen, sie seien im Raum anwesend. Wenn dann die ›Jenseitigen‹ noch ein ›unerklärliches Wissen‹ verraten, das anscheinend keinem Sitzungsteilnehmer bekannt war, oder wenn ... sich Gegenstände ›wie von selbst‹ bewegen, dann wird die rationale Kontrolle auf eine harte Probe gestellt ... Subjektiv ist dieser ›Wahrheitsbeweis‹ von durchschlagender Wirkung.«

Anfangs stellen die Jugendlichen meist nur harmlose Fragen nach Schulnoten, Terminen von Klassenarbeiten oder erster Liebe. Doch je zuverlässiger der ›Geist‹ antwortet, desto bereitwilliger »werden immer größere Bereiche des persönlichen Lebens in die Fragestellung einbezogen«, so Mischo – bis hin zu Unfall- und Todesdaten nächster Angehöriger. Daraus »kann sich eine suchtartig anmutende Abhängigkeit entwikkeln«, befürchtet Mischo. Immer mehr Entscheidungen werden »Jenseitigen« überlassen.

Spätestens an diesem Punkt »wird es gefährlich«, warnt Heribert Michels vom Evangelischen Jugendreferat in Düsseldorf: »... wo der Glaube an überirdische Mächte und Kräfte so stark wird, daß die Jugendlichen ihr Leben nicht mehr selbst verantworten, weil sie denken, es sei eh alles vorbestimmt.« Mit Jugendlichen, die so tief im Okkultsumpf stecken, hat Heide-Marie Cammans (45), Geschäftsführerin des Essener »Sekten-Info«, schon mehrfach zu tun gehabt: »Man weicht der Auseinandersetzung mit der Wirklichkeit aus, läßt Karten und Pendel über das eigene Schicksal entscheiden und entmündigt sich schließlich selbst. Die ›Droge Okkultismus‹ führt weg vom Verantwortungsbewußtsein, weil die Entscheidungen von außen kommen und Konflikte durch spiritistische Spielchen gelöst werden.« Ein unbewußter Erfüllungszwang von »Geisterbotschaften« entsteht – die Jenseitsvisionen werden zu Prophezeiungen, die sich selbst erfüllen.

Zu *Ängsten*, Denk- und Verhaltens*zwängen* kommt ein gestörtes Verhältnis zur Wirklichkeit: »*Realitätsverlust*«. Ob nun eine Uhr stehenbleibt, das Dielenholz knarrt, eine Tür zuschlägt oder das Telefon läutet, ohne daß sich ein Anrufer meldet – so mancher Okkultjünger schreibt alltägliche Ereignisse bereitwillig dem Wirken von Geistern zu. So erfuhr ein Schüler aus Bamberg von einem herbeigerufenen »Geist«, er werde bald in der Schule versagen. Gleichzeitig »warnte« er den Jungen davor, den Kontakt zu ihm abzubrechen. Der verängstigte Junge tat es trotzdem. Da fielen abends neben seinem Bett einige Bücher um. Sein Hund wollte nicht mehr in sein Zimmer kommen. Als er zum Fenster trat, blendete ihn plötzlich ein grelles Licht. Zeigte der vernachlässigte »Geist« so seinen Unmut? Der Junge war fest davon überzeugt. Wochenlang war er nicht dazu zu bewegen, in seinem Zimmer zu schlafen.

Sind das nur zeitweilige, nicht weiter ernstzunehmende

»Ticks«, die irgendwann von alleine verschwinden – oder läuft die Persönlichkeit geisterbeschwörender Jugendlicher Gefahr, schweren, anhaltenden Schaden zu nehmen: in eine »*mediumistische* oder *psychographische Psychose*« zu geraten, wie sie der Nestor der deutschen Parapsychologie, Professor Hans Bender, schon 1936 in seiner Bonner Dissertation als eigenständiges Krankheitsbild einführte?[21] Diese psychische Störung wird Bender zufolge »durch den kritiklosen Gebrauch spiritistischer Praktiken ausgelöst ... und (ist) wesentlich von der affektiven Erschütterung durch das mißverstandene ›Jenseitserlebnis‹ bestimmt«[22]. Wie bei Schizophrenen, so soll es auch bei übermäßigen Pendlern, Glas- und Tischrückern zu einer »gestörten Selbstführung« kommen können: Gedanken werden laut; innere Zwiegespräche laufen ab, mit einem als fremd erlebten »Partner«; visuelle Erscheinungen, Stimmen und Berührungen aus dem Nichts werden halluziniert, ein »Beeinflussungs- und Bemächtigungswahn« stellt sich ein. Im Gegensatz zur Schizophrenie jedoch sei diese »Desintegration der Persönlichkeit ... verständlich, ableitbar, reversibel«; sie »zersplittert die Psyche nicht in Stücke, sondern bringt mehr oder weniger unabhängig voneinander handelnde ... Verselbständigungen von Teilsystemen hervor«.

Den bekanntesten Fall von »mediumistischer Psychose« schilderte der Betroffene selbst[23]: Ludwig Staudenmaier (1865–1933), ein Chemiker und bayerischer Gymnasiallehrer, der nach philosophischen und theologischen Studien seit 1901 zwanzig Jahre lang Selbstversuche in »Experimentalmagie« durchgeführt hatte. Psychotische Störungen im Anschluß an Okkultpraktiken hatten schon vor Bender namhafte deutsche und französische Psychiater beschrieben. Bender selbst stellt »aus einem größeren eigenen Material« vier eindrucksvolle Fälle vor:

* Elisabeth B., eine 25jährige Volksschullehrerin, nimmt über »automatisches Schreiben« Verbindung mit dem »Schutzgeist Segenbringer« auf. Der verselbständigt sich bald, macht ihr Vorhaltungen über verbotene erotische Phantasien, treibt sie schließlich an den Rand des Selbstmords.

* Mit Verdacht auf Schizophrenie werden 1940 zwei 39jährige, verheiratete Zwillingsschwestern, Ilse M. und Ruth R., in die Freiburger Psychiatrische Klinik eingewiesen. Jahre zuvor hatten sie hin und wieder »aus Jux« gependelt. Tief betroffen vom Tod ihres Vaters, begannen sie mit Tischrükken und automatischem Schreiben. Zunächst meldeten sich der Verstorbene und andere »Geister« nur, indem sie die Schreibfeder führten. Dann traten Stimmen auf, anfangs bloß während des Schreibens, später überall und zu jeder Zeit – immer lauter, immer aufdringlicher. Trugbilder drängten sich auf.

* Regine S. (69), eine Bibliothekarin im Ruhestand, hatte nach kurzer, später Ehe ihren Mann verloren. Monatelang pendelte sie ganze Nächte hindurch über dem Alphabet. Schon beim allerersten Versuch meldete sich der Totengeist – bald auch als allgegenwärtige innere Stimme. Waren es anfangs nur Mitteilungen gewesen, erhielt Regine S. nun sinnlose Befehle, bekam erotisch-perverse Vorstellungen aufgezwungen, fühlte sich körperlich gequält.

Von 34 Spukfällen, die Benders Freiburger »Institut für Grenzgebiete der Psychologie und Psychohygiene« allein zwischen März 1986 und Oktober 1987 gemeldet wurden, waren mindestens vier nach spiritistischen Sitzungen aufgetreten.[24]

Auch der Züricher Psychiater Naegeli-Osjord bekam schon mit mehreren offensichtlich Okkultgeschädigten zu tun. Als »klassischen Fall« schildert er den Leidensweg des »Herrn N. Dieser«, der Naegeli Ende 1979 aufsuchte.[25] Seit 1968 vom Phänomen der Tonbandstimmen fasziniert, experimentierte der »früher unauffällige, technisch ungewöhnlich begabte Angestellte« bald Tag und Nacht stundenlang mit dem Tonbandgerät. Nach vier Jahren begannen sich die Stimmen direkt zu melden, meist abschätzig. Zu Hause glaubte Dieser, von Mitbewohnern verulkt zu werden, am Arbeitsplatz »hörte« er verächtliche Bemerkungen von Kollegen. Entnervt verlegte er seine Pensionierung um ein Jahr vor – die Stimmen verfolgten ihn weiter. Quälende Zischgeräusche unterschiedlicher Stärke kamen hinzu, ein Trillern und Zwitschern. Dann stellten sich körperliche Mißempfindungen ein. So fühlte sich Dieser immer häufiger an den Ohrläppchen gezogen – so stark und real, daß er sich gelegentlich nach dem Verursacher umschaute. Ein typischer Bericht vom Sonntag, dem 9. Dezember 1979: »3.37 Uhr aufgewacht. Höre mehrere mittellaute, männliche und weibliche Stimmen. Spreche mehrere Male mein Schutzgebet. Reaktion: jedesmal die kalten Schauder am Rücken verspürt. Während eines Gebets einmal eine sehr stark nach brennendem Phosphor oder Schwefel riechende Einwirkung auf meine Nase gehabt. Die Einwirkung klingt aber bald wieder ab.«[26]

Doch soweit Benders Konzept der »mediumistischen Psychose« über einen bloßen Klassifikationsvorschlag hinausgeht, kämpft es bis heute in der Fachwelt um Anerkennung. So stark die gut belegten Einzelfälle auch beeindrucken: Über die tatsächliche Verbreitung der »mediumistischen Psychose« fehlen immer noch verläßliche Zahlen. Zudem werden dabei leicht Ursache und Wirkung verwechselt: Was manche Bender-Schüler allzu eilfertig dem verderblichen Einfluß von »Geisterbeschwörungen« zuschreiben, ist oft Symptom einer tieferliegenden, bereits vorhandenen Störung, die sich hier Ausdruck verschafft. Der Düsseldorfer Soziologe Ulrich Müller tut die »mediumistische Psychose« schroff als »Uralt-Schabernack« ab, »über den heutige Psychiater nur noch lächeln können«: In seinen eigenen, noch laufenden Untersuchungen an Erwachsenen »stelle ich fest, daß durch den Okkultismus niemand psychisch krank wurde – oder er war schon krank, *ehe* er Okkultismus betrieben hat. Da lieferten okkulte Praktiken nur die Mittel, die Krankheit auszuagieren.« Ähnliches weiß Dr. Peter Mehne von der Rheinischen Landesklinik in Köln von sieben »Okkultismus-Patienten«, die 1988 in der psychiatrischen Abteilung behandelt wurden. Nur in einem einzigen Fall hatten die okkulten Praktiken selbst eine Psychose heraufbeschworen: bei der 50jährigen Barbara M., die zwei Jahre lang über Glasrücken und automatisches Schreiben mit ihrem verstorbenen Onkel kommuniziert hatte. Bei den sechs übrigen, alle zwischen 20 und 35 Jahren alt, waren Kontaktversuche mit dem Jenseits zwar der *Auslöser* für einen Zusammenbruch – aber »alle hatten eindeutig schon *vor* ihrer okkulten Tätigkeit eine schizophrene Psychose bekommen: Sie fühlten sich massiv verfolgt, hörten Stimmen, waren schwer depressiv oder hatten Angstzustände, die mit dem Verlust des Arbeitsplatzes, der Wohnung oder dem Zerfall der Familie einhergingen.«

Andererseits kann Bender auf eine eindrucksvolle Fallsammlung verweisen, die sich gängigen psychiatrischen Etikettierungen hartnäckig widersetzt. Der öffentlichen Okkult-Hysterie hat Benders Konzept freilich, wider Willen, eher noch Vorschub geleistet, statt sie zu beschwichtigen: Es liefert ein weiteres Sprachspiel für Versuche, jegliche Art von verändertem Erleben und Verhalten gleich als Vorboten oder Symptome einer versteckten »Psychose« abzustempeln – sie zu *pathologisieren.* »Bloß weil ein paar von uns durchdrehen, wenn ein Glas von alleine Sätze buchstabiert, braucht man uns deswegen nicht gleich pauschal zu ›Verführten‹, ›Süchtigen‹ und reif für die Klapsmühle zu stempeln«, ereifert sich Abiturient Manfred H. (18) aus Heidelberg. »Klar hat man da Schiß – aber ist das nicht normal?« »Und was«, fragt er mit Bezug auf die Mischo-Studie, »heißt schon ›psychisch auffällig‹ aus dem Munde eines Pfarrers?« Immerhin scheint die Mehrheit der Jugendlichen Okkulterfahrungen ohne seelischen Schaden zu überstehen. Einen ersten Schock verarbeiten sie wie andere Schocks auch. Manche nehmen ihre Erlebnisse nur als gruselige Unterhaltung, ihren »Horrortrip« genießen sie wie eine Fahrt mit der Geisterbahn. Mit dunklen Mächten, deren bloße Erwähnung Älteren schon einen kalten Schauder über den Rücken jagt, spielen sie wie ein 18jähriger Spiritist aus Lahnstein: An seinem Schachbrett sitzt ihm der Teufel persönlich gegenüber; glasrückend bestimmt er die Figurenstellung seines Gegners – und amüsiert sich köstlich dabei.[27]

Andere, denen Okkulterlebnisse zu Herzen gehen, akzeptieren sie zunehmend gelassener als Ausblicke auf eine andere, höhere Wirklichkeit, die ihnen nicht mehr Angst einjagt als guten Christen ein allmächtiger Gottvater. Tonbandstimmen aus dem Jenseits finden sie so selbstverständlich wie Durchsagen im Radio. Was ihnen daran neu, fremd, erklärungsbedürftig ist, ergründen sie mit der gleichen unbefangenen Neugier wie ihre erwachende Sexualität. »Wenn Menschen tatsächlich den Tod ihres Körpers überleben, wie uns die Kirche klarmacht – warum sollen sich ihre Seelen dann nicht bei uns melden können?«, ist Petra V. (17) aus Ludwigshafen schleierhaft. Viele glauben gefunden zu haben, um das sie sich von ihren Priestern, Lehrern und gläubigen Eltern betrogen fühlen: um tiefe, ergreifende religiöse Erlebnisse. Was andere ängstigt – sie erfüllt es. Und wieviel bliebe vom »Okkultschock« der »psychisch auffälligen« Minderheit, wenn Eltern und Lehrer, Politiker und Wissenschaftler, vor allem aber die mächtigen Amtskirchen nicht länger verteufeln und tabuisieren würden, was sie erleben? »Die Angst vor dem Okkulten, die uns die Kirchen andichten, ist in Wahrheit ihre eigene«, meint Sabine (18) aus Karlsruhe. »Daß wir jenes ›Höhere‹, von dem sie uns künden, ohne ihre Vermittlung erfahren könnten, frei von ihren Bildern und Deutungen, ihren Ritualen und heiligen Schriften – davor haben sie mächtig Bammel. Wir könnten sie ja überflüssig finden.«

DIE URSACHEN
»Beim Tischrücken kriege ich Antwort – beim Beten keine«

»Lieber Vater, hörst du mich?«, spricht Ramona (17) ins Mikrofon ihres Tonbandgeräts. Dann verläßt die Mannheimer Hauptschülerin für eine Weile ihr Zimmer. Das Tonband läuft unterdessen weiter.

»Vor drei Wochen ist mein Vater von einem Lkw überfahren worden, als er die Straße überqueren wollte«, erklärt Ramona, während sie mit den Tränen kämpft. »In derselben Nacht, in der er starb, erschien er mir im Traum. Das Gesicht blutüberströmt, rief er mir zu: ›Nimm' auf! Nimm'auf!‹ Dann sah ich, wie ein riesiges Rad auf ihn zurollte und ihn unter sich begrub.«

Seither nimmt Ramona auf, Nacht für Nacht. Sie will eine Nachricht ihres toten Vaters einfangen. »Dazu muß es ganz still im Zimmer sein. Das Band ist neu, also völlig leer.« Wenn sie es dann abspielt, ist oft nur ein leises Rauschen zu hören. »Aber irgendwann flüstert da eine Stimme. Je öfter ich die Einspielung wiederhole, desto deutlicher höre ich sie – mein Vater!«

I. Ist es wie bei Ramona *persönliche Betroffenheit,* die Jugendliche nach Geistern und übersinnlichen Mächten jagen läßt? Suchen sie, nach schmerzlichem Verlust, darin Trost? Hinter der Sucht nach Okkultem »steht oft eine unzureichende Verarbeitung des Todes eines Nahestehenden«, glaubt jedenfalls Georg Bienemann, Diplom-Theologe am bischöflichen Generalvikariat in Münster und dort zuständig für die Jugendseelsorge.

Doch die stärksten Motive liegen woanders, wie die Umfrage des Freiburger Psychologieprofessors Johannes Mischo unter 138 Religionslehrern an Gymnasien im Bistum Trier nahelegt. Nur ein einziger Befragter hatte den Eindruck, es sei persönliche Betroffenheit, die seine Schüler zu okkulten Praktiken treibe.

II. Weitaus am häufigsten nannten die Pädagogen *Neugier* als Beweggrund (71,8 Prozent): Lust auf Sensation, Spannung, Unterhaltung, Geheimnis, Grusel – auf *Stimulation*, die Motivationspsychologen neuerdings zu den grundlegenden Handlungsantrieben des Menschen rechnen.[28] »Eine prickelnde Angstlust, die man von der Geisterbahn her kennt«, vermutet Jesuitenpater Bernhard Grom, Professor für Religiongspsychologie in München. Wen's nicht mehr ekelt, wenn Zombies in Horrorvideos Menschen fressen, und auch nicht »anturnt«, wenn sich auf Vatis Pornokassetten Nackedeis zum Gruppensex übereinanderlegen, der sucht Nervenkitzel im Übersinnlichen. Schauder, die unter die Haut gehen. Das »Jenseits« liefert sie. Gerade okkulter Nervenkitzel hat es in sich: Man kann ihn »live« miterleben und durch eigenes Verhalten beeinflussen; er enthält Tests auf persönliche Fähigkeiten; er ist auf individuelle Anliegen, Erwartungen, Ängste und Wünsche zugeschnitten; er ist unberechenbar, steckt voller Überraschungen und Mutproben – spannender, echter als jedes Computerspiel. Okkultismus sei »die Antwort der Jugend auf eine Gesellschaft, in der immer weniger Freiraum für Abenteuer bleibt«, mutmaßte die *Augsburger Allgemeine* im Dezember 1988. »Die Phantasie ist tot, es lebe der Konsum. Langeweile macht sich breit unter den Heranwachsenden, der Erlebnishunger wächst.« Also kein ernsthaftes Anliegen?

III. Jeder fünfte befragte Lehrer der Mischo-Studie sieht seine okkulterfahrenen Schüler in *Schwierigkeiten, sich selbst zu finden*: ihr Leben in den Griff zu kriegen, sich Ziele zu setzen, selbständig urteilen, entscheiden und handeln zu lernen. ›Höhere Geister‹ sollen dabei beraten, helfen, führen, vorausschauen – Symptom einer altersabhängigen seelischen Entwicklungskrise, in der »*Motive im Zusammenhang mit der Identitätsfindung*« (Mischo) dominant werden:

* Heranwachsende suchen nach neuen Orientierungen, Sinn und letzten Zielen – und sind unschlüssig, welchen Wegweisern sie folgen sollen. Ihre Zukunft steckt voller Möglichkeiten – doch diese Offenheit macht viele zugleich unsicher, jagt ihnen Angst ein. »Der Grund für die Neugier auf Übernatürliches ist oft eine *Orientierungskrise* der jungen Leute, während der selbsternannte Propheten mit ihnen leichtes Spiel haben«, meint der Düsseldorfer Soziologe Dr. Ulrich Müller. An den gleichen Beweggrund glaubt Dr. Friedrich Hasselhoff vom evangelischen Stadtkirchenverband in Essen: »Solche Dinge machen sich fast immer fest an Lebensabschnitten, in denen man nicht mehr weiß, wie es weitergeht.« Ähnlich äußert sich Dr. Werner Küching von der Schulpsychologischen Beratungsstelle Essen: »Der Hang zu Beschwörungen wird immer dann stark, wenn man sich mit den üblichen Mitteln nicht mehr in der Lage glaubt, seines Lebens Herr zu werden. Die Jugendlichen leben in einer für sie unsicheren Zeit und versprechen sich durch diese Kulte Sicherheit.« »Massive Zukunftsängste der meisten Jugendlichen« und ein »Mißtrauen gegen eine Gesellschaft, der es an Sinnangeboten fehlt«, will selbst Nordrhein-Westfalens Kultusminister Schwier ausgemacht haben.
* Vom Gängelband ihrer Erzieher möchten sich Heranwachsende losmachen – zugleich haben sie Angst vor der eigenen Selbstbestimmung. Da beruhigt es, Beistand und Anleitung von »jenseitigen« Mächten zu bekommen.
* Heranwachsende wollen frei sein – und spüren doch den »Rationalitätsdruck« einer Gesellschaft, in der sie ihre beruflichen und sozialen Chancen frühzeitig verspielen, wenn sie jetzt nicht »vernünftig« sind und auf einen guten Schulabschluß hinarbeiten, statt sich »gehenzulassen«. In dieser Zwickmühle fült sich manch einer zerrieben, ohn-

mächtig, eingeengt, wehrlos. Im Bund mit Himmel und Hölle wähnt er sich stärker. Okkulte Praktiken befriedigen den Drang nach »Überwindung der Ich-Grenzen« (Mischo): Denn sie vermitteln die Illusion überlegener Macht. Wer sich auf Okkultismus einläßt, erliegt oft der »Verlockung, *mächtiger* zu werden, einzubrechen in eine Sphäre, die den Menschen sonst verschlossen ist«, meint Georg Bienemann. »Magie ist die Macht der Wehrlosen«, erklärt lapidar Dr. Hubert Kohle, Sektenbeauftragter und Leiter der Beratungsstelle für Religions- und Weltanschauungsfragen der Diözese Augsburg.

Die spärlichen empirischen Untersuchungen, die den psychischen Hintergründen von Okkultgläubigkeit nachspürten, bestätigen solche Vermutungen weitgehend. Im Psychogramm der okkultgläubigen Persönlichkeit, so faßt Mischo zusammen[29], herrschen vor: »Abhängigkeitsgefühl, Realitätsflucht, Verweigerung der Selbstverantwortung, selektive Selbst- und Fremdwahrnehmung, Sicherungsbedürfnis.« So legte der Freiburger Psychologe Ernst Böttinger für seine Diplomarbeit[30] einer Stichprobe von 221 Personen einen Katalog mit 16 Fragen vor, die sie mit »ja« oder »nein« beantworten sollten; darunter: »Haben Sie schon einmal etwas geträumt, was dann wahr wurde?«, »Glauben Sie an einen Zusammenhang zwischen dem menschlichen Schicksal und den Sternen?«, »Achten Sie auf günstige oder ungünstige Vorzeichen?«, »Glauben Sie überhaupt, daß es Möglichkeiten gibt, die Zukunft vorherzusagen?«, »Halten Sie ... Reinkarnation ... für möglich?«, »Ist was Wahres ... an dem Glauben ..., daß man mit Verstorbenen in Verbindung treten kann?« Wer einen Großteil dieser Fragen bejahte – Böttinger spricht dabei lieber wertfrei von »okkult*bezogen*« statt von »okkultgläubig« –, der erwies sich in anschließenden Persönlichkeitstest in höherem Maße als

– *suggestiv* und *emotional labil* (etwa »Wenn ich jemanden weinen sehe, bin ich oft sehr schnell selbst den Tränen nahe«; »Wenn viele Wolken am Himmel sind, dann kommt es manchmal vor, daß ich in ihnen Formen und Gestalten sehe, die ziemlich stark auf mich wirken«);

- *aggressiv*;
- *psychotisch* (z.B. »Ich habe Feinde, die mir schaden wollen«; »Ich habe mehr Schwierigkeiten als die meisten Leute«);
- auf Überlegenheit, *Dominanz* aus
- zu *Anomie* neigend: »einer allgemeinen Verunsicherung, einem ›Sich-nicht-mehr-Zurechtfinden‹ in einer technisierten Welt, ›Unbehaustheit‹, Lebens- und Zukunftsangst«.[31]

Wie Böttinger seine Befunde hochrechnet, müssen »25 bis 30 Prozent der BRD-Bevölkerung als okkultbezogen« bezeichnet werden. Ganz besonders kennzeichnen ihre typischen Merkmale aber die »Identitätskrise« von Heranwachsenden.

Auch wenn das im Eifer des Gefechts selbst habilitierte Psychologen mitunter vergessen: Aus solchen Typologien auf Einzelfälle zurückzuschließen, verbietet sich. Nicht jeder Jugendliche, der Geister beschwört, muß irgendwelche Entwicklungsdefizite aufzuholen haben. Vor allem ältere, aus weiterführenden Schulen, tun es vielfach mit klarem Kopf, aus voller Überzeugung, im Pioniergeist von »Jugend forscht« und ausgestattet mit einer parapsychologischen Sachkenntnis, die manchen Religionslehrer gerne verlegen das Thema wechseln läßt. Und viele von ihnen bleiben womöglich noch Jahrzehnte dabei, nachdem sie sich in Beruf und Familie längst als ausgereifte Persönlichkeiten erwiesen haben.

IV. Eine »Sehnsucht nach der Gruppe, den Wunsch, gemeinsam etwas Besonderes zu erleben«, will darüber hinaus Pastorin Elke Heibrock aus dem niedersächsischen Edewecht (Kreis Ammerland) unter ihren jugendlichen Gemeindemitgliedern ausgemacht haben. Dem widerspricht allerdings die Mischo-Studie: *Soziale* Motive »wie Mitmachen mit Gleichaltrigen, Gruppenzwang, Unterhaltung bei Parties« scheinen demnach »weniger stark ausgeprägt«: Nur 15,4 Prozent der befragten Lehrer erlebten sie bei ihren Schülern. »Mitläufer«, die Wärme, Halt, Anerkennung und Maßstäbe im Kollektiv suchen, finden sich eher unter den 500 000 bundesdeutschen Jugendlichen, die sich einer Sekte angeschlossen haben. (Das entspricht einem Anteil von 6,5 Prozent aller 14- bis 19jährigen. Diese

Zahlen erhob der Soziologe Professor Gerhard Schmittchen von der Universität Zürich in einer bundesweiten Repräsentativumfrage; veröffentlicht wurden sie im September 1988 auf einem internationalen Gehirnkongreß in München.) Dort stehen Offenbarungen eines »Meisters« im Vordergrund, die unbedingten Glauben fordern, auch wenn sie sich durch keine »übersinnlichen« Demonstrationen handfest als etwas »Höheres« ausweisen können. Okkultismus hingegen vereinzelt in aller Regel, bricht mit Über- und Unterordnungen und verlegt das »Höhere« in die persönliche Erlebnissphäre.

V. An eine »*Verführung*« durch Massenmedien glaubt nur jeder zwanzigste befragte Pädagoge in der Mischo-Studie. Für den nordrhein-westfälischen Kultusminister Schwier dagegen liegt darin ein Hauptgrund: Auf Kinder und Jugendliche dringe »eine regelrechte okkulte Medienschwemme ein«, ließ er das Landespresse- und Informationsamt der Landesregierung Nordrhein-Westfalen in der Presseerklärung 89/2/88 vom 5. Februar 1988 verlautbaren. Der Büchermarkt werde »überschwemmt mit einer umsatzsteigernden Flut von zweifelhafter spiritistischer Literatur.« Kultusminister Schwier: »Die einschlägigen Verlage scheuen weder Mittel noch Geld, um einen bedrohlichen Kampf gegen die Vernunft zu führen. Mit den Methoden des rationalen Produktmanagements wird Irrationalität gefördert.« Schützenhilfe erhält Schwier von Wolfgang Hund, dem Vorsitzenden des Bayerischen Lehrer- und Lehrerinnenverbandes, den das bayerische Kultusministerium kürzlich zum »Okkultismus-Beauftragten« ernannt hat: »In einigen Presseartikeln stehen handfeste Gebrauchsanweisungen für okkulte Praktiken.« Sachverständigenschelte bezog etwa die Zeitschrift *Mädchen*, als sie im November 1986 dreizehn Okkultpraktiken vorstellte. Ins Kreuzfeuer der Kritik ist auch *Bravo* geraten, mit über einer Million Auflage das meistgelesene bundesdeutsche Jugendmagazin. Immer noch machen unter Schülern Kopien einer *Bravo*-Serie von 1986 die Runde, die junge Leser mit Themen versorgte wie »So empfangt ihr Botschaften aus dem Jenseits – Tischrücken«, »Das Pendel sagt die

Wahrheit«, »Blitzkurs im Kartenlegen – Blickt in eure Zukunft«. *Bravo-Girl*, weiblicher Ableger der Zeitschrift, legte gleich auch noch neun »Wahrsagekarten« zum Heraustrennen bei. Die konfessionelle Wochenzeitung *Neue Bildpost* wetterte: »Die Kinder werden von der Illustrierten auf einen Weg geschickt, der für sie in einer Anstalt oder im Grab enden kann. Bravo? Pfui Teufel!«

Neben Filmen wie »Omen«, »Poltergeist« oder »Der Exorzist« ist vor allem die Sendereihe mit »Unglaublichen Geschichten« in Verruf geraten, die der Fernsehjournalist Rainer Holbe seit Jahren für Radio Tele Luxemburg (RTL) moderiert. (Ende 1988 wurde sie vorübergehend eingestellt.) Immerhin 52 Prozent der befragten Lehrer gaben Mischo an, zu Diskussionen über Okkultes sei es in ihren Klassen im Anschluß an RTL-Sendungen gekommen. Aber wie könnten Medienangebote dieser Art bei Jugendlichen ankommen, wenn sie nicht ein tieferes Bedürfnis befriedigten, das schon vorhanden war?

VI. Auch *Pädagogen* werden als »Verführer« gebrandmarkt. In seiner Presseerklärung »warnte« Schwier »insbesondere Lehrerinnen und Lehrer, die sich selbst in ihrer Freizeit mit Okkultismus befassen, davor, unüberprüft und unkritisch Verständnis für diese Themen zu wecken.« (Dürften sie es denn »überprüft« und »kritisch«?) Ohne in Einzelheiten zu gehen, spricht der Kultusminister von »Lehrern, die sich leichtfertig in der Schule als Hexen bezeichnen oder Schülern den Zugang zu irgendwelchem Unfug ermöglichen.« Der ministerielle Verdacht scheint nicht ganz aus der Luft gegriffen: Im Oktober 1987 wußte das Nachrichtenmagazin *Der Spiegel* von »einem spiritistischen Kreis im Raum Bielefeld« zu berichten, »der nur aus Pädagogen besteht«. Im rheinischen Bergisch-Gladbach schockierte eine Lehrerin Kollegen, denen gegenüber sie sich unverblümt als »Hexe« mit einem direkten Draht zum Jenseits bekannte. Nicht einmal die Kirchen scheinen vor okkultistischen »Unterwanderern« sicher: Im August 1988 endete ein Fahrradausflug der Evangelischen Kirchengemeinde Valbert mit der Dienstsuspension des Freizeitleiters; dieser habe die Kinder »psychisch unter Druck gesetzt«, hatte Pastor Peter Winterhoff von empörten Eltern erfahren. Da mußten Kinder ihren schwarzen Jogginganzug ausziehen, Ohrringe und mit fünfzackigen Sternen verzierte Gürtel ablegen, weil der Freizeitleiter darin »Satanszeichen« erkannte. In Einzelsitzungen hielt er »Geisteraustreibungen« ab; so versuchte er den »Yoga-Geist« eines elfjährigen Mädchens zu exorzieren, weil sie oft im Schneidersitz dasaß.

Doch erklären solche spektakulären Ausnahmefälle wirklich die Regel?

VII. An *mangelnde christliche Erziehung* glaubt in der Mischo-Studie jeder dritte befragte Lehrer. Brauchen okkultgläubige Jugendliche also einfach mehr Religionsunterricht, mehr praktiziertes Christentum zuhause? Benötigen sie »Schülergebetskreise vor dem Unterrichtsbeginn«, wie sie der Religionslehrer Hans Übler kürzlich in der Wochenzeitung *Rheinischer Merkur* allen Ernstes als Gegenmittel empfahl? Fehlt ihnen ein religiöses Bedürfnis, das mit verstärkten pädagogischen Anstrengungen geweckt werden muß?

Das Bedürfnis ist da – was Jugendlichen fehlt, ist das Vertrauen, daß es innerhalb der Kirche, mit ihren Ritualen, befriedigt werden kann. Besonders okkultanfällig seien gerade »sensible Jugendliche, die ein *hohes* religiöses Potential mitbringen, ohne daß ihnen Kirche und Gesellschaft eine Antwort geben«, korrigiert der Psychotherapeut Oscar Randak ein gängiges Vorurteil. (Randak leitet die Beratungsstelle für Katechese und Psychotherapie der Diözese Augsburg.) Auch für Harald Baer, Referent für Sekten- und Weltanschauungsfragen bei der Katholischen Sozialethischen Beratungsstelle in Hamm, steht fest: »Die Okkultexplosion ist ein Protestphänomen gegen ein erstarrtes Christentum.« Hat die Kirche versagt? »Ja«, bekennt der evangelische Pfarrer Klaus Weyermann aus Augsburg ohne Zögern. »Die Antwort der Kirche auf die drängenden Probleme der Jugendlichen steht noch aus.« Mit den überkommenen Ritualen könnten sie nichts anfangen: »Allein unsere Gottesdienste sind doch stinklangweilig.« Auch Dr. Hans-Jürgen Ruppert von der Evangelischen Zentralstelle für Weltanschauungsfragen (EZW) in Stuttgart gibt den Kirchen »eine gewisse Mitschuld«: Fragen der Mystik, des Lebens nach dem Tode seien »vernachlässigt worden. Die Amtskirchen haben diesen Raum praktisch freigegeben, ein Vakuum hinterlassen. Dabei braucht der Mensch diese Dinge, um sein seelisches Gleichgewicht zu erhalten.«

VIII. Damit erübrigt sich auch die Vermutung, hinter der »Okkultwelle« stecke womöglich nur eine weitere Form des *Protests* gegen die Erwachsenengeneration. Wollen Jugendliche damit einfach schockieren, provozieren? Lehnen sie sich auf »gegen das ewige Funktionierenmüssen«, wie Pastorin Elke Heibrock meint? »Sie wollen spüren, daß Leben mehr bedeutet als Essen, Trinken, Schlafen.« Auch Sabine Linn vom Essener »Sekten-Info« vermutet: »Heute können junge Leute nicht mehr mit Beatles-Frisur und Mini schocken, also greifen sie die letzten Tabus an.« An eine »Sehnsucht nach Anderssein« glaubt der Diplom-Psychologe Michael Schattanik, Leiter der Erziehungsberatungsstelle für Kinder, Jugendliche und Eltern im Landkreis Ammerland. Doch die Sehnsucht, die Jugendliche in den Okkultismus treibt, ist die *gleiche* wie die ihrer Eltern; sie vollziehen nach, was Erwachsene ihnen vorleben – den Auszug in eine neue, außerkirchliche Religiosität, der die christlichen Mystiker des frühen Mittelalters in mancherlei Hinsicht näher stehen als der promovierte Theologe, dessen Gelehrsamkeit Mühe hat, zwischen zwei Buchdeckel zu passen. Okkultismus treibt keinen Keil zwischen die Generationen – er läßt sie zusammenrücken.

IX. Also doch eine »Verführung«? Eher ein Vorbild. »Wir tun oft so, als ob das alles ein Jugendproblem ist«, bemängelt Dr. Alphons van Dijk, Referent für Sekten- und Weltanschauungsfragen der katholischen sozialethischen Beratungsstelle in Hamm. »Aber die Suche nach dem Mystischen wird bei den Erwachsenen mindestens mit derselben Intensität betrieben.«

Genauso sieht das Dr. Ulrich Müller von der Forschungsstelle für psychiatrische Soziologie an der Universität Düsseldorf: »Okkultismus unter Jugendlichen ist nur das Abziehbild einer Welle in der Gesamtgesellschaft... Kinder sehen, daß ihre Eltern sich mit dem Übersinnlichen beschäftigen, und lernen das von ihnen.«

Darf man dies kurzerhand als Symptom einer »religiös pubertierenden Gesellschaft« auf der Suche nach »Instant-Glück« abtun, wie die Sektenbeauftragte Hedwig Deipenwisch vom katholischen Bischöflichen Generalvikariat in Hildesheim? Muß dagegen schwerstes Geschütz aufgefahren werden, wie das der habilitierte Mediziner Otto Prokop für seine »sittliche Verpflichtung als Hochschullehrer« hält[32] – und über ein »ungeistiges Schwärmertum« höhnen, das »gewissenlose Okkultverbrecher« »zur Volksseuche großgezogen« haben? Hinter der Beschäftigung mit Okkultem steckt mehr als oberflächliche Sensationslust. »Der Mensch ist unheilbar religiös«, meinte der evangelische Theologe Professor Helmut Thielicke einmal. Kinder wie Eltern wollen Antworten auf letzte Fragen nach ihrem Woher, Wozu und Wohin; sie suchen unmittelbare Begegnungen mit einer höheren Wirklichkeit, authentische, ergreifende religiöse Erlebnisse, ohne kirchliche Vermittler, deren Amtsautorität ihnen wenig gilt. Der Okkultismus liefert sie – persönlich erfahrbar, von Parapsychologen in wissenschaftlichen Tests und Experimenten teilweise zu belegen. So scheint Religion eine Sache des Wissens zu werden, nicht mehr bloßen Glaubens und Vertrauens in Institutionen, »heilige« Schriften und theologische Deutungskunst. »Das ist ganz einfach«, erklärt ein 16jähriger einem Reporter der *Augsburger Allgemeinen* auf die Frage, warum er denn Geister beschwöre. »Wenn ich zum Beispiel Tischrücken mache, bekomme ich Antwort. Aber wenn ich mich hinsetze und bete, bekomme ich weder Zeichen noch Antwort.«

Wieso ein Jugendlicher überhaupt für Okkultismus »anfällig« werden kann, hat insofern viel von der Frage, wieso jemand, der Durst hat, Wasser trinkt. Bestimmt hat's ihm schon jemand vorgemacht; vielleicht sucht er darin Ersatz für eine andere Flüssigkeit; womöglich fasziniert ihn auch dieses durchsichtige, kühle Naß. Doch in erster Linie trinkt er Wasser, weil er aus Erfahrung weiß, daß es den Durst löscht. Was einen Großteil der Jugendlichen in den Okkultismus treibt, ist Wissensdurst: Gibt es übersinnliche Kräfte und Mächte in und über mir? Kann ich sie beeinflussen? Kontrollieren? Nutzen? Verliefen ihre Versuche damit allesamt enttäuschend, so würde die »Okkultimuswelle« sehr bald abebben, nachdem sie alle erfaßt und eine Zeitlang mitgerissen hat. Wären okkulte Erlebnisse allesamt psychologisch oder physikalisch erklärbar, so täten es ein paar Unterrichtsstunden mehr, sie ebenso zu entmystifizieren wie die Geheimnisse der Vererbung, der Schwerkraft oder des Atoms. Aber so einfach, wie es staatliche und kirchliche Aufklärer gerne hätten, liegen die Dinge nicht. Wenn viele Jugendliche ihre Geistersuche fortsetzen, beharrlich und unbeirrbar, so deshalb, weil sie dabei mitunter etwas erleben, was nicht bloß Minderjährige aus der Fassung bringt:

* Am Abend des 13. Juli 1987 läßt sich Studienrat Kurt Gaik, Religionslehrer am Schulzentrum in Erkrath-Hochdahl bei Düsseldorf, von Schülern zu einer Séance einladen. Sie rükken Gläser. Irgendwann fordert der Lehrer einen Wahrheitsbeweis: »Was war das Lieblingsgetränk meines verstorbenen Vaters?« Dabei zieht er seinen Finger zurück. »M-i-l-i-c-h«, buchstabiert das Glas. Tatsächlich hatte Gaiks Vater am liebsten Milch getrunken – und das Wort immer »Milich« ausgesprochen. Keiner der anwesenden Schüler kann davon wissen. Also bewies da ein jenseitiger Totengeist, daß sein autobiographisches Gedächtnis keinen Schaden nahm? Vielleicht hat Gaik *telepathisch* weitergegeben, was er wußte – die Schüler übertrugen diese außersinnliche Wahrnehmung unbewußt auf das Glas. Aber wäre damit das Rätsel »gelöst«?

* In der Taunusstadt Lahnstein wollen glasrückende Schüler von einem »Geist Kevin« »Beweise haben«. Daraufhin »hat

er das Wort ›Klo‹ geschrieben«, erzählt ein Teilnehmer später einem *Spiegel*-Reporter[33]. »Da ist auf einmal der Klodeckel heruntergefallen. Also ich war an dem Abend fix und foxi.« Statt »Kevin« könnte ebensogut die starke Erwartungsangst der Schüler psychokinetisch auf den Klodeckel eingewirkt haben – aber auch dafür ist im Weltbild bundesdeutscher Jugendschützer kein Platz.

Parapsychologen der Universität Freiburg prüften 1988 Hunderte von solchen jugendlichen Okkulterlebnissen. In nicht weniger als 58 Prozent der Fälle beteuerten die Schüler glaubhaft, ein »unerklärliches Wissen« oder ein ungewöhnlicher physikalischer Effekt habe sich gezeigt. »Dreiviertel dieser Angaben waren entweder normal erklärbar oder unentscheidbar«, so die Studie[34]. »*Bei einem Viertel jedoch legten die Angaben die Hypothese ASW (8,8 Prozent) oder PK (17,6 Prozent) nahe.*« Ob diese Vorfälle samt und sonders »animistisch«, durch außerordentliche psychische Kräfte *im* Menschen zu erklären sind, wie Parapsychologen geradezu axiomatisch voraussetzen, oder in Einzelfällen auch »spiritistisch«, durch »jenseitige« Geister, bleibt offen.

Schon seit seiner Gründung im Jahr 1935 hat sich die erste parapsychologische Hochschuleinrichtung der Welt, das Institut für Parapsychologie an der Duke Universität in Durham (US-Bundessstaat North Carolina), mit übersinnlichen Erlebnissen von Schülern eingehend befaßt. Vor allem die Frau des Institutsgründers Joseph Banks Rhine (1895–1980), die gelernte Biologin Louisa Rhine (1891–1983), sammelte und prüfte Hunderte entsprechender Berichte. So erreichten sie Briefe wie dieser[35]:

* Vor ihren Lateinprüfungen hatte die Schülerin Betsy A. unsägliche Angst. Nachdem sie eine erste Prüfung »gerade noch mit Ach und Krach bestanden« hatte, fühlte sie sich vor der zweiten »in den Sumpf der Hoffnungslosigkeit versinken und fing an zu resignieren.« Zwei Stunden lang betete sie um Hilfe. In der Nacht darauf, so schreibt sie Louisa Rhine, »sah ich im

Traum, so deutlich wie am Tage, meinen Lateinlehrer, wie er eine nicht angekündigte Prüfungsarbeit für den nächsten Tag vorbereitete. Ich sah alle Fragen und Aufgaben und die dazugehörigen Antworten. Ich träumte, wie ich an dieser Prüfung teilnahm, und sah die Fehler, die ich machen würde.

Als ich am nächsten Morgen die Lateinklasse betrat, wurde mir beinahe schwindlig, als ich den Lehrer sagen hörte: Wir machen heute eine Stegreif-Prüfungsarbeit, ein Extemporale. Noch verblüffter war ich, als ich bemerkte, daß die gestellten Fragen dieselben waren, von denen ich in der Nacht geträumt hatte. Ich erinnerte mich an die korrekten Antworten und machte meine erste 100 in Latein (die Bestnote)... Ich sehe keine Möglichkeit, das von mir Geträumte zu beweisen, aber ich weiß: es ist die Wahrheit!«[36]

* »Vor ein paar Jahren, als ich etwa zehn Jahre alt war«, schildert die 13jährige Nancy Green der Parapsychologin, »hatte ich einen Traum, in dem ich meinen schlafenden Vater plötzlich aufschreien sah. Er dient bei der Marine. Er war mit seinem Schiff auf See. Ich fuhr plötzlich aus dem Schlaf auf. Es war etwa gegen zwei Uhr morgens.

Am nächsten Tag stellte sich heraus, daß mein Großvater väterlicherseits gestorben war. Später erfuhr ich, daß mein Vater den Tod seines Vaters geträumt und deshalb im Schlaf aufgeschrien hatte, ebenfalls gegen zwei Uhr in der Nacht meines Traumes.«

Alles Wunschvorstellungen, ähnlich den übermächtigen Verführungsphantasien mancher pubertierender Mädchen? In ihrem Forschungsüberblick berichtet Louisa Rhine über ein gutes Dutzend von Tests über »ASW im Klassenzimmer«, die Wissenschaftler und Pädagogen seit den fünfziger Jahren an Schulen und Forschungslabors in den USA, Frankreich und den Niederlanden vornahmen. Auch wenn die Qualität der Erhebungen recht unterschiedlich war – im Ergebnis stimmten sie mehrheitlich überein: Schüler *sind* hochgradig ASW-begabt – und *machen* entsprechende Erfahrungen.

* Mit ihren 22 Schülerinnen führte eine Klassenlehrerin aus Florida, Esther Bond, einen Telepathietest durch: Teils vor, teils hinter ihrer Klasse stehend, dachte sie an eine beliebige Zahl zwischen 1 und 10. (Deren Zufallsreihenfolge hatte sie in der Nacht zuvor auf einer Liste zusammengestellt.) Jeweils fünf Sekunden später sollten die neun- bis zehnjährigen Kinder erraten, um welche Zahl es sich handelte, und ihre Ahnung niederschreiben. Insgesamt 2.871mal wiederholte Esther Bond diesen Versuch. Die Zahl der zu erwartenden Zufallstreffer lag bei 1 zu 10 – tatsächlich lag der Anteil der »richtigen« Antworten deutlich höher.

* 1953 ließ der niederländische Schulinspektor J.G. van Busschbach mit Zehn- bis Zwölfjährigen in Hunderten von Schulen seines Bezirks Telepathietests durchführen: Hinter einem großen Pappschirm sitzend, hatte der jeweilige Lehrer seinen Fünft- oder Sechstklässlern eine von mehreren Zielvorstellungen zu »senden« – Zahlen oder Symbole –, die per Zufall aus einer vorbereiteten Liste ausgewählt wurden. Erneut traten statistisch bedeutsame Ergebnisse auf – ebenso wie bei späteren Versuchsreihen, die Busschbach in Zusammenarbeit mit der Duke-Universität an 40 fünften bis achten Klassen in zwei US-Städten durchführte.

Über ebenso verblüffende Experimente mit Schulkindern berichteten 1955 die Arztfrau und Lehrerin Christiane Vasse aus Amiens in Frankreich; Professor Wilhelm Tenhaeff vom Parapsychologischen Institut der Staatsuniversität zu Utrecht (Niederlande); das Ehepaar Dr. Hans und Shulamith Kreitler von der Parapsychologischen Abteilung der Universität von Tel Aviv, Israel; und mehrere Mitarbeiter von Rhines Institut in Durham. Vor allem zwei Fakoren erwiesen sich dabei als besonders ASW-förderlich: ein starkes Interesse der Schüler an den Experimenten und eine intensive, herzliche Beziehung zu ihren Lehrern als Versuchsleitern. »Die Frage nach der Möglichkeit von ASW in der Schule ist jetzt lange und gründlich genug studiert worden«, zog Louisa Rhine schon Ende der sechziger Jahre Bilanz. Beweiskräftige Forschungsergebnisse »liegen genügend vor«. Wie viele bundesdeutsche Jugendschützer lasen sie nach, ehe sie im Namen der »Aufklärung« Okkult-Alarm schlugen?

Daß Schüler noch häufiger Paranormales erleben, vereitelt vermutlich ein *Sheep/Goat-Effekt*, wie Parapsychologen ihn nennen: Versuchspersonen, die bezüglich des Ausgangs von Psi-Tests *negativ* eingestellt sind (*sheep* – Schafe), erzielen durchweg schlechtere Ergebnisse als positiv Eingestellte (*goats* – Ziegen).[37] Häufig blockiert sie eine unbewußte Angst vor dem Unheimlichen – Minderjährige wahrscheinlich noch mehr als Erwachsene. Die meisten sind schlicht zu »zugemauert«, um gute Sensitive zu sein – zumal in einer Kultur, die tabuisiert, was sie erleben könnten. Wie weitgehend diese Abwehrhaltung gegen Übersinnliches paranormale Leistungen beeinträchtigen kann, bestätigte kürzlich erst der isländische Parapsychologe Erlendur Haraldsson in Präkognitionstests an der Universität von Reykjavik.[38] 158 Freiwillige setzte er vor einen Computerbildschirm, auf dem vier leere Fenster zu sehen waren. Von einem Zufallsgenerator ausgewählt, erschien kurz darauf in irgendeinem dieser Fenster ein farbiges Bild; die Versuchspersonen sollten jeweils voraussagen, in welchem. Manche schnitten dabei auffallend *schlechter* ab, als nach den Gesetzen des Zufalls zu erwarten gewesen wäre. (Parapsychologen sprechen hier von *Psi-missing*: Eine paranormale Begabung fehlt nicht etwa – es wird auf paranormale Weise *verhindert*, daß sie sich manifestiert.)[39] Andere erzielten ebenso konstant höhere Trefferquoten; bei den Besten lag die Wahrscheinlichkeit, durch bloßes Raten richtig zu liegen, bei 2 zu einer Million. Beide Gruppen testete Haraldsson nun auf »Abwehrmechanismen«: Wie sind sie zu Übersinnlichem eingestellt? Halten sie es überhaupt für möglich? Würde es ihnen Furcht einflößen, wenn es einträte? Trauen sie sich selbst übersinnliche Fähigkeiten zu? Würden sie dies eher als Geschenk oder als Last betrachten? Wären sie stolz darauf? Würde ihre Umwelt sie dafür bewundern? Meinen sie, daß solche Fähigkeiten ihnen und anderen eher nützen oder schaden könnten? Als Haraldsson ihre Antworten auswertete, stieß er auf einen deutlichen Zusammenhang: Je stärker die »Abwehr«, desto niedriger die Trefferrate. Insofern *erzeugt* die öffentliche Verteufelung des Okkulten womöglich überhaupt erst, wodurch sie sich legitimiert.

Wer die Ursachen der Okkultismus-»*Welle*« ausmachen will, muß nach den sozialen Gruppen fragen, die ein Interesse daran haben, sie »überschwappen«, über uns »hereinbrechen« zu sehen. Die Presse wirbt um Leser, die Kirche um Gläubige, Politiker um Wähler, psychologische Beratungsstellen um großzügigere Förderhilfen seitens ihrer Träger, Parapsychologen um Beachtung, Forschungsaufträge und damit verbundene Mittel: Ihnen allen kommt eine Immunschwäche fürs Okkulte gerade recht, deren Erreger, Symptome und Infektionswege erforscht, deren Opfer behandelt, deren Risikogruppen mit Präventivmaßnamen überzogen, mit Aufklärungen eingedeckt und notfalls isoliert werden müssen – auf höchster Dringlichkeitsstufe, wie bei anderen Volksseuchen auch. Wie konnten es wenige Vertreter dieser Gruppen schaffen, Okkultismus-Furcht binnen zwei, drei Jahren zur »öffentlichen Meinung« zu machen: einem wertgeladenen Dafürhalten, das man öffentlich zeigen muß, wenn man nicht alleine dastehen will? Die bekannte Meinungsforscherin Elisabeth Noelle-Neumann, Leiterin des Instituts für Demoskopie Allensbach, fand für derartige Prozesse das einprägsame Bild der »Schweigespirale«[40]: »Menschen wollen sich nicht isolieren, beobachten pausenlos ihre Umwelt, können aufs feinste registrieren, was zu-, was abnimmt. Wer sieht, daß seine Meinung zunimmt, ist gestärkt, redet öffentlich, läßt die Vorsicht fallen. Wer sieht, daß seine Meinung an Boden verliert, verfällt in Schweigen. Indem die einen laut reden, öffentlich zu sehen sind, wirken sie stärker, als sie wirklich sind, die anderen schwächer, als sie wirklich sind. Es ergibt sich eine optische oder akustische Täuschung über die wirklichen Mehrheits-, die wirklichen Stärkeverhältnisse, und so stecken die einen andere zum Reden an, die anderen zum Schweigen, bis schließlich die eine Auffassung ganz untergehen kann. Im Begriff Schweige*spirale* liegt die *Bewegung*, das sich Ausbreitende, gegen das man nicht ankommen kann.« Künftige empirische Studien könnten Entwarnung geben – aber wer will sie schon hören, böte ihnen ein Forum? Spannend ist die Spirale nur, solange sie sich aufwärts dreht.

DER STREIT UM GEGENMASSNAHMEN

»Soll ich den Spuk einfach verbieten?«

»Ihre Simone macht mir Sorgen«, hört Martha F. (45) aus Frankfurt, Bankangestellte und seit drei Jahren geschieden, vom Klassenlehrer. »In letzter Zeit ist sie unkonzentriert, teilnahmslos, wie abwesend. Ihre Schulnoten sacken ab. Immer öfters fehlt sie unentschuldigt. Was ist los mit Ihrer Tochter?«

Die Mutter ahnt es. Auch zuhause ist die Fünfzehnjährige »irgendwie anders«: still, bedrückt, in sich gekehrt. Auf Fragen weicht sie aus. Beim Einschlafen läßt sie neuerdings das Licht brennen. Eines Abends überraschte ihre Mutter sie beim »Geisterbeschwören«.

Martha F. ist ratlos: »Soll ich ihr den Spuk denn *verbieten?*« Pfarrer Dr. Rüdiger Hauth aus Witten, Sektenbeauftragter der evangelischen Landeskirche in Westfalen, würde das am liebsten: »Tut es nicht, ihr wißt nicht, was mit euch geschieht dabei!«, appelliert er. Doch davon hält die Mutter überhaupt nichts: »Dann macht sie es heimlich.«

Staatlich zensieren, was sie anstiften könnte? Daß die Bundesprüfstelle für jugendgefährdendes Schrifttum ihren Blick nicht stärker auf Okkultes hefte, »bedauert« der Bremer Vorsitzende der »Gesellschaft für Jugendhilfe«, Dr. Herbert Schäfer. Gehören Bücher wie Fanny Mosers *Okkultismus*, Stevensons *Reinkarnation* oder Krippner/Ullmans *Traumtelepathtie* also schleunigst auf eine schwarze Liste mit Nazi-, Analsex- und Zombie-Schund? Auf Okkultes neugierig machen sie jedenfalls gewiß.

Einfach *drüber hinweggehen*, wenn Minderjährige »höhere« Kräfte und Mächte beschwören – in der Hoffnung, das sei eine flüchtige Modeerscheinung wie Minis oder lange Haare? Gar nicht viel Aufhebens darum machen, weil »durch unangemessene Überbetonung des Themas in der Öffentlichkeit die jugendliche Neugierde erst recht geweckt werden könnte«, wie im März 1988 der damalige bayerische Sozialminister Karl Hillermeier eine Anfrage der SPD-Landtagsfraktion abfertigte? »Bei einer frühzeitigen Aufklärung fürchten viele Eltern, daß ein unnötiges Interesse der Kinder für Übersinnliches geweckt wird«, faßt Johann Fackelmann, Vorsitzender der Landeselternschaft der Bayerischen Realschulen, das Ergebnis einer Anhörung zusammen, die sein Verband 1988 mit 89 Elternbeiräten aus allen Regierungsbezirken veranstaltete. »Erst mal runterspielen, die Sache nicht so ernst nehmen«, rät der Frankfurter Psychotherapeut Werner Gross. »Meistens klingt die Okkultismus-Phase nach einiger Zeit von alleine ab.«

Schlimmstenfalls legt die Strategie des »Totschweigens« sogar der Forschung Fesseln an: Als der Düsseldorfer Soziologe Dr. Ulrich Müller nordrhein-westfälische Schüler nach okkulten Erfahrungen befragen wollte, durfte er nicht – er mußte in den süddeutschen Raum ausweichen: »Das Kultusministerium hatte Angst, daß ich allein durch meine Fragen die Kinder erschrecken könnte.« (Inzwischen hat ihn dasselbe Ministerium mit einem Forschungsauftrag zum gleichen Thema bedacht.)

Daß sich der Jugendokkultismus »aussitzen« ließe, bis er sich bald von selbst erledige, hält nicht nur Pfarrer Rüdiger Hauth für einen gefährlichen Trugschluß: Das Phänomen dauere inzwischen schon fünf, sechs Jahre an, ein Ende sei nicht abzusehen. Eine »immer noch vorherrschende ›Vogel-Strauß-Mentalität‹, nämlich einfach wegschauen«, kritisierte im Dezember 1988, während eines Hearings der SPD-Fraktion zum Thema »Okkultismus an bayerischen Schulen« im bayerischen Landtag, auch Wolfgang Hund vom Bayerischen Lehrer- und Lehrerinnenverband (BLLV). Er selbst hat ein Jahr gebraucht, um das bayerische Kultusministerium davon zu überzeugen, daß das Problem überhaupt existiert. »Man wollte keine schlafenden Hunde wecken – aber der Hund war schon längst da.« Zwar zeigen Umfrageergebnisse Ulrich Müllers, daß acht von zehn Schülern nach einer Probierphase von Okkultismus wieder loskommen – aber was ist mit den übrigen 20 Prozent, »bei denen das Problem hart angreift« und »die Angst vor dem Unerklärlichen zum alles beherrschenden Problem wird?«

Gehören diese jungen Leute allesamt schleunigst in eine Psychotherapie, eine Heilanstalt gar – weil sie »krank« sind: »abhängig«, »süchtig«, im »Wahn«, »verrückt«? Nur in schwersten Fällen. »Das ›Ausrasten‹ der Geisterbeschwörer kann nicht als Psychose abgetan werden«, warnt der Düsseldorfer Diplom-Psychologe Reinhold Schneider. Zumindest nicht immer als Psychose der üblichen Art: Wen nach übermäßig betriebener Geistersuche Zwänge, Ängste und Wahnvorstellungen quälen, darf nicht gleich mit Paranoikern, Hysterikern oder Spaltungsirren in einen Topf geworfen werden. Sowohl die prämorbide Persönlichkeit als auch Entstehung, Verlauf, Heilung und Katamnese von okkultgeschädigten Psychotikern weichen teilweise erheblich von den üblichen psychiatrischen Fällen ab. Wo sonst oft nur mit der chemischen Keule zugeschlagen und »ruhiggestellt« werden kann, ohne wirklich zu heilen, hilft hier meist schon strikte *Abstinenz* von okkulten Praktiken sowie geduldige, einfühlsame *Persuasion*, die den Betroffenen vom unterbewußten Ursprung von vermeintlichen Geistereingebungen überzeugt, wie der Freiburger Parapsychologe Hans Bender seit den zwanziger Jahren vielfach beobachtet hat. Was sie an paranormalen Erscheinungen erlebt haben, braucht ihnen niemand auszureden: Von ungläubigen Psychiatern üblicherweise als weiteres Symptom der Krankheit abgetan, können sie zumindest als mögliche Ausdrucksformen von außersinnlicher Wahrnehmung oder Psychokinese ernstgenommen werden. Zahlenmäßig fallen »mediumistische« Psychotiker ohnehin kaum ins Gewicht: Die raren Fälle, die seit Ende des 19. Jahrhunderts durch die klinische Fachliteratur geistern – darunter kein einziger Minderjähriger –, berechtigen schwerlich dazu, eine

»Epidemie« »grassieren«, einen »Massenwahn« wüten zu sehen.

So wächst die Zahl derer, die dem Jugendokkultismus *Aufklärung* und *Beratung* entgegensetzen wollen, statt zu verbieten, abzuwarten oder zu behandeln. »Staat, Kirche und Gesellschaft sind verpflichtet, hier zusammenzuarbeiten«, erklärte die kulturpolitische Sprecherin der SPD-Fraktion im bayerischen Landtag, Christa Meier, während eines Hearings im Dezember 1988. Eine »konzertierte Aktion von Staat und Kirche« fordert Wolfgang Hund, Okkultismus-Beauftragter des bayerischen Kultusministeriums – koste sie, was sie wolle: »Bein Okkultismus darf nicht gekleckert, sondern muß geklotzt werden.« Daß es dabei nicht genügt, bloß Faltblätter und Informationsbroschüren zu verteilen, ist allen Beteiligten klar. Viel Zeit, Ruhe und Geduld braucht, wer beraten und aufklären will.

Die Kardinalfrage lautet: *Worauf* soll die Hilfe abzielen? Muß den Jugendlichen schleunigst »beigebracht« werden, daß Okkultes samt und sonders fauler Zauber, Humbug, Wahn, schierer Aberglaube ist – etwas, dem in jedem Fall »gegengesteuert«, das »widerlegt«, wegerklärt, »ausgemerzt« werden muß? Müssen da »Irregeleitete« aus dem »Strudel dunkler Mächte« gerettet werden? Geht es darum, daß »die Schüler aus eigenem Antrieb den Okkultimus *entlarven* müssen«, wie es Wolfgang Hund formuliert? Dahinter steckt eine massive ideologische Vorentscheidung und letztlich eine Bildungslücke: Übersinnliches gibt es nicht. Geradezu lächerlich wirkt es, wenn Bayerns Okkultismus-Beauftragter, Amateurzauberkünstler aus Leidenschaft, auf öffentlichen Veranstaltungen den Okkultismus zu »entlarven« versucht, indem er trickreich etwas vorführt, was seinem Publikum wundersam vorkommt. So als könne es keinen echten Picasso geben, weil versierte Kunstfälscher jeden Picasso originalgetreu nachmalen können. Aus Bekehrungsfeldzügen im Namen der abendländischen »Aufklärung« spricht eine Überheblichkeit, die Jugendlichen mächtig stinkt: So als hätten die Missionare die Vernunft für sich gepachtet.

Was über ein Jahrhundert parapsychologische Forschung ergeben hat, rechtfertigt solche Glaubensbekenntnisse nur teilweise. Wenn Pendel ausschlagen, Gläser rücken oder Tische klopfen, stecken oft Schwindel, Sinnestäuschung, Projektionen oder unwillkürliche Muskelbewegungen dahinter, in denen sich unbewußte Überzeugungen, Erwartungen, Ängste und Wünsche Ausdruck verschaffen. Jeder Radiotechniker kann erklären, wie ein eingeschaltetes Mikrofon vermeintliche »Stimmen aus dem Jenseits« auf ein leeres Magnetband bringt: Die Eingangsstufe des Tonbandgeräts bündelt Wellen von Rundfunksendern. Und schier endlos, widersprüchlich und unzuverlässig sind Deutungen von Handlinien, Horoskopen, Karten. Aber läßt sich wirklich *alles*, »was die Kinder durchgemacht haben, mit natürlichen Vorgängen erklären«, wie Heide-Marie Cammans, Geschäftsführerin des Essener »Sekten-Infos«, annimmt? Woher wissen kirchliche Sektenbeauftragte wie der Hannoveraner Pastor Knackstedt von vornherein, daß »in *jedem* Fall das Unterbewußte angezapft wird?« *Niemals* kämen »die Botschaften aus der Höhe, sondern aus der Tiefe: Eigene Wünsche und Befürchtungen nehmen (darin) Gestalt an ... Die wahren Probleme liegen in der Psyche.« Die Flut von Beweisen, die Parapsychologen mittlerweile für »Psi« vorlegen können, lassen ihn offenbar kalt. Dabei könnten Forschungsergebnisse über außersinnliche Wahrnehmung[41] und Psychokinese[42] entscheidend dazu beitragen, Jugendlichen mit »dem Höheren« rationaler und angstfreier umgehen zu helfen: als etwas Höherem *in* statt *über* uns. Viele Jugendliche sind ihm begegnet, ebenso wie Eltern und Lehrer – und lassen sich nicht ausreden, was sie erlebt haben. In seltenen Fällen erscheinen »spiritistische« Erklärungen dabei plausibler als »animistische« – nicht nur Schülern. Aber muß die Existenz körperloser Geistwesen zwangsläufig bange machen? Der Düsseldorfer Diplom-Psychologe Reinhold Schneider jedenfalls denkt nicht daran, sie seinen »okkultgeschädigten« Klienten auszureden: »Wir können doch nicht so arrogant sein und behaupten, daß nur das, was wir wahrnehmen, Wirklichkeit ist.« Schneider will Techniken vermitteln, mit den höheren Wesenheiten umzugehen: »Die Menschen müssen lernen, ihre Fähigkeit, mehr oder anders wahrnehmen zu können, als Geschenk anzunehmen, sie gleichzeitig aber zu beherrschen.«

Okkulterfahrene Jugendliche kann aufklärende Beratung aber nur dann erreichen, wenn sie sieben Grundsätze beherzigt:

1. Nicht alle berichteten Erlebnisse müssen von vornherein »Humbug« sein. Was fängt die Einheitsfront erwachsener »Jugendschützer« beispielsweise mit Begebenheiten an, wie sie Silke (19) in einer Umfrage der Mädchenzeitschrift *Bravo Girl* (Nr. 3/18.1.1989) berichtete: Bei einer Séance »kreiste das Glas auf dem Tisch herum oder schlug Zickzack-Bahnen... Ich fragte nach dem Todesdatum einer Freundin, nahm extra die Hand vom Glas. Trotzdem kam das Todesdatum.« Außer ihr konnte es kein Beteiligter kennen.

2. Neben physikalischen und psychologischen Ursachen muß auch »Psi« in Betracht gezogen werden. Okkulterfahrene junge Leute sind durchaus fähig, mit solchen Erklärungen zu rechnen: »Ich meine, das kann natürlich auch Telepathie oder so etwas gewesen sein«, fährt Silke fort.

3. Manchmal liegen spiritistische Erklärungen näher als animistische. Eindrucksvolle Beispiele dafür haben insbesondere Reinkarnations-[43], Spuk-[44] und »Medien«forscher[45] vorzuweisen.

4. Die Angst vor Okkultem rührt nicht zuletzt daher, daß es an Wissen und Techniken fehlt, mit ihnen umzugehen. Diese Angst muß genommen werden – nicht gleich das Okkulte schlechthin. Wer es verteufelt, schürt sie nur noch. Genau darauf scheint es jedoch ein Großteil der selbsternannten »Jugendschützer«, vor allem von kirchlicher Seite, abgesehen zu haben: In die Furcht, die sie im Seelenleben Minderjähriger ausfindig machen, projizieren sie vielfach ihre eigene; was ihnen bange macht, ist nicht die Okkultismusangst, sondern der Okkultismus, okkulte Erscheinungen und der wachsende Glaube daran, der eine neue Religiosität außerhalb der etablierten Kirchen begründen könnte. Im Kampf dagegen wird das Wort »Okkultismus« zur Waffe: »okkult« – das klingt nach »verdunkeln, im Verborgenen mit finsteren Mächten spielen, das Licht scheuen«, nach Geheimnistuerei. Daß Übersinnliches bei Tageslicht, leidenschaftslos, angstfrei und kritisch studiert werden kann, finden sie unvorstellbar.

5. Wenn ein Schüler mal auspendelt, was er in der nächsten Mathearbeit schreibt, kommt er dadurch Spökenkiekerei und Teufelsanbetung noch keinen Schritt näher: *Wer das eine tut, kann das andere lassen.*

6. *Nicht jeder Okkulterfahrene ist gleich ein »Okkultist«.*

7. *Nicht jede Angst muß gleich auf eine »psychische Störung« hindeuten.* Oft ist sie der Schock des Neuen, Unerwarteten, Erklärungsbedürftigen, den sachliche Aufklärung eher abklingen läßt als »Behandlung«.

Diese Grundsätze zu beherzigen, erfordert, sich aufgeschlossen und ohne Vorurteile mit den wichtigsten grenzwissenschaftlichen Methoden, Theorien und Forschungsergebnissen vertraut zu machen. Nur wer sie kennt,

- kann überzeugen, wenn Jugendliche auf Argumente warten;
- kann differenzieren, anstatt eine kaum überschaubare Vielfalt von Themenbereichen, Theorien und Praktiken in einem Aufwasch als »den« Okkultismus abzuhandeln – und als gleichermaßen haltlos, ja »wahnhaft« abzufertigen;
- kann akzeptieren, daß »okkulterfahren« nicht mit »okkultgläubig« und beides nicht *immer* mit »aufklärungsbedürftig« gleichzusetzen ist. Ein Großteil der Jugendlichen, die mit übersinnlichen Kräften und Mächten herumexperimentieren, handelt nicht aus Ahnungslosigkeit, sondern aus Überzeugung; was sie dabei hin und wieder erleben, bestärkt viele noch hierin;
- ist gefeit gegen die Anmaßung, die Diskussion um okkulte Praktiken und Erfahrungen zu einem Kreuzzug gegen »Verwirrte« im Namen der »Rationalität« zu machen. Zumal ältere Schüler sind durchaus imstande, kritisch zu bewerten, was sie da tun und erleben: rechnen mit Betrügereien, Zufällen und Sinnestäuschungen, bemerken Widersprüche, Banalitäten und »Irrtümer« der Geisterwelt, vertrauen nicht blind. Zum Pendeln, Glas- oder Tischrücken gehen den

heiklen Schicksals- gewöhnlich »Überprüfungsfragen« voraus: Tests, in denen der angerufene »Geist« seine Realität und Wahrhaftigkeit erst einmal dadurch unter Beweis stellen muß, daß er nachweislich ein Wissen kundtut, über das kein Teilnehmer verfügen kann. Käme dabei nie etwas heraus – die Séancetische wären längst leer.

Wer weiß genug über Wahn und Wirklichkeit paranormaler Erscheinungen, um derart aufklären und beraten zu können? Die *Eltern*? Ihnen fehlt es oft an Zeit, Vorwissen und Toleranz. »Auf jeden Fall sollten Eltern versuchen, mal an einer spiritistischen Sitzung teilzunehmen«, empfiehlt der Frankfurter Psychologe Werner Gross. »Und dann mit den Kindern darüber sprechen, was die oft banalen ›Botschaften‹ überhaupt für deren Leben bedeuten.« Und wenn die Kinder sich reinsteigern? »Dann sollten Eltern Fachleute um Rat fragen.«

Aber welche Fachleute? *Psychologen*? Trotz Diplom geht fast allen jegliche parapsychologische Vorkenntnis ab. Keine einzige Universität in Europa bietet bislang eine formale Ausbildung zum »Parapsychologen« an. In der Bundesrepublik können Psychologiestudenten allein an der Universität Freiburg für ihre Hauptdiplomprüfung als freiwilliges Zusatzfach »Parapsychologie/Grenzgebiete der Psychologie« wählen.

Die *Lehrer*? Gerade sie sieht der nordrhein-westfälische Kultusminister Hans Schwier jetzt »gefordert, Aufklärungsarbeit zu leisten und intensive Gespräche mit den Schülern zu führen ... Ein Politik-, Philosophie- oder Religionsunterricht, der dies nicht zum Thema macht, ist für mich schlechter Unterricht.« Selbst Lehrer »in Fächern wie Physik und Biologie« will der saarländische Kultusminster Prof. Dr. Diether Breitenbach in die Pflicht nehmen.

Doch vorerst fehlt den meisten Pädagogen die Kompetenz dafür, in Diskussionen und Arbeitskreisen mit okkulterfahrenen Schülern auch nur ernstgenommen zu werden – geschweige denn zu bestehen. Von den 138 Gymnasiallehrern, die Mischo Auskunft gaben, hatten zwar schon 88 Prozent »etwas über okkulte Phänomene gelesen oder gehört« – doch nicht weniger als 82 Prozent hatten »den Eindruck gewonnen, daß sie bei der Behandlung dieser Fragen nicht zureichend informiert waren.« Schon fordert Werner Hoval vom Bayerischen Philologenverband speziell ausgebildete »Beratungslehrer, die in möglichst vielen Fächern die Schüler aufklären.« Mehrere Bundesländer planen, in Zusammenarbeit mit kirchlichen Stellen, Informationsveranstaltungen und Fortbildungsprogramme für Lehrer in Sachen Okkultismus; einige laufen bereits. So bot das Bistum Trier bereits im Oktober 1987 drei umfangreiche Informationsveranstaltungen für Lehrer über »Okkultpraktiken« an; das religionspädagogische Amt der evangelischen Kirche Hessen und Nassau hält für Pädagogen immer wieder entsprechende Seminare ab.

Ob die Lehrinhalte, die »konzertierte Aktionen« von Staat und Kirche hervorbringen, okkulterfahrene Jugendliche als wahrnehmungs- und urteilsfähige Subjekte ernst nehmen, darf allerdings bezweifelt werden. »Rational umgehen« heißt vielfach »wegrationalisieren« – oder verteufeln, zumal im Religionsunterricht, auf den Kirchenvertreter immer noch ein Monopol haben.[46] Auch ein staatlicher »Okkultismus-Beauftragter«, wie ihn sich seit September 1988 die Münchner Landesregierung in Wolfgang Hund vom bayerischen Lehrerverband leistet, wird diese Politik an den Schulen unnachgiebig umzusetzen haben. Bände spricht da der fromme Wunsch des kirchlichen Sektenbeauftragten Friedrich Haack: »Es müßte nicht nur *einen* Hund geben, sondern ein ganzes Rudel!« – gedacht ist offenbar an eine Treibjagd.

Auch *psychosoziale Beratungsstellen* überfordert bislang oft die Vielfalt der Anfragen. Als die Freiburger Diplom-Psychologen Eberhard Bauer und Barbara Lay Anfang 1988 bei 906 derartigen Einrichtungen nachfragten, bekannten drei von vier Beratern, sie fühlten sich nicht ausreichend informiert. 94 Prozent waren an der Zusendung von Informationsmaterial interessiert.

Sind nicht am ehesten die *Kirchen* berufen, sich der okkultistischen Herausforderung zu stellen? »Wenn das Phänomen religiöse Wurzeln hat, muß es auch religiös therapiert werden«, meint Pfarrer Johann Bauer aus dem bayerischen Mindelstetten. Mit »Schülergebetskreisen vor dem Unterrichtsbeginn«, wie sie der Religionslehrer Hans Übler in der Wochenzeitung *Rheinischer Merkur/Christ und Welt* empfahl, ist bei Deutschlands Kids sicherlich kein Blumentopf zu gewinnen. Aber vielleicht kann die Kirche dem Jenseitsdrang Heranwachsender entgegenkommen, indem sie »verstärkt Antworten auf die Fragen nach Himmel und Hölle, von Tod und Teufel gibt«? Das empfiehlt ihr Georg Bienemann, Diplom-Theologe im Bischöflichen Jugendamt Münster. Im übrigen sei »zur Kenntnis zu nehmen, daß es solche (übersinnlichen) Fähigkeiten *gibt.*« Kündet die Bibel nicht von ähnlichen Wundern, wie Okkultisten sie erleben? Sich der »Paranormologie« zu öffnen, legt der österreichische Theologe Professor. Dr. Dr. Andreas Resch (Jg. 1934), Lehrstuhlinhaber an der Lateran-Universität des Vatikan und Leiter eines Instituts für Grenzwissenschaften in Innsbruck, den Kirchen schon lange ans Herz. Eine große Chance, den christlichen Glauben über die »Zweite Wirklichkeit«[47] zu erneuern, sieht auch der namhafte Wiener Theologe Dr. Adolf Holl (Jg. 1930), dessen Bücher in zwölf Sprachen übersetzt wurden und eine Gesamtauflage von über 400 000 Exemplaren erreichten. Der Universitätsdozent für Religionswissenschaft, der von 1953 bis 1972 als katholischer Pfarrseelsorger und Religionslehrer arbeitete, erwartet »eine emphatische Rehabilitierung der guten alten Religion«, falls »das Jenseits, aus dem die Verstorbenen, die Teufel, Maria und Gott kommen, auch ohne menschliche Hirntätigkeit bestehen bliebe«.[48]

Doch nicht nur Holl, dem 1973 die kirchliche Lehrbefugnis entzogen und 1976 die Ausübung der priesterlichen Weihegewalten untersagt wurde, muß solche Ketzereien bitter büßen. Auch nur annähernd so aufgeschlossen für das Übersinnliche wie er ist in den Kirchen nur eine Minderheit ohne nennenswerten Einfluß. Zwar gehören ihre Amtsträger angeblich zu den bestinformierten und aufgeschlossensten Berufsgruppen, was paranormale Erscheinungen anbelangt[49]; doch einen Einbruch von Grenzwissenschaften in das theologische Lehrgebäude lehnen sie strikt ab. Daß »die Bibel kein Psi-Report ist«, hält nicht nur Wolfram Janzen, Schulreferent der Kirchenkreise Düsseldorf-Mettmann und Niederberg, für eine ausgemachte Sache. (Der promovierte Theologe Janzen hat soeben ein Buch mit dem Titel *Okkultismus* veröffentlicht.)[50] Beide großen Amtskirchen halten es lieber mit dem katholischen Theologen Karl Rahner, der sich ganz sicher war: »Die Toten schweigen. Und ihr Schweigen ist ihr lautester Ruf, weil es ein Abbild des Schweigens Gottes ist.«[51] Schaudernd bekreuzigen sie sich vor dem Gesamtgebiet des Okkulten als einer *civitas diaboli*, einem Teufelsreich.[52] Folgerichtig tut der Bischof von Trier, Dr. Hermann Josef Spital, okkultische Veranstaltungen schlicht als »Dummheit und Aberglaube« ab. (So Mitte Oktober 1988 in einer Predigt zur Priesterweihe im Zisterzienserkloster Himmerod.) »Mit dem Jenseits, in das hinein Jesus Christus von uns fortgegangen ist und in dem nach unserer Glaubensüberzeugung unsere Verstorbenen bei Gott sein dürfen«, habe Okkultismus »überhaupt nichts zu tun.« (Ob Spital die »Selbsterlebnisse« des katholischen Geistlichen Johannes Greber[53] kennt?) »Wer in der Kraft des Geistes zu Gott betet, hat unmittelbaren Zugang zu ihm und ist nicht auf dunkle Zwischenwesen irgendwelcher Art angewiesen.« (Ist der Priester, als Mittler zwischen Gott und seinen Geschöpfen, etwa kein solches »Zwischenwesen«?)

Auch Ludwig Lanzhammer, Sektenbeauftragter der Bistümer Eichstätt und Bamberg, stellt klar, was für ihn im Gespräch mit Okkultisten von vornherein unveräußerlich bleibt: Für den Christen müsse feststehen, daß man sich mit keinerlei Praktiken Verstorbene und Geister herbeiholen und dienstbar machen könne. »Man kann erst recht nicht an Gott heranreichen.« Ähnlich sieht das der Wittener Sektenpfarrer Hauth: »Ich glaube, daß das Reich der Toten in den Verfügungsbereich Gottes gehört und für den Menschen nicht zugänglich ist.« Was aus den eigenen Reihen zugunsten des Spiritismus vorgetragen wird, wird lieber unter Verschluß gehalten: so etwa der Abschlußbericht einer von der englischen Kirche 1937 eingesetzten Kommission, die unter Vorsitz des Bischofs Francis Underhill mehrheitlich die spiritistische Jenseitslehre für

»begründet« befand; wer mit Verstorbenen in Verbindung zu stehen beteuere, dürfe von der Kirche »nicht mißbilligt« werden, hieß es dort. Spiritistische Praktiken könnten vielmehr »seinem Glauben an die Gemeinschaft der Heiligen eine neue Unmittelbarkeit geben und wesentlich bereichern«[54]. Wovor den Amtskirchen in Wahrheit graut, ist »der nach *Selbst*erlösung strebende Mensch«, den der Theologe Dr. Rahbanus Lammeyer, Sektenbeauftragter der Diözese Würzburg, im Mittelpunkt der New-Age-Bewegung sieht. Dieser Mensch könnte in okkulten Praktiken womöglich finden, was ihm überkommenes kirchliches Ritual vorenthält – und seinen Priestern den Rücken kehren. Deshalb *muß* »Esoterik Flucht sein«, *kann* »keinen Schritt weiterführen«, wie für Pfarrer Joachim Kehden vom Volksmissionarischen Amt Düsseldorf der Eveangelischen Landeskirche außer Frage steht. Es kann nicht sein, was nicht sein darf.

Wer an solchen Glaubensbekenntnissen unter keinen Umständen rütteln läßt, wird jugendlichen Okkulterfahrungen verständnislos gegenüberstehen – und sie als kurzerhand »Verirrung« abtun: Für Hubert Kohle, den Sektenbeauftragten der Diözese Augsburg, sind »Menschen, die an Okkultismus und verwandte Phänomene glauben, im religiösen Bereich unter die Räder gekommen«. Ebenso einfach ist die Sache für Sektenpfarrer Friedrich-Wilhelm Haack: Ob man nun an Reinkarnation, Ufos oder Wünschelruten glaube, »am Ende steht *immer* der Selbstmord des rationalen Denkens«, machte er auf Ende 1988 während eines Hearings im bayerischen Landtag weis.

Wer diese Sprache spricht, dem fehlen im Dialog mit Jugendlichen die Worte. »Man spürt die eigene Ohnmacht«, sagt Hauth resigniert. Die Jugendlichen gleichfalls. Denn nichts hassen sie mehr, als besserwisserisch, mit erigiertem Zeigefinger, missioniert zu werden. »Wenn wir mit dem Glauben Ernst machen, dann brauchen wir diesen Zauber nicht«, meint Martin Göth, Sektenbeauftragter der Diözese Passau – wenn wir den Zauber ernst nehmen, dann brauchen wir euren Glauben nicht mehr, halten Okkulterfahrene dagegen. Der Rest ist Schweigen.

Können nicht am ehesten *Parapsychologen* aufklären, beraten und helfen? In über hundertjähriger Forschungsarbeit haben sie Formen und Umstände der okkulten Erscheinungen wissenschaftlich durchleuchtet; mit Anfragen und Hilferufen Okkultgeschädigter haben sie laufend zu tun; kennen Vorbedingungen, Symptome, Verläufe, oft wirksame Gegenmittel; sollten imstande sein, mit Übersinnlichem emotionslos und aufgeschlossen, dabei auf kritischer Distanz umgehen. So plädiert Professor Johannes Mischo von der Universität Freiburg für »persönliche, vertrauensvolle Gespräche unter vier Augen«; seine »Abteilung für Psychologie und Grenzgebiete der Psychologie« könne sie durchführen – vorausgesetzt, die entstehenden Personal- und Sachkosten könnten übernommen werden.

Um diese Gespräche fundiert zu führen, ist erheblich mehr Forschung nötig als bisher. Dringend fehlen direkte Befragungen der Okkultgeschädigten, so Mischo: »Wir haben bislang an den Jugendlichen selbst keine systematischen Untersuchungen vorgenommen. Dabei wäre es sehr wichtig, die ›Binnenperspektive‹ kennenzulernen, etwas über die Entwicklungsgeschichte von Okkultzirkeln zu erfahren, die Art der Verbreitung oder auch subjektive Erfahrungen, Ängste und Abhängigkeiten sowie deren Bewältigungsversuche.«

Darüber hinaus »gibt es gewiß eine beträchtliche Anzahl von Schülern, die der Versuchung widerstanden hat, sich an Okkultpraktiken zu beteiligen.« Bei anderen war es nur eine »Durchgangsphase«. Auch über diese Gruppen weiß man bislang so gut wie nichts.

Ob wirklich jeder deutsche Parapsychologe gleich geeignet ist, Okkultgeschädigten zu helfen, sobald ihm alle vermißten Daten vorliegen? Seit Hans Bender über *»psychische Automatismen«* promovierte, verwechseln viele seiner Schüler »Psychohygiene« mit sturem Animismus, wenn sie verstörte Geisterbeschwörer »aufzuklären« haben. Allzu rasch wittern sie »unwillkürliche, intelligent gesteuerte Muskelbewegungen« dahinter: »beim klopfenden Tisch ... Gewichtsverlagerungen der Hände, beim ›Glasrücken‹ ... unwillkürliches Verschieben des Indikators, beim ›Geisterschreiben‹ ... eine nicht bewußt gesteuerte Ausführung des Schreibaktes, beim Pendeln ... unwillkürliche, für das bewußte Ich nicht wahrnehmbare Fingerbewegungen.«[55] Es handle sich um »Steigrohre des Unterbewußten«. Das sei so ähnlich wie beim Autofahren, wo man ja manchmal auch nicht wisse, wie man von einem Ort zum anderen gekommen ist, oder bei Kritzeleien während Vorträgen oder Telefonaten, meinen die beiden Freiburger Diplom-Psychologen Alexander Ernst und Rolf Streichhardt: Auch hier liegen »spontan ablaufende Automatismen« vor.[56] In Wahrheit, versichern sie, ließen sich bloß »drei Arten von ›Jenseitsbotschaften‹ unterscheiden:

1. Sinnlose Antworten (z.B. ›Buchstabensalat‹)
2. Aussagen und Antworten, deren Inhalt grundsätzlich einem der Anwesenden bekannt ist ... und
3. Aussagen, die die Zukunft betreffen, deren Erfüllung jedoch der Unspezifität der Voraussage oder einer ›self-fulfilling prophecy‹ zugeschrieben werden muß.«

Im Klartext: Spiritisten müssen auf »Widerlegungen« gefaßt sein, wenn sie einen Parapsychologen um Rat fragen – auf das, was die Mehrzahl von ihnen zuallerletzt sucht und braucht.

Schlimmer noch kann es Okkulterfahrenen ergehen, die ernstlichen seelischen Schaden genommen haben. In der mißverstandenen Nachfolge Hans Benders sehen manche Vertreter des Faches hinter beinahe jedem »Okkultschock« gleich Symptome einer »psychischen Störung«, hinter jeder Störung gleich Vorboten oder Symptome einer »mediumistischen Psychose«. Wie sie mit derart Gefährdeten umzuspringen gedenken, erläuterten die beiden Diplom-Psychologen Rolf Streichardt und Alexander Ernst im Januar 1989 auf einer Klinischen Fachtagung in Wien[57]. Ihnen schwebt eine »Intervention« in drei Phasen vor: Zunächst müsse man den »Patienten ... in seinem okkult-spiritistischen Bezugssystem ernstnehmen«; statt »zu deuten oder zu konfrontieren«, solle der Therapeut »mit dem Mittel der Klärung arbeiten«. So sei »eine temporäre Stärkung der Ich-Grenzen« zu erreichen. Doch der Glaube an die Echtheit der berichteten Phänomene ist bloß vorgetäuscht: In der »zweiten Phase« geht es um »eine schrittweise *kognitive Umstrukturierung* der *irrationalen* Überzeugungssysteme des Patienten«. Dabei »verbünde« sich der Therapeut am besten »mit den *intakten* Ich-Anteilen des Patienten«. »Ansatzpunkte« dafür böten »Widersprüche im okkultspiritistischen Bezugssystem oder logische Widersprüche in den psychoautomatischen Produktionen« – so als stünde von vornherein fest, daß solche Widersprüche *stets* ausfindig zu machen seien. In der »dritten Phase« schließlich gehe es darum, »dem Patienten... *neue* Verhaltens- und Erlebenswelten zu erschließen, die seiner individuellen Lebenssituation angemessen sind« – als ob der tröstliche Kontakt eines Mädchens zu ihrem verstorbenen Vater nicht gerade dasjenige Erlebnis sein könnte, das ihr in ihrer »Lebenssituation« mehr hilft als alles andere. Wo immer sich sturer Animismus mit einem Hang paart, abnormes Verhalten zu psychopathologisieren, haben »Okkultgeschädigte« von Parapsychologen wenig Gutes zu erwarten. Daß sich etwa bei ›Jenseitsbotschaften‹ nur »drei Arten unterscheiden lassen«: sinnlose Antworten, unbewußtes Vorwissen und unspezifische oder sich selbst erfüllende Aussagen über die Zukunft, läßt sich nicht jeder Glasrücker weismachen; daß seine Erlebnisse als »psychomotorischer Automatismus« abgetan werden, beleidigt ihn – und läßt ihn das Weite suchen. »Gerade die Angst, für verrückt erklärt zu werden, erzeugt bei Betroffenen eine tiefe Scheu, sich mitzuteilen, und treibt die Opfer in die totale Isolation«, erlebt Manfred Himmel, Präsident der »Deutschen Spiritualistischen Lehr- und Forschungsgesellschaft« (DSL) in Detmold beinahe täglich, seit er 1988 einen kostenlosen Telefon-Notdienst für Okkultgeschädigte eingerichtet hat. Von den Hilfsangeboten Freiburger Parapsychologen hält er »rein gar nichts«: »Wen Geister verfolgen, der läßt sie sich nicht einfach wegpsychologisieren: Er will sie als etwas Reales anerkannt und gebannt wissen.« Manchen gelingt dies erst mit der mutmaßlichen Unterstützung einzelner »Kontaktgeister«, wie etwa dem Buchautor Wolfgang Dreiss.[58] Anderen hilft ein einfühlsamer Therapeut, der sich zum Bundesgenossen ihres Kampfs gegen Jenseitige macht, auch wenn er sie für fiktiv hält. Der amerikanische Psychotherapeut Robert A. Baker etwa, Inhaber eines Lehrstuhls für Psychologie an der Universität von Lexington (US-Bundesstaat Kentucky), schwört auf eine »Fluch- und Lärm-Therapie« gegen Quälgeister«: Er bannt sie mit wüsten Beschimpfungen, Verwünschungen – und dröhnender Rockmusik.[59]

»Ganz schlimm« findet auch der namhafte Physiker und Parapsychologe Dr. Dr. Walter von Lucadou (44) die Praxis einzelner »Parapsychologen«, »jeden Fall gleich zu pathologisieren«. Er weiß von Fachkollegen, die in Benders »Institut für Grenzgebiete der Psychologie und Psychohygiene« auf der Freiburger Eichhalde »schon als Studenten therapiert haben, obwohl sie das eigentlich gar nicht dürften, und sich vor Kommilitonen hinterher damit brüsteten, wie viele Leute sie schon in die Psychiatrie eingewiesen haben«. Dabei »kommen zu uns doch vielfach Menschen, welche die Psychiatrie ja bereits wieder aussortiert hat und die längst eine unsägliche Leidensgeschichte hinter sich haben. Diese Menschen in arroganter Art wieder dorthin zurückzuschicken, finde ich unmöglich. Damit hilft man ihnen gar in keiner Weise.« Schritte in eine andere Richtung unternimmt seit Anfang 1989 die erste Parapsychologische Beratungsstelle der Bundesrepublik, die Lucadou in der Freiburger Altstadt einrichtete und seither alleine führt. Aus Mitteln der »Wissenschaftlichen Gesellschaft zur Förderung der Parapsychologie e.V.« (WGFP) getragen, deren Vorstand er angehört, bietet der mehrfache Buchautor, Forscher und Dozent an den Universitäten Utrecht, Princeton und Stuttgart telefonischen, schriftlichen und persönlichen Rat. »Sehr viele Erwachsene« meldeten sich bisher bei ihm, »erheblich mehr als Jugendliche – denen geht es meist bloß um Informationen, was eigentlich dran sei an okkulten Erscheinungen«. Wem unerklärliche Phänomene Angst einjagten, der findet in v. Lucadou einen verständnisvollen Zuhörer: »Für viele ist es das erste Mal, daß sie mit jemandem reden können, der ihre Erfahrungen ernst nimmt, sie ihnen nicht von vornherein auszureden versucht.« Um bald auch *therapeutisch* helfen zu können, strebt v. Lucadou eine enge Zusammenarbeit mit geeigneten Fachkräften an, die »das nötige Problembewußtsein mitbringen, was okkulte Praktiken betrifft.« Doch die sind auch nicht leichter zu kontakten als Totengeister beim Glasrücken: »Neunzig Prozent aller klinischen Psychologen, Psychotherapeuten und Psychiater, wenn nicht gar mehr, fehlt jegliche parapsychologische Vorbildung«, die sie dringend benötigen: Denn viele Schilderungen deuten für v. Lucadou »eindeutig auf paranormale Phänomene hin, das muß man einfach akzeptieren, wenn man helfen will.«

Aber wie helfen, wenn nicht durch »Widerlegungen«? »Meine Aufgabe sehe ich darin, den Betroffenen einerseits zu zeigen, daß man die aufgetretenen Effekte durchaus *verstehen* kann, daß sie andererseits aber nicht die *Implikationen* haben, vor denen sie sich fürchten.« Dazu braucht v. Lucadou niemanden »umzustrukturieren«: »Wenn ich bei einer Person feststelle, daß die spiritistische Überzeugung notwendig ist, um beispielsweise Trauerarbeit zu leisten, dann werde ich den Teufel tun und sie ihr auszureden versuchen. *Ich hole sie immer da ab, wo sie sich gerade befindet.* Das heißt, ich gehe auf ihre Sprache ein und benütze sie selbst. Denn ich kann einem Spiritisten auch in seinen eigenen Worten, im Rahmen seines Begriffs-, Überzeugungs- und Vorstellungssystems klarmachen, daß das, was er da tut, nicht gut für ihn ist.« So rief Anfang 1989 eine Frau bei ihm an, die ihre vierjährige Tochter bei einem Autounfall verloren hatte. Den Verlust verschmerzte sie nie. In ihrer Verzweiflung suchte sie Kontakt zu Spiritisten. Während einer Séance »meldete« sich schließlich ihr verstorbenes Kind wieder bei ihr; am Inhalt der Botschaften sowie an der typischen Art, in der es zu ihr sprach, konnte sie es »eindeutig identifizieren«. Zunächst beruhigte sie die Nachricht aus dem Jenseits, der Tochter gehe es gut; sie brauche sich keine Sorgen zu machen, solle nicht länger trauern. Doch die Frau suchte weiter Kontakt. Nun kam die »Botschaft«: »Jetzt ist es genug, stelle keine weiteren Nachforschungen mehr an.« Als die Frau trotzdem nicht aufhören konnte, wurden die Botschaften immer trivialer. »Was sagt man nun einer solchen Frau?« Ein

Psychologe würde sich über »innerpsychische Repräsentationen« der Verstorbenen auslassen. »Ebenso kann man der Frau gegenüber aber auch spiritistisch argumentieren: Die Jenseitigen wünschen nicht, daß man ihnen fortwährend nachspürt und sich ständig in Bereiche vorwagt, die Menschen normalerweise verschlossen sind. Das hat die Frau schließlich voll und ganz akzeptiert.« Quasi-religiöse Bekehrungsversuche erübrigen sich; in den meisten Fällen sind sie ebenso überflüssig wie wirkungslos – und mit wissenschaftlichem Ethos unvereinbar.

Und wenn ein Hilfesuchender v. Lucadou nun direkt darauf anspricht, ob er persönlich denn an ein Jenseits mit entkörperten Geistern glaube, die ins Diesseits hineinwirken können? Was erwidert er darauf? »... Das einzige, was man hierzu vernünftigerweise sagen kann: Die spiritistische Hypothese erscheint in vielen Fällen plausibler als die animistische; jedoch gibt es keinen einzigen Fall, der als *konklusiver* Beweis gewertet werden kann.« Im übrigen »ist es nicht Aufgabe eines Wissenschaftlers, Glaubenssysteme anderer Menschen zu korrigieren oder ihnen etwas einzureden. Ich respektiere die Glaubensentscheidung derer, die zu mir kommen. Das Gegenteil kann ich ihnen nicht beweisen. Das ist meine Zugangsweise.«

Wenn Okkultgeschädigten wirksam geholfen werden soll, gehören Einrichtungen nach dem Vorbild von Lucadous Freiburger Beratungsstelle in jede größere deutsche Stadt. Doch nicht nur für solche Projekte fehlen Parapsychologen an allen Ecken und Enden Personal, Geld- und Sachmittel. Daran wird sich wenig ändern: Die deutsche Parapsychologie aufzuwerten, haben staatliche Stellen kein Interesse – und die Amtskirchen kaum weniger Angst davor als ein jugendlicher Glasrücker vor Quälgeistern von drüben.

II
ASTROLOGIE UND KOSMOBIOLOGIE

Ich bin zwar skeptisch gegenüber den Astrologen, aber ich bin auch skeptisch gegenüber der Meinung der Physiker, nur das könne wahr sein, was sie selber schon verstanden haben.

Carl Friedrich von Weizsäcker

DER SKANDAL VON BIELEFELD
Darf ein Astrologe »Dr. phil.« werden?

Mit einem aufwendigen Härtetest der Horoskopdeutung wollte einer der namhaftesten bundesdeutschen Astrologen an der Universität Bielefeld in Psychologie promovieren. Obwohl beide Gutachter seine Dissertation »gut« fanden, wurde sein Weg zum »Dr. phil.« zum Spießrutenlauf.

Alles schien glattzugehen mit Peter Niehenkes Promotion. 330 Seiten, formal einwandfrei, hatte der 39jährige Student der Psychologie an der Universität Bielefeld im Juni 1987 als Dissertation eingereicht. Beide Gutachter befanden die Arbeit für »gut« und empfahlen sie dem Promotionsausschuß »ohne jede Einschränkung« zur Annahme. Ausdrücklich lobten sie die »sorgfältige und in die Tiefe gehende Reflexion« des Kandidaten, seinen »Scharfsinn … und Begabung für wissenschaftliches Argumentieren«. Zum »gegenwärtig besten Kenner auf seinem Gebiet« erklärte ihn gar sein Doktorvater, Professor Oskar Lockowandt.

Aber die Sache hatte zwei Haken. Ausgerechnet die *Astrologie* hatte sich Niehenke vorgeknöpft. Die Themenwahl lag ihm am Herzen: Mit elfjähriger Berufspraxis als Astrologe ist er seit 1981 Vorsitzender des »Deutschen Astrologenverbandes« (DAV) und einer seiner rührigsten Publizisten.

Abb. 1: Auf Intuition beharrt: Peter Niehenke, Vorsitzender des *Deutschen Astrologenverbandes* (DAV), Freiburg i. Br.

Ehe ein Promotionsausschuß über die Annahme der Dissertation entschied, lag sie wie üblich eine Zeitlang zur Einsicht aus. In einem Rundschreiben setzte der Dekan die Mitglieder der Psychologischen Fakultät davon in Kenntnis.

Er weckte schlafende Hunde: Prompt regte sich Widerspruch. »Nach Inspektion der Arbeit« meldete Lehrstuhlinhaber Wolfgang Prinz schriftlich »erhebliche Zweifel« an.[60]

War ihm Niehenke zu voreingenommen?

Befangenheit war der Arbeit beim besten Willen nicht vorzuwerfen. Denn ohne Scheuklappen hinterfragte Niehenke, was Astrologen in ihrer Praxis gemeinhin als selbstverständlich voraussetzen: daß Planetenkonstellationen mit Persönlichkeitsmerkmalen überzufällig zusammenhängen. Diese Grundannahme allen Horoskopierens unterzog Niehenke einem aufwendigen empirischen Härtetest, dem umfangreichsten, der je in der Bundesrepublik stattfand: Weisen Menschen, die in den sogenannten »Frühlingszeichen« geboren werden – Widder, Stier, Zwilling –, auffällig häufiger und ausgeprägter bestimmte Charakterzüge auf, wie sie Astrologen für typisch halten?

Um das herauszufinden, konstruierte und verteilte Niehenke 12 000 Fragebögen mit rund 500 Einzelfragen; unter den 3259 verwertbaren, die er zurückerhielt, sicherte er für über 2000 die Geburtszeit standesamtlich.

Der Riesenaufwand blieb vergebens, die Bestätigung mißlang: Anhaltspunkte ergab die Fleißarbeit des studierten Mathematikers und Physikers nicht im geringsten, entgegen den jahrelangen »Evidenzerlebnissen« aus seiner eigenen astrologischen Beratungspraxis. Es berühre ihn »schmerzlich«, bekannte Niehenke am Ende, daß seine eigenen Ergebnisse »den Abgrund zwischen meiner eigenen Intuition« und strenger Wissenschaft »noch vergrößern«. Seine »Intuition« freilich, »daß die Horoskopdeutung funktioniert«, kam Niehenke dabei trotzdem nicht abhanden: Die Sterne regieren offenbar nach Gesetzen, welche die heutige Wissenschaft nicht begreife, so beharrte er.[61]

Gerade die offene Selbstkritik imponierte den Gutachtern. »Lobenswert« fand Doktorvater Oskar Lockowandt, daß Niehenke »in diesem Gebiet, wo inzwischen soviel Unhaltbares und Unsinniges vorgelegt worden ist, behutsam die Spreu vom Weizen zu trennen versteht«. Der Kandidat verlasse »bei diesem Thema nie den Boden unter den Füßen« und halte sich »immer an genuin psychologische Methodenüberlegungen«. Für den Kandidaten spreche ganz besonders, »daß er seinen eigenen Standpunkt relativierend betrachten« könne.

Ebenso fand der Koreferent, Professor Rainer Dollase, Niehenkes Eingeständnis »erfrischend redlich«, »sehr selbstkritisch und radikal offen«: »Ich hätt' aus seinen Daten (boshafterweise) eine prima Bestätigung astrologischer Aussagen hinfabrizieren können.« Auch Dollase erkannte »einen wissenschaftlich erheblichen Beitrag zur empirischen Überprüfung astrologischer Aussagen über psychische Variablen«.

Was Professor Prinz plagte, waren indes »erhebliche Zweifel«, ob die Dissertation »einer zentralen Vorschrift unserer Promotionsordnung genügt«: »Nach Paragraph 9 Absatz 1« müsse sie nämlich »ein Thema behandeln, das im Schwerpunkt in der Fachkompetenz (unserer) Fakultät liegt.« Das sei hier nicht der Fall: *»Astrologie ist kein Teilgebiet der Psychologie*; sie fällt von daher nicht in die Zuständigkeit der Fakultät«. Ebensowenig sei die Fakultät »für die Überprüfung des erkenntnistheoretischen Anspruchs der Astrologie zuständig«.

Erschwerend komme noch hinzu, daß Niehenke selbst ja die akademische Psychologie für letztlich unzuständig erkläre. Zieht er nicht selbst in Zweifel, »ob durch Anwendung empirischer Methoden in dieser Frage etwas entschieden werden kann«? Zum einen, glaubt Prinz, »diskreditiert damit der Autor den empirischen Teil seiner Dissertation selbst. Gleichzeitig schafft er die Voraussetzung dafür, daß er ... ihre negativen Ergebnisse vernachlässigen und die Überprüfung der Gültigkeit astrologischer Aussagen in die Evidenzerlebnisse zurückverlagern kann, die die Intuition ›guter‹ Astrologen zu vermitteln scheint. Die empirische Untersuchung ist also sinnlos, weil sie zur Beantwortung der anstehenden Frage nichts beiträgt.« Wozu eigentlich der ganze Aufwand, wenn er von vornherein nichts bringen *konnte*? Damit werde »der einzige Teil der Arbeit für wertlos erklärt, der der Psychologie entlehnt ist«. Daraus folge, daß »eine Kompetenz der akademischen Psychologie ... auch nach Auffassung des Autors nicht gegeben« sei. Deshalb »stellt« Prinz »anheim, geeignete Schritte zu unternehmen.«

Ähnliche Bedenken plagten auf einmal die Professorin Hannelore Grimm. »Wenn ich es richtig verstehe«, gab sie den Gutachtern und dem Dekan zu bedenken, »so war dem Autor von vorneherein klar, daß die Anwendung der Fragebogenmethode nicht gegenstandsadäquat ist. Dennoch hat er einen Riesenaufwand nicht gescheut ... und auch ein negatives Ergebnis erzielt«. Damit habe er »weder einen methodisch noch theoretisch weiterführenden Beitrag geleistet«.

Das ließ der Doktorvater nicht auf sich sitzen. Gestützt auf eine Rechtsauskunft, verwies er Kollegen Prinz auf das Grundgesetz Artikel 5 (3), gemäß dem Forschung und Lehre frei sind. Im übrigen »gehören Grenzgebiete selbstverständlich zum Fach«. Sei es denn nicht sein »gesetzlich verbürgtes Recht, überall da Beurteilungen vorzunehmen, wo psychologische Themen in Frage stehen, ganz gleich innerhalb welcher Fachgrenzen sie vorfindbar sind«? »Nach meinem Wissenschaftsverständnis müssen *alle* Fragen unserer Gesellschaft, insofern sie psychologische Dimensionen enthalten, Gegenstand der psychologischen Forschung sein.« Wie sollte denn Innovation möglich sein, wenn Lehr- und Forschungsumfänge nicht von Zeit zu Zeit erweitert werden?

Auch Koreferent Dollase platzte der Kragen. »Nach meiner Ansicht«, schrieb er Prinz zurück, »ist es durchaus Aufgabe der Psychologie, Thesen, Theorien und Vermutungen anderer Disziplinen zu überprüfen, sofern diese psychologische Variablen in irgendeiner Form enthalten.« Ebensowenig könne man doch etwa Wirkungsforschung über Waldorfschulen von vornherein als akademisch getarnten Unsinn abtun, bloß weil man sich mit anthroposophischer Entwicklungspsychologie nicht anfreunden wolle. Dollase selbst hat im Rahmen mehrerer Studien schon eine Vielzahl »unpsychologischer« Thesen überprüft – pädagogische, medizinische, soziologische – »und aus dieser Tätigkeit viel über die Psyche des Menschen gelernt«. So prüfte er Überlegungen des Deutschen Bildungsrats, die Einschulung um ein Jahr vorzuverlegen (und verneinte die angeblich segensreichen Auswirkungen). Er fühlte Spekulationen von Musikwissenschaftlern und Journalisten auf den Zahn, was Unterhaltungsmusik in der Psyche ihrer Konsumenten anrichten könnte (und gab Entwarnung). Er untersuchte Vor-Urteile von Pädagogen und Bildungspolitikern darüber, ob man Schulklassen aus verschiedenen Volksgruppen zusammensetzen dürfe, solle, müsse – oder besser getrennt unterrichte (und kam zu einem differenzierten »Jein«). Zur Zeit beschäftigt ihn, ob man in die Therapie suchtkranker Frauen auch deren Kinder einbeziehen sollte, wie manche praktizierende Psychologen vorschlagen. In jedem Fall geht es darum, »*Hypothesen-Importe*« zu überprüfen: Annahmen also, die *nicht* innerhalb der Psychologie, aus der Erarbeitung psychologischer Theorien entstanden sind, sondern *fachfremd*, in anderen Bereichen. Solche »Hypothesen-Importe«, stellt Dollase klar, sind in der psychologischen Forschung, zumal der anwendungsnahen, an der Tagesordnung – und durchweg lehrreicher als Anleihen bei »reinen« psychologischen Theorien. Einen solchen »Hypothesen-Import« habe Niehenke geprüft, nichts weiter; wie könne man seiner Schrift da von vornherein die *Möglichkeit* absprechen, einen sinnvollen Beitrag zur Psychologie zu leisten?

Doch Prinz ließ nicht locker. Für ihn bleibe es dabei: Man könne es einfach nicht »als wissenschaftliche Leistung akzeptieren, wenn jemand aufgrund von Voreingenommenheiten so mit Daten umgeht, wie dieser Autor es tut«. Wie kann Niehenke seine eigene Untersuchung für unerheblich erklären, bloß weil sie nicht »zu seinen Voreingenommenheiten – seinen Evidenzerlebnissen nämlich – paßt«? »Einerseits sind an der Heiligsprechung von Evidenzerlebnissen schon manche psychologischen Ansätze zugrunde gegangen; andererseits gibt es aber inzwischen einiges Wissen über die Entstehungsbedingungen von Evidenz.« Niehenke scheine ihm »von alldem völlig unberührt zu sein.«

Nun war es mit Dollases Zurückhaltung endgültig vorbei: »Sie artikulieren lediglich Unbehagen, argumentieren aber nicht.« »Was den ›Schaden‹ anbelangt, den Sie als selbstordinierter Ansehensbewahrer von der Fakultät abwenden wollen«, so halte er Prinz' erneute »Einmischung in Dinge, die Sie nichts angehen, für den schlappsten Punkt Ihres Schreibens«, pflaumte er Prinz an. Es gebe »einen sehr einfachen Weg, miteinander auszukommen: Sie machen Ihre Arbeit und ich meine. Bei der Förderung von Wissenschaft und Forschung wünsche ich Ihnen weiterhin ein glückliches Händchen und verbleibe in Verbundenheit Ihr Kollege Rainer Dollase.«

Von Hannelore Grimm wollte Dollase wissen, wieso sich Niehenke eigentlich »seine subjektiven Evidenzen ausreden lassen muß«? Es sei doch ganz legitim, »darüber zu spekulieren, was noch alles an seinen Nichtergebnissen Schuld hat«. Deshalb finde er die Annahme unrichtig, »nur die sofortige Kapitulation eigener Vermutungen vor den Daten sei wissenschaftlich und dissertationswürdig«. Wissenschaftlich ergiebig könne es auch sein, gegen augenscheinliche Mißerfolge hartnäckig zu bleiben. Ein jüngstes Beispiel dafür biete die Mikroelektronik mit der Entdeckung von Supraleitern.

Abermals hieb Lockowandt, der Doktorvater, in dieselbe Kerbe: Was, bitteschön, wünschen die Kritiker unter »wissenschaftlicher Haltung« zu verstehen? Ehe das klar sei, könne Niehenke »dieses Argument nur als eine unbegründete Abqualifikation verstehen« – was »angesichts der Investition von vielen Jahren Lebensleistung nur berechtigt« sei.

Selbst aus London, vom Institut für Psychiatrie, kam Schützenhilfe. Er halte den Kandidaten für »außergewöhnlich fähig«, schaltete sich Hans-Jürgen Eysenck ein, der international angesehene Persönlichkeitsforscher und Astrologiekenner, »und überaus objektiv in der Einschätzung seiner eigenen Arbeit«. Sei es denn nicht ein schlagender »Beweis für seine Integrität«, daß er *negative* Resultate berichte?

Die Sprache verschlug es Kritikern deshalb noch lange nicht. Der Streit spitzte sich weiter zu, auch wenn ihn die Anstifter am liebsten versteckt ausgetragen hätten: Daß Niehenke es gewagt hatte, den Briefwechsel der Bielefelder Professoren in einer Dokumentation zu veröffentlichen und Journalisten zugänglich zu machen[62], gab böses Blut. Auch Professor Lockowandt wurde angegriffen, weil er die Briefe an denjenigen weitergab, den sie doch zuallererst betrafen: den Promotionskandidaten selbst.

Am 26. April 1988 schließlich mischte sich die »Gesellschaft zur wissenschaftlichen Untersuchung von Parawissenschaften« (GWUP) mit einer geharnischten »Presseerklärung« in das Gerangel ein: Mit seiner Dissertation, einem »akademischen Tiefflug«, sei es dem »Sterndeuter« Niehenke »in Zusammenarbeit mit seinem... bereits einschlägig bekannten Doktorvater... gelungen, die Öffentlichkeit mit akademisch getarntem Unsinn zu täuschen und den Eindruck zu erwecken, die Sterndeuterei sei eine Wissenschaft«. Unterzeichner: der Paderborner Deutsch- und Physiklehrer Reinhard Wiechoczek, Leiter des GWUP-Fachbereichs Astrologie. Als Erster Vorsitzender der Volkssternwarte Paderborn hatte sich der streitbare Hobbyastronom schon immer berufen gefühlt, der Psychohygiene der Nation zuliebe die Astrologie als »ein unwürdiges Schandmal unserer Zeit« anzuprangern[63]. In ähnlich rüdem Ton hatte Wiechoczek brieflich bereits den baden-württembergischen Kultusminister Gerhard Meyer-Vorfelder angegangen, weil dieser einer Schule erlaubt hatte, die Astrologie im Rahmen einer Projektgruppe zum Unterrichtsgegenstand zu machen; er blitzte ab. Im Jahr 1985 hatte er in einer längeren Fernsehdiskussion mit dem schlagfertigen, redegewandten Niehenke nicht eben gut ausgesehen; im *Meridian*, dem Presseorgan des »Deutschen Astrologen-Verbandes«, hatte Niehenke im Juni 1985 Wiechoczeks Argumente seziert. Blühte ihm jetzt späte Rache?

Was hatte Wiechoczek *sachlich* an der *Kritischen Astrologie* auszusetzen? Von den 51 Zeilen seiner »Presseerklärung« widmet er ganze 13 seinem einzigen Argument: Die neuzeitliche Astronomie habe die astrologische Himmelskunde überholt. Daß die Überprüfung der Astrologie mit ihrer astronomischen Widerlegung noch längst nicht abgeschlossen ist, kümmert Wiechoczek nicht. Ob denn dementsprechend kosmische und biologische Evolutionstheorien den biblischen Schöpfungsmythos »widerlegen«, weswegen den christlichen Religionen »Volksverdummung« vorzuwerfen wäre: Wiechoczek schweigt dazu. »Angesichts der klaren naturwissenschaftlichen, astronomischen Erkenntnisse«, verbreitet er, »sind solche universitären Absonderlichkeiten nicht zu entschuldigen«. So »fordern wir alle Verantwortlichen, landes- und bundesweit, besonders die zuständigen Ministerien auf, den akademischen Volksverdummern das Handwerk zu legen und dafür Sorge zu tragen, daß an den Schulen und Hochschulen ein qualifiziertes naturwissenschaftliches Bildungsangebot besteht. Den Geisteswissenschaften empfehlen wir erhöhte Wachsamkeit in ihren Reihen.« Sei es denn nicht »beschämend, daß in der Psychologie so ein Unsinn mit der Doktorwürde ausgezeichnet wird, obgleich die Astrologie keine Fakultät an Universitäten stellen darf und vor Gericht als nicht beweiskräftig gilt?«

Die Schande zu tilgen, unternimmt Wiechoczek noch am selben Tag: Mit Schreiben vom 26. April 1988 »bittet« Wiechoczek die nordrhein-westfälische Ministerin für Wissenschaft und Forschung, Anke Braun, »herzlich, im Sinne einer objektiven Wissenschaftlichkeit, die Verleihung des Doktortitels für einen Sterndeuter ... überprüfen zu lassen. Vielleicht könnte Ihr Haus sodann öffentlich dazu Stellung beziehen. Formell beantragen wir die Aberkennung des akademischen Grades für den Astrologen Peter Niehenke.« »Ausschlaggebend« für dieses Ersinnen sei »die Tatsache, daß die Pseudowissenschaft Astrologie in unseren Augen eine unvertretbare und folgenschwere Aufwertung erfährt.« Mit demselben Antrag wendet sich der GWUP-Vertreter an das Bundesforschungsministerium in Bonn.

Von da an läuft der »Fall Niehenke« im Wissenschaftsministerium der Düsseldorfer Landesregierung unter einem eigenen »Aktenzeichen III C 2 – 8060 / 021«. Am 6. Mai 1988 wird Lockowandt von Sachbearbeiter Gollos angeschrieben. Regierungsbeamte recherchieren, fragen nach, Niehenkes Gutachter müssen erneut ausführlich Stellung nehmen. Unbeirrt beharren sie auf ihrem Urteil, finden Wiechoczeks »Schmähungen und Verleumdungen« unerhört und empfehlen, seinen Antrag »durch Nichtbeachtung zu übergehen«. Der empörte Lockowandt läßt von dem Freiburger Rechtswissenschaftler Professor Dr. Stolterfoht sogar die Möglichkeit einer kostenpflichtigen Abmahnung und einer Anzeige prüfen. Ironie des Zufalls: Sinnigerweise bricht unterdessen ausgerechnet die *Psychologische Rundschau* vom September 1988, das offizielle Organ der Deutschen Gesellschaft für Psychologie, mit einem Tabu. Der Göttinger Professor Dr. Suitbert Ertel darf ausführlich über seine Nachberechnungen zu astropsychologischen Statistiken von Michel Gauquelin berichten – und abschließend urteilen: »Die Hypothese eines Zusammenhangs zwischen der Planetenstellung bei der Geburt von Menschen und ihrer späteren beruflichen Bedeutung hat tatsächlich den härtesten Überprüfungen standgehalten.«[64]

Während die GWUP ihr Pulver noch längst nicht verschossen hat, fanden zumindest in Bielefeld die Kritiker letztlich keine Mehrheiten: Der Promotionsausschuß gab grünes Licht. Seitdem ist Peter Niehenke »Doktor« – und um etliche Erfahrungen mit der »Freiheit der Wissenschaften« reicher, positiven wie negativen. Ob seine Arbeit promotionswürdig war, kann jeder selbst entscheiden: 1987 hat der Freiburger Aurum Verlag Peter Niehenkes Dissertation unter dem Titel *Kritische Astrologie* herausgebracht.[65]

Die Psychologische Fakultät der Uni Bielefeld will sich solche Querelen künftig jedenfalls ersparen. Damit sich der »Skandal Niehenke« gar nicht erst wiederholen kann, soll nun die Promotionsordnung entsprechend geändert werden. Der neue Paragraph wird ein groteskes Lehrstück über den akademischen Forschungsbetrieb und seinen unwissenschaftlichen Umgang mit »Grenzwissenschaften« abschließen – bestimmt nicht das letzte.

MONGOLISMUS

Deutsche Kosmobiologen könnten vorbeugen helfen

Können Grenzwissenschaftler helfen, einer der gefürchtetsten Behinderungen vorzubeugen? Seit siebzehn Jahren arbeitet eine Forschungsgruppe um den Lippstädter Kosmobiologen Erich Modersohn an einer bahnbrechenden Methode, früher als alle bisherigen medizinischen Verfahren die Gefahr eines »Down-Syndroms« zu erkennen: Allein anhand von genauen Geburtsangaben können sie besorgte Paare vor »kritischen« Zeugungszeitpunkten warnen. Die Voraussagen sind individuell, liegen schnell vor – und erfassen nicht nur die »Risikogruppen«. In ersten Testreihen lag die Trefferquote bei 90 Prozent.

»Wird mein Kind gesund sein?« Kaum eine Sorge belastet werdende Eltern mehr.

Die Chancen stehen 1 zu 200, daß ihr Baby körperlich oder geistig behindert zur Welt kommt. Bei einer jährlichen Geburtenziffer von rund 580 000 Kindern in der Bundesrepublik leiden immerhin 3500 unter den Folgen von Störungen im Bereich der Chromosomen, jener fadenförmigen Gebilde im Zellkern, welche die Erbanlagen tragen. (Weltweit gibt es etwa 50 bis 60 Millionen derart Behinderter.) Davon entfällt ein Drittel auf das sogenannte »Down-Syndrom« – so heißt es nach dem britischen Arzt Langdon Down (1828–1896), der es 1866 erstmals beschrieb –, besser bekannt unter dem Namen »Mongolismus«. Jahr für Jahr kommen allein in der Bundesrepublik über 600 mongoloide Babys zur Welt – für die betroffenen Eltern ein unbegreiflicher Schock.

Erst 1959 wurde entdeckt, was diesem Krankheitsbild zugrundeliegt: Mongoloide tragen ein zusätzliches, 47. Chromosom in sich, berichtete der französische Pädiater und Humangenetiker Lejeune auf einer Sitzung der Französischen Akademie der Wissenschaften in Paris. Ein weiteres Jahrzehnt verging, ehe die Chromosomen einzeln identifiziert und sicher zu Gruppen geordnet werden konnten. Erst jetzt wurde klar: Ursache des Down-Syndroms ist die »Trisomie 21« (griech. *tris:* dreimal); bei der Zeugung liegt in der befruchteten Keimzelle das 21. Chromosom dreifach statt doppelt vor.

Die Betroffenen sind zeitlebens stark behindert, geistig wie körperlich. Ihr Intelliquenzquotient liegt zwischen 25 und 70 – und damit weit unter dem Durchschnitt von 90 bis 110 IQ-Punkten. Logisches Denkvermögen fehlt ihnen durchweg. Zwar können mongoloide Kinder einfache Kenntnisse und Fertigkeiten erwerben – vergessen sie aber rasch wieder, sofern das Gelernte nicht ständig mit ihnen geübt und wiederholt wird. Ihre Muskeln sind schlaff, die Gelenke überdehnbar, die Augen geschlitzt, mit nach unten und innen abgeschrägter Lidachse; der Nacken breit, der Kopf kurz, der hintere Teil des Schädels abgeflacht, Hände und Füße klein. Für Infekte sind sie erhöht anfällig. Nicht selten liegen angeborene Herzfehler, Mißbildungen wie Hasenscharte und offener Gaumen, oft übersehene Hörstörungen oder andere Organschäden vor. Auch wenn selten alle diese Merkmale zusammen auftreten – jedes einzelne wiegt schon schlimm genug. Selbst wenn ein mongoloides Kind die kritischen Jugendjahre überlebt, hat es eine mittlere Lebenserwartung von nicht mehr als 50 Jahren. (Früher starben drei von vier bereits, ehe sie in die Pubertät kamen.) Bis dahin belasten Pflege und therapeutische Betreuung jedes einzelnen die öffentlichen Sozialhaushalte jährlich mit 600 000 bis einer Million Mark, wie die »*Stuttgarter Zeitung*« am 23. Januar 1976 vorrechnete; für die mongoloiden Kinder eines einzigen Jahrgangs müssen für die nächsten fünf bis zehn Jahre rund 2,5 Milliarden Mark bereitgestellt werden – die Belastungen der Krankenversicherungen noch nicht einmal einbezogen.

Was Trisomie 21 für die Betroffenen bedeutet, hat Erich Modersohn mehrfach selbst erlebt. »Zum ersten Mal bewußt« begegnete er mongoloiden Kindern 1974, im heilpädagogischen Kindergarten des Lippstädter »Lebenshilfe-Vereins für Behinderte« und der angeschlossenen, mit 230 Plätzen belegten Behindertenwerkstätte. »Ich war tief erschüttert.«

Lag ihr Schicksal in den Sternen? Der heute 74jährige Modersohn (Jahrgang 1915), der nach Wehrdienst, Kriegsgefangenschaft und anschließender Arbeitsunfähigkeit als Chemiekaufmann tätig war, hatte 1947 zur Astrologie gefunden. Damals lernte er einen Arzt und Diplom-Psychologen kennen, der als diagnostisches Hilfsmittel Horoskope einsetzte. 1949 schloß sich Modersohn der »Kosmobiologischen Akademie« im württembergischen Aalen an, besuchte die dortigen Arbeitstagungen und trat bald als regelmäßiger Referent auf. Hier lernte er den fünf Jahre älteren Fritz Brandau aus Passau kennen, zeitweilig Erster Vorsitzender der Aalener Arbeitsgemeinschaft (1978 bis 1983). Im Hauptberuf war Brandau Inhaber einer florierenden Fabrik für Büro- und Schulmöbel, die sich aus einer 1949 von ihm gegründeten Versehrtenwerkstätte entwickelt hatte. Nach dem Tod seiner ersten Frau 1984 zog sich Brandau aus dem Berufsleben zurück. Seither konzentriert

Abb. 2: »Mongoloiden Nachwuchs verhindern, ehe er gezeugt wird«: Der deutsche Kosmobiologe Erich Modersohn aus Lippstadt.

er sich ganz auf ein Forschungsgebiet, das ihn seit Mitte der sechziger Jahre fasziniert: die Astro-Medizin. Mit diesem »totalen Idealisten« ergänzt sich Modersohn »seit zwanzig Jahren perfekt, fachlich wie privat«.

Beide beschäftigte dasselbe Problem: Welche Faktoren entscheiden darüber, ob sich eine Zeugung mit Trisomie 21 bis zur Geburtsreife entwickelt? Allein die genetische Mitgift der Eltern? Oder auch kosmische Einflüsse? Im Selbststudium erarbeiteten sie sich die medizinischen Grundlagen, suchten Kontakt zu Ärzten, vor allem der Humangenetik, aber auch der Gynäkologie, Kinderheilkunde und Allgemeinmedizin.[66] Fünfmal besuchte Modersohn ein Kinderheim auf der Nordseeinsel Amrum: In wochenlangen Beobachtungen und Gesprächen »wollte ich das Verhalten mongoloider Kinder und die unterschiedlichen Arten der körperlichen und geistigen Ausfälle kennenlernen.« »Wenn Sie mit Ihrem Wissen hier eine Spur fänden, dann wäre das eine große Hilfe für uns!« ermutigte ihn eine Ärztin. Eine echte Vorbeugung gebe es nicht. »Die offensichtliche Hilflosigkeit der Ärzte aller Sparten wirkte auf mich deprimierend« und »war ein ständiger Ansporn«, blickt Modersohn zurück.

»So fing alles an«: in einem Engpaß moderner Präventivmedizin. Denn halbwegs sicher konnten Ärzte damals, wie heute, Mongolismus *vor* der Geburt nur mit zwei Verfahren diagnostizieren:

* Bei der *Amniozentese* werden mit einer kräftigen Hohlnadel durch die Bauchdecke hindurch rund 30 Kubikzentimeter Fruchtwasser entnommen, in denen abgestoßene, noch lebende Zellen des Fötus schwimmen. Einer Nährflüssigkeit beigegeben, werden diese Zellen im Brutschrank gezüchtet. Nach zwei bis drei Wochen, wenn sich die Chromosomen in dieser Kultur zu teilen beginnen, wird erkennbar, ob das werdende Kind mongoloid ist. Allerdings kann die Untersuchung nicht vor der 15. Schwangerschaftswoche durchgeführt werden; erst dann hat sich genügend Fruchtwasser angesammelt. Falls es nicht auf Anhieb gelingt, Fruchtwas-

ser zu entnehmen oder eine Zellkultur anzulegen, kann die Zeit knapp werden, bis die gesetzliche Frist von 22 Wochen verstrichen ist.[67]

* Mit der *Chorionbiopsie* sind Mißbildungen oder Erbschäden schon in der siebten Woche nach der Zeugung festzustellen. Dabei schiebt der Arzt, unter ständiger Ultraschallkontrolle, ein Katheder in die Vagina ein und führt es durch den Muttermund bis zu der Membran, die den Fötus umgibt: dem »Chorion«. Dann saugt er einige Zellen (Chorionzotten), an, die er innerhalb weniger Stunden auf ihre Struktur untersuchen kann.

Doch beide Methoden weisen schwerwiegende Mängel auf:

1. Sie sind teuer. Durchführende Institute berechnen zur Zeit zwischen 800 und 1200 Mark dafür.

2. Die lange Wartezeit bis zur Diagnose belastet viele Mütter seelisch erheblich.

3. Sie sind gefährlich. So verträgt nicht jeder weibliche Organismus den Einstich in die Fruchtblase. Offiziell wird das Risiko, das Kind dadurch zu verlieren, mit 0,5 bis einem Prozent beziffert. »Nach unserem Eindruck«, so Modersohn, »handelt es sich hierbei nur um Zahlen der Kliniken, in denen der Eingriff stattfand und die Frau noch einige Stunden ruhte, bis sie nach Hause ging. Die Abgänge in den darauffolgenden Tagen zählen meist nicht in den klinischen Statistiken.« Bei der Chorion-Biopsie, die technisch noch komplizierter ist und größere Übung erfordert, sprechen neueste Zahlen sogar für ein Fehlgeburtenrisiko zwischen 3,8 und 6 Prozent.[68] Modersohns Arbeitskreis liegt eine vertrauliche Erhebung vor, die 475 Fälle von Fruchtwasserpunktionen an einer norddeutschen Klinik zwischen 1972 und 1980 erfaßt. Nur siebenmal bestätigte sich dabei der Verdacht auf eine Chromosomenstörung – darunter vier »Trisomien 21« –, woraufhin abgetrieben wurde. Dem gegenüber stehen mindestens *18* Fehlgeburten innerhalb von nur einer Woche nach dem Eingriff – nicht eingerechnet die Abgänge, die der Klinik erst gar nicht mehr bekannt wurden.

4. Immer noch beschränkt sich die vorgeburtliche Diagnostik auf ausgesprochene »Risikogruppen«: in erster Linie Frauen ab 35, Männer ab 41; aber auch Frauen, die bereits ein chromosomal geschädigtes Kind geboren haben oder wiederholte Fehlgeburten durchmachten. Auch wenn das Risiko mit zunehmendem Alter der Mutter steigt, belegen Statistiken doch, daß *jede* Frau im gebärfähigen Alter gefährdet ist: Drei Viertel aller Mongoloiden stammen von Müttern ab, die bei der Geburt des Kindes jünger als 38 Jahre waren. (Wie mehrere neue Untersuchungen zeigen, sind neben den über 35jährigen auch ganz junge Mütter von 15 bis 20 Jahren besonders betroffen.)[69] Oft »bekommen kerngesunde junge Elternpaare wie ein Blitz aus heiterem Himmel ein Kind mit Down-Syndrom«, rückt Modersohn ein verbreitetes Vorurteil zurecht. Doch jüngere Männer und Frauen mit Kinderwunsch »erfahren nur statistische *Kollektivzahlen*«, wenn sie Rat suchen: Sie hören, in welchem Alter mit welcher Häufigkeit in der Gesamtbevölkerung Mongolismus auftritt. »Was sollen sie damit anfangen?«, Modersohn ist dies schleierhaft. »Was sie wollen und brauchen, ist doch ein *individueller* Rat – eine gezielte Antwort auf ihr ganz persönliches Zeugungsrisiko.«

5. Über eine erhöhte Gefährdung *vor* der Schwangerschaft erhalten sie »nicht den leisesten Hinweis«. »Vorgeburtliche Diagnostik« kann ihnen, wenn überhaupt, bis heute erst *nach* der Zeugung angeboten werden. Blutuntersuchungen des AFP-(Alphafetoprotein)-Spiegels im Serum der Mutter sind für sich allein zu unsicher. So »bleibt es dabei: Wenn eine 25jährige Frau heute zum Arzt geht und bekennt: ›Ich habe Angst!‹, dann vertröstet der sie doch bloß: ›Bei einem Risiko von 1 zu 2000 können Sie ruhig schlafen.‹ Als ob ihr das helfen würde!« Müssen Frauen erst schwanger werden, um dann womöglich »vor der fatalen und seelisch belastenden Entscheidung zu stehen«: entweder ein später behindertes Kind auszutragen – oder es abzutreiben, *töten* zu lassen?

Kann Mongolismus überhaupt jemals rein *zelldiagnostisch* vorgebeugt werden? Modersohn zweifelt daran. Er verweist auf einschlägige neuere Forschungen: So untersuchten die kanadischen Ärztinnen Irene Uchida und Viola Freeman von der Universitätsklinik Ontario 1984 die (gesunden) Eltern von 374 mongoloiden Kindern darauf, ob sie irgendwelche Chromosomen-Anomalien aufwiesen. Dazu entnahmen sie jedem Elternteil mindestens 1000 Lymphozyten und prüften sie zytogenetisch. Fündig wurden sie nur bei *sieben* Müttern (davon vier unter 35 Jahren) und *drei* Vätern: ein Anteil von gerade 4,3 Prozent. »Nun bitte ich Sie einmal, mir in einer einfachen Überschlagsrechnung zu folgen«, argumentiert Modersohn. »Unterstellen wir einmal, daß unter allen Männern und Frauen mit Kinderwunsch jeder Zwanzigste chromosomal vorbelastet ist. Wie hoch ist die Wahrscheinlichkeit, daß dieser Erbfaktor in der Schwangerschaft realisiert wird?« Eine Frau bis 30 trägt dafür ein statistisches Risiko von etwa 1 zu 1500. Das hieße: Nur in jedem 30 000sten Fall (20 × 1500) würde sich mongoloider Nachwuchs ankündigen können. »Wer den Arbeitsanfall in einem humangenetischen Institut kennt, für den erübrigt sich die Frage, ob jemand die Zeit und die Mittel hat, wegen eines denkbaren Risikos von 1 zu 30 000 auch 30 000 mögliche Eltern vorbeugend auf gelegentliche trisome Zellen hin zu untersuchen.« Selbst wenn eine erbdiagnostische Reihenuntersuchung von Eltern mit Kinderwunsch theoretisch denkbar wäre, *ehe* sie zeugen – praktisch bliebe sie völlig undurchführbar.

Modersohns Arbeitskreis suchte nach einem Ausweg – und fand Ansätze zu einer Lösung in der Kosmobiologie.[70] Sind »wir Menschen denn nicht lebendige Organismen in einem weitaus größeren Organismus«, der »über unsere ›Mutter Erde‹ hinaus das Sonnensystem und sogar die Galaxis einschließt«? »In engster Anlehnung an diesen größeren Organismus werden, leben und vergehen wir.« In seine umfassende, kosmische Ordnung sind Menschen eingebunden – und damit auch in seine zeitliche Struktur, wie alles irdische Leben. *»Auch die Zeit hat eine biologische Qualität«:* einen *»Zeitwert* für bestimmte Abläufe«. »Wir kennen gute und schlechte Zeiten für Aussaat und Ernte . . . Ein Landwirt, der seine Saat zur

›Unzeit‹ ausbringt, bekommt entweder gar keine oder nur eine magere Ernte. Eine Häsin, die ihre Jungen nach dem Winter zu früh setzt, wird sie wegen Kälte, Nahrungsmangel und fehlender Deckung vor Feinden nicht durchbringen. Vogelbrut verhungert bei zu kaltem, regnerischem Wetter in der Zeit des Ausschlüpfens, weil die Eltern zu wenig Nahrung finden.«

Wie stark auch der Mensch den zeitlichen Rhythmen der Natur unterworfen ist, wußten Priester, Ärzte, Richter und Sternkundige schon vor Jahrtausenden. Ehe ein Heilkundiger im Alten Ägypten einen Kranken zu behandeln begann, erkundigte er sich zuerst nach dessen Geburtsdaten. Noch im Mittelalter lehrte Paracelsus, ein guter Medicus habe auch ein guter Astrologe zu sein; denn er müsse wissen, welchen Einfluß die Gestirne auf Gesundheit und Krankheit ausüben. Oder »denken wir an Menschen, die sich bei Voll- oder Neumond unwohl fühlen und schlecht schlafen«, erläutert Modersohn. »Solche im Kalender ablesbaren Termine zeigen diesem Personenkreis gewisse *Tiefpunkte als erhöhte Wahrscheinlichkeit* an, *die kosmischen Ursprungs sind.«*

Gibt es neben solchen allgemeinen »Zeitwerten« für bestimmte Gruppen von Menschen auch einen ganz *persönlichen* »biologischen Zeitwert« – speziell für eine Zeugung?

Jedes vierte Kind hat das verhängnisvolle doppelte Chromosom 21 vom Vater mitbekommen; von einer einzigen unter 60 bis 200 Millionen Spermien, die beim Samenerguß freiwurden. Warum kam gerade *diese eine* Samenzelle bei der Befruchtung zum Zug? Eine Lotterie des Zufalls, so scheint es. Nicht anders bei der Frau: Zwischen ihrem 15. und 45. Lebensjahr kommt es, bei jährlich etwa 13 Perioden, durchschnittlich zu 500 Eisprüngen reifer Geschlechtszellen; in der Anlage sind darüber hinaus Tausende unreifer Eizellen vorhanden. Warum wird gerade *diese eine* befruchtet, die »Trisomie« 21 überträgt? Warum nistet ausgerechnet *sie* sich in der Gebärmutter ein – obwohl von vier befruchteten Eizellen im Durchschnitt drei abgehen? Viele Föten mit falschem genetischem Bauplan stößt der weibliche Organismus ab: Gleichsam die Notbremse ziehend, beendet er die Schwangerschaft mit einer Fehlgeburt.

»Warum funktioniert dieser natürliche Reflex bei den meisten Frauen, und warum bleibt er in einigen Fällen aus?«, rätselt Modersohn. Bleibt da ein Signal aus? Kommt es nicht an? »Überhört« es der Organismus – vielleicht, weil ihn irgend etwas »blockiert«? Oder nimmt er eine »Fehlinformation« auf?

Nach Modersohns Auffassung kommt es zu dieser Fehlreaktion »durch eine Überlastung des Reflexsystems, bei der das ›Warnsignal‹ überhört wird.« Doch woran liegt *das?* Hängt es vielleicht »mit dem *›biologischen Zeitwert‹* der Mütter im Zeitraum der Zeugung und den ersten Monaten der Schwangerschaft zusammen? *Das war die Leitschnur unserer Untersuchungen.«* Die Arbeitshypothese lautete: Daß die mütterliche »Abstoßreaktion« unterbleibt, fällt zeitlich zusammen mit dem *Zeugungszeitraum;* in ihm überwiegen ungünstige Einflüsse, die meßbar sind – sein »Zeitwert« ist *negativ*.

1972 erhielt Modersohn einen entscheidenden Hinweis, daß er auf der richtigen Fährte war. Zufällig erfuhr er von einem »rätselhaften Vererbungsfall, der den bekannten Mendelschen Erbgesetzen widersprach«. Da hatte ein Paar neben einem völlig normalen auch zwei körperlich stark behinderte Kinder gezeugt, bei denen die Koordination von Ober- und Unterkörper schwer gestört war. Dabei waren beide Elternteile völlig gesund, ebenso wie die Großeltern. Wie war das möglich? »Eine offensichtliche rezessive Erbanlage eines Partners«, wunderte sich Modersohn, »kann doch *nur dann* wieder in Erscheinung treten, wenn die Vorfahren *beider* Partner einmal diese Belastung gezeigt hatten. Dies war aber nicht der Fall. Niemand fand eine Erklärung dafür.«

Da untersuchte Modersohn die Zeiträume der Zeugung – und fand ausgeprägt *negative* »Zeitwerte«, sowohl beim Vater als auch bei der Mutter.

Ein zufälliger Einzelfall? Oder ein erster Fingerzeig auf eine verborgene Gesetzmäßigkeit? Zieht sich durch die tragischen Einzelschicksale ein roter Faden? Könnte für den Mongolismus gelten, was Modersohn im Fall einer Erbkrankheit entdeckt hatte?[71] Vor der Kosmobiologischen Akademie Aalen trug Modersohn erstmals 1973 vor, woran er arbeitete – »mit starker Resonanz. Man ermahnte mich nachdrücklich, hiermit fortzufahren, Zufall von Regelmäßigkeit zu trennen.« Das tat er auch. Nach und nach nehmen die neue Methode und Theorie Gestalt an. »Auf Vorarbeiten konnten wir uns nicht stützen, das Thema war neu.« Modersohn beriet sich mit Allgemeinmedizinern, Kinderärzten, Gynäkologen und Humangenetikern, mit Biologen, Physikern, Astronomen und Psychologen – und ging von der Astrologie aus. »Jede Minute des Lebens hat eine biologische Qualität, die durch eine Fülle von Umwelteinflüssen mitbestimmt wird, darunter auch von Einflüssen aus dem Kosmos auf unsere Erde.« Also muß das auch für jenen schicksalsträchtigen Zeitabschnitt gelten, in welchem ein behindertes Kind gezeugt wird.« Die Lösung, anhand von über hundert Falldaten Schritt für Schritt verfeinert, glich einem riesigen Puzzlespiel. »Die Grundlage unserer Arbeit«, so erläutert Modersohn in einer Denkschrift der Aalener Akademie, »ist das sogenannte *Kosmogramm* oder *Geburtsbild.«* Es stelle »eine Richtungsskizze« darüber dar, wie sich »die Hauptenergiefaktoren unseres Sonnensystems im Augenblick der Geburt verteilen«. Darin »bilden sich gewisse mathematisch meßbare, zusammenhängende Strukturen ab, die wir in ihre einzelnen ›Bausteinchen‹ zerlegten«. Nach den biologischen Qualitäten dieser »Bausteinchen« »stuften wir sie in ›positiv‹, ›negativ‹ oder ›neutral‹ ein«. Diese Qualitäten sind in einer Wertungsliste von derzeit fast 1200 Wertungspunkten festgehalten. Anhand dieser Punkte bestimmt die Modersohn-Gruppe sowohl das *Biogramm* – den persönlichen Grundwert der Mutter im Augenblick der Geburt – als auch den »biologischen Zeitwert« für einen späteren Zeugungszeitraum, »wiederum nach der ›Bausteinchen-Methode‹«. Näher ins Detail möchte die Forschungsgruppe vorerst öffentlich nicht gehen: »Damit könnte jeder Astrologe unsere über viele Jahre dauernden, kostspieligen Forschungsarbeiten abkupfern«, bittet Fritz Brandau um Verständnis.

Neben altem astrologischen Erfahrungswissen berücksichtigt das Modell aber auch neue Erkenntnisse der Weltraumphysik und der Kosmobiologie: etwa über Einflüsse der Sonne und deren Einbindung in das galaktische Geschehen. *»Das ganze Modell als ›astrologisch‹ zu bezeichnen, wäre daher nicht zutreffend«,* stellt Modersohn klar. »Es gibt unseres Wissens keinen Astrologen, der diesen Arbeitsansatz kennt – erst recht keinen, der die rein mathematischen und astronomischen Informationen in seine Arbeitsweise eingebaut hat wie unser Team.« Allein »die Computerarbeit verlangt präzise Vorgaben für Messungen von Zusammenhängen, die nach physikalischen Gesetzen abgestimmt sein müssen. In der normalen Astrologie erfolgt das nicht, sondern bleibt dem individuellen Gutdünken von Fall zu Fall überlassen. *Dies ist eine der großen Schwächen in der Astrologie, die wir vermeiden.«* Denn »vergleichende Untersuchungen verlangen zwingend gleiche Maßstäbe«.

Immer wieder prüften, korrigierten und verfeinerten die Kosmobiologen ihr Programm anhand von tragischen Einzelschicksalen. Eine verzweifelte Mutter etwa hatte schon vier Kinder zur Welt gebracht, als Erich Modersohn von ihrem Fall erfuhr. Das erste gebar sie, damals 24 Jahre alt, am 23. Januar 1966: Es war gesund. Das zweite folgte am 23. April 1967 – keinerlei Mißbildungen. Die Geburt des dritten, anderthalb Jahre später, traf sie wie ein Schlag: »Mongoloid« lautete die Diagnose der Ärzte bei der Entbindung am 8. November 1968.

Schon Anfang 1970 war sie erneut schwanger – und am 18. Juli 1970 glückliche Mutter eines vierten, normalen Kindes.

Als die verhängnisvolle dritte Schwangerschaft begann, war die Frau 26 Jahre und acht Monate alt. »Wer«, fragt Modersohn, »hätte sie vor diesem Zeitabschnitt warnen können?« Ausgehend von ihren genauen Geburtsangaben – Tag, Monat, Jahr, Uhrzeit, und Zeitzone –, berechnete Modersohn ihre »biologischen Zeitwerte«, wie die Abbildung 3 veranschaulicht. Diese Kurve zeigt für 1965 bis 1969 in Abständen von je anderthalb Monaten, wie sich die Zeitwerte veränderten. (Nur für das Jahr 1967, in dem keine Schwangerschaft begann, wurde ein längerer Berechnungszeitraum von einem Vierteljahr gewählt.) Die vier Pfeile (Z_1 bis Z_4) zeigen den etwa einmonatigen Zeitabschnitt an, in dem es zu einer Zeugung kam.

Die Modersohn-Gruppe erkannte: »Während die ersten beiden und die vierte Zeugung nicht im Negativ-Bereich liegen, befindet sich die dritte Zeugung (des später mongoloiden Kindes) in einem eindeutigen Tief der Wertungen.«

Falls diese Kurve schon 1964 vorgelegen hätte, so wäre die Frau noch rechtzeitig zu warnen gewesen. »Die besten Zeitabschnitte für den Beginn einer Schwangerschaft sind bei ihr Januar bis Oktober 1965, Juli bis Ende Oktober 1966, April bis Ende November 1967, August bis Ende 1969.« Dagegen wäre von vornherein ersichtlich gewesen, daß die Frau »ein erhöhtes Risiko« trägt, falls es »November 1966 bis Anfang April 1967« und »November 1967 bis Anfang Juli 1969« zu einer Zeugung kommt. Kein Trost mehr für die Betroffene – aber eine Hoffnung für die Elterngeneration nach ihr?

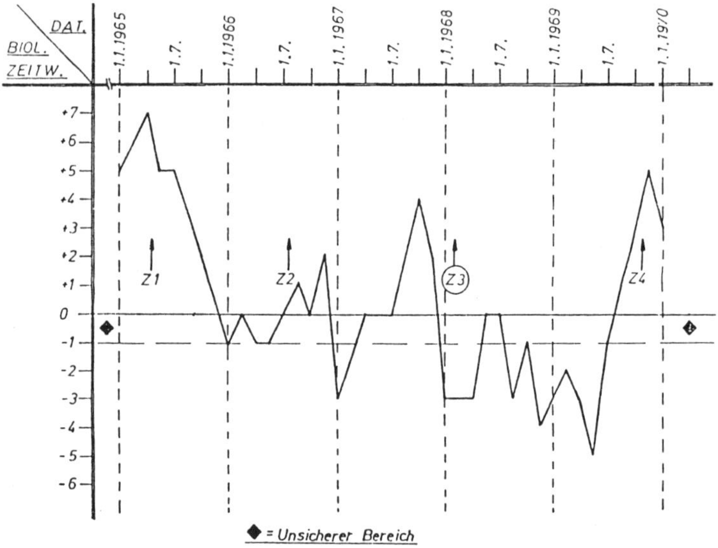

Abb. 3: »Wir hätten sie warnen können«: Die biologischen Zeitwerte einer Mutter, die am 8. November 1968 ein mongoloides Kind zur Welt brachte. (Ihre drei anderen Kinder, im Januar 1966, April 1967 und Juli 1970 geboren, waren alle gesund.) Die vier Pfeile Z_1 bis Z_4 zeigen an, wann die Schwangerschaften begannen. Eindeutig im Negativ-Bereich der Wertungen liegt allein die verhängnisvolle dritte Zeugung.

Im Jahre 1975 stellte die »Kosmobiologische Forschungsgruppe« Zeitwertvergleiche zwischen mongoloiden und gesunden Kindern von 21 Müttern an. »Sofern wir genaue Zeitangaben hatten – zum Beispiel geboren am 1.5.1950 um 10.30 Uhr MEZ –, wurde *jede* Zeugung mit später behindertem Kind unter eindeutig *negativen* Zeitwerten sichtbar, während *keine einzige* Zeugung später gesunder Kinder solche Wertungen aufwies« – eine hundertprozentige Trefferquote.

Für Modersohns wissenschaftliche Integrität spricht, daß er selbst dieses Traumergebnis zu schön fand, als daß es hätte wahr sein können. Denn noch hatte er »mit einem ziemlich groben Raster« gearbeitet, auf ungenaue Geburtsangaben vertrauen müssen; allein schon durch die Zeichnungen von Hand *mußten* sich Unschärfen eingeschlichen haben.

Zehn Jahre später, mit wesentlich verfeinerten Berechnungs- und Bewertungsverfahren, wagte die Gruppe eine weitere systematische Reihenuntersuchung. Anhand von Geburtsdaten prüfte sie 1985 die »Zeitwerte« von 36 Müttern mit je einem mongoloiden Kind, zum Teil mit weiteren Kindern ohne Behinderung. 32 Gefährdungen erkannte sie einwandfrei. Weitere zwei Grenzfälle blieben unklar, nur zweimal stuften sie falsch ein: eine Trefferquote von 88,9 Prozent, einschließlich der Grenzfälle sogar *94,45 Prozent. »Es gibt unseres Wissens auf der ganzen Erde kein Untersuchungsverfahren, das auch nur annähernd so hohe Trefferzahlen vorweisen kann.«*

Ein Glückstreffer? »Würde es sich hierbei um Zufallswerte handeln, lägen die Trefferzahlen bei etwa 50 Prozent, wie bei einem Würfelspiel.« *»Wir haben in unseren Arbeiten noch kein Kind mit Down-Syndrom gefunden, dessen Zeugung in einem ›Hoch‹ der biologischen Zeitwerte lag.«*

Wie aber steht es mit Frauen, die ausnahmslos gesunden Nachwuchs geboren haben? Wurden diese Kinder etwa allesamt unter positiven Zeitwerten gezeugt?

Auch dieser Frage »sind wir nachgegangen. Das Ergebnis war anfangs enttäuschend. Auch ganz normale Kinder wurden unter *›negativen* Zeitwerten‹ gezeugt.« Allmählich erst wurde klar, »*warum* das so sein mußte. Wenn nämlich bei der Zeugung beide Geschlechtszellen den normalen Chromosomensatz von 23 Teilen tragen, *kann* ja gar kein Down-Syndrom entstehen.« Also müssen *zwei* Voraussetzungen dafür erfüllt sein: ein Zeitwert-Tief *und* ein erbbiologisches Lotteriespiel mit fatalem Ausgang.

Modersohn benötigt die Geburtsangaben von Müttern – doch was ist mit den *Vätern?* Daß ein Down-Syndrom auftritt, »kann jederzeit auch an einer falsch programmierten reifen *Samen*zelle liegen«, ist Modersohn durchaus klar. »In etwa 25 Prozent der Zeugungen eines später mongoloiden Kindes ist das auch der Fall.«[73] Ob und in welchem Umfang ein Mann defekte Spermien zur Zeugung anbietet, *ist nicht feststellbar.* »In den 60 bis 200 Millionen Spermien werden immer einige davon schwimmen; ob und wann diese jemals gegenüber der weitaus zahlreicheren Konkurrenz intakter Zellen zum Zuge kommen« – darüber entscheidet eben »ein reines Lotteriespiel des Zufalls«, in dessen Lostrommel obendrein immer wieder neugebildete Spermien eingehen. Daß diese Erkennungsmöglichkeit fehlt, fällt für Modersohns Vorhersagen aber nicht ins Gewicht: Denn eine defekte Samenzelle kann sich nur dann schädlich auswirken, *wenn der Abstoßreflex der schwangeren Frau ausbleibt.*

Noch war die Methode zu zeitraubend, mühsam und schwerfällig. Anfangs nahmen die Berechnungen, »in Handarbeit« am Schreibtisch, für einen dreijährigen Prognosezeitraum »rund zwei Wochen je Familie« in Anspruch, erinnert Modersohn. Es erschien »uns aussichtslos, mit solch einem Arbeitstempo jemals etwas in großem Maßstab auszurichten«. Seit 1979 »bemühten wir uns« deshalb, »unser Modell in ein Computerprogramm umzusetzen«, um es zeitsparender abzuwickeln.

Doch es fehlte an Personal, Geld und Daten. Anfänglich engagierte Programmierer erwiesen sich als fachfremd, unfähig oder alkoholsüchtig. So »verstrichen fast zehn Jahre, bis wir ein maschinenfähiges Programm vorliegen hatten«. Erst ein EDV-Fachmann aus Passau brachte es nach 1980 auf Vordermann. Allein Fritz Brandau wandte von 1979 bis 1985 aus eigener Tasche rund 60 000 DM dafür auf.

Über ihre Arbeitsbedingungen würden Angestellte wissenschaftlicher Institute nur fassungslos den Kopf schütteln: Fritz Brandau forschte jahrelang in einem ausgebauten Kellerraum; Modersohn mietete ein kleines Zimmer an, »in dem ich auf einen Ausziehtisch Computer, Bildschirm, Diskettenlaufwerk und Drucker aufgestellt habe, daneben auf einen Stuhl die Papierbox für die Druckerrollen. Das gibt nix her.«

Trotzdem kamen sie gerade im technisch-mathematischen Bereich zügig voran, nachdem 1985 Waldemar Lutz zu der Gruppe stieß, ein heute 68jähriger Diplom-Ingenieur mit einem eigenen Büro für Baustatik und Planungstechnik in Erlangen. (Der Vierte im Bunde war kurz zuvor, am 13. August 1984 gestorben: der gelernte Kaufmann Hans Hausmann aus Stuttgart, Jahrgang 1902, Prokurist in einer chemischen Fabrik. »Seine große Liebe hatte der Mathematik gegolten; so war er seit 1975 unsere Autorität in allen Berechnungsfragen, einschließlich der astronomischen«, würdigt ihn Modersohn.) Von Tony Bonin, Herbert Löhlein und Reinhold Ebertin an die Astrologie herangeführt, verstand Lutz rasch, welche Aufgabe hier auf ihn wartete: »Die letzten Jahrzehnte waren eine Domäne der ›psychologischen‹ Astrologie. Nun aber scheint es notwendig, mit einigen mathematisch-logischen Grundlagen nachzuziehen. Dies dürfte eine Aufgabe für Ingenieure sein, deren Denken sich von dem der Psychologen grundlegend unterscheidet.« Bescheinigt etwa »ein Psychologe einem Häftling, er wäre nicht mehr gefährlich, so hat es keine Folgen für ihn, wenn der Begutachtete daraufhin entlassen wird und am nächsten Tag gleich wieder ein Kind ermordet.« Wenn »ich aber als Ingenieur ein Standsicherheits-Gutachten mache, das Haus jedoch trotzdem einfällt und jemand zu Schaden kommt, sperrt man mich ein. Offenkundig werden also an die Zuverlässigkeit von Ingenieur-Gutachten höhere Anforderungen gestellt als an die von Psychologen.« Was der Kunst des Horoskopierens heute not tue, sei eine »Astrologie auf ingenieurmäßiger Basis«; ohne sie »werden keine verläßlichen Ergebnisse zu erwarten sein«. Statistische Zusammenhänge genügen Lutz nicht: Er will höchstmögliche Sicherheit.

Mit dieser Einstellung »war ich für Brandau und Modersohn ein erwünschter Partner, die umgekehrt für mich ein neues und interessantes Betätigungsfeld eröffneten.« Unter seiner Regie gelang es, das bis dahin erarbeitete Programm in eine unzweideutige, EDV-gerechte Form umzusetzen. Auf eigene Rechnung beschaffte er einen hochleistungsfähigen Computer, mit dem das »Zeitwert«-Programm auch kurzfristig variiert werden kann. Vor allem können die Berechnungs- und Bewertungsvorgänge nun erheblich schneller ablaufen. Mit ihrem alten Rechner hatte die »Forschungsgruppe BHLM«, wie sie sich inzwischen nennt[74], rund neun Stunden gebraucht, um einen einzigen Fall für 12 Zeitabschnitte eines Jahres durchzurechnen – künftig wird sie dafür weniger als eine Stunde benötigen, möglicherweise bloß 30 Minuten. »Damit werden unsere Resultate noch besser ausfallen«, ist Modersohn zuversichtlich.

Trotzdem ist das Verfahren noch nicht voll ausgereift. Eine Vielzahl von denkbaren physikalischen, biologischen und radioastronomischen Einflußgrößen ist noch nicht ausreichend geklärt. Auch »rechneten wir bisher pauschal mit neun Monaten Schwangerschaftsdauer. Mongoloide Kinder kommen aber oft früher zur Welt.« Um das Programm in größerem Rahmen zu testen und weiter auszubauen, *braucht die Gruppe jetzt nichts dringender als weitere Familiendaten,* »die wir wegen Datenschutzes nicht mehr bekommen«. Selbst zwei Astrologenverbände konnten nur je einen einzigen Fall beisteuern.

Vor allem deshalb »stagniert unsere Arbeit seit 1985«: Verbände, Behörden und Organisationen, die helfen könnten, legen auf Zusammenarbeit vorerst keinen Wert; oder ihnen sind gesetzlich die Hände gebunden. »Welche staatliche Stelle oder private Stiftung ermöglicht uns einen Großversuch?«, fragt Modersohn. *»Ohne Familiendaten würde unsere Arbeit eine halbfertige Baustelle bleiben.«*

Wer die Modersohn-Gruppe testen will, ehe er sich engagiert, ist herzlich dazu eingeladen: *»Beschaffen Sie uns Geburtsdaten von Eltern mit mongoloiden Kindern, die uns bisher natürlich unbekannt sind. Dann würden wir ihnen das (oder die) mongoloiden Kinder herausrechnen!«*

Nicht nur Daten fehlten. Überhaupt war Modersohns hartnäckiges Bemühen um Unterstützung von offizieller Seite reich an Enttäuschungen, ja Demütigungen. Im Herbst 1975 wandte sich Modersohns »Arbeitskreis Vorbeugung gegen Mongolismus« – wie er seinerzeit noch hieß – an Mildred Scheel, die Gattin des damaligen Bundespräsidenten: Ob sie eine Möglichkeit sehe, sein Projekt durch Bereitstellung von klinischen Daten und EDV-Mitteln zu fördern? Drei Monate verstrichen ohne Antwort. Erst im Januar 1976 meldete sich das Bundesgesundheitsministerium: Schriftlich sagte es, vage und unverbindlich, »die Einbeziehung in ein größeres Forschungsvorhaben zu«. Geduldig wartete Modersohn darauf ein weiteres Dreivierteljahr – umsonst. Als sich bis Herbst 1976 in Bonn immer noch nichts getan hatte, schaltete Modersohn den Bundestagsabgeordneten seines Wahlkreises ein; im November 1976 erkundigte sich MdB Hermann Kroll-Schlüter für ihn in einer Fragestunde des Bonner Parlaments: Ob die Bundesregierung denn zustimme, daß »die Zahl mongoloider Geburten . . . bei entsprechenden präventiven Maßnahmen drastisch reduziert werden könnte«, wie Modersohns Arbeitskreis in Aussicht stelle? »Welche Maßnahmen gedenkt die Bundesregierung daraus abzuleiten?«

Keine. Am 23. November 1976 beschied der Parlamentarische Staatssekretär im Bundesministerium für Familie und Gesundheit, Fred Zander, kurz und bündig: Die Bundesregierung sei der Auffassung, daß die Geburtenrate mongoloid geschädigter Kinder allein schon dadurch »wesentlich gesenkt werden könnte«, daß »alle schwangeren Frauen über 35 Jahren von der pränatalen Diagnostik (Fruchtwasseruntersuchung) konsequent erfaßt werden«. Dazu fördere sie die herkömmliche genetische Diagnostik und Beratung; »eine Förderung von Untersuchungen über ›Zusammenhänge zwischen kosmischen und irdischen Vorgängen‹ aus Bundesmitteln ist nicht vorgesehen«.

Ebenso vergeblich blieb eine zweite Eingabe, die Kroll-Schlüter an Bundesforschungsminister Riesenhuber richtete; kühl verwies man ihn auf ein von der Bundesregierung gefördertes Forschungsprojekt an der Universität Münster. Modersohn schrieb dorthin. Auf eine Antwort wartet er, trotz mehrmaliger Anmahnung, bis heute.

Selbst unmittelbar betroffene Organisationen blieben auf Distanz. Erfolglos warb Modersohn bei den Landesverbänden der »Bundesvereinigung Lebenshilfe e.V.« in Marburg, Kiel, Düsseldorf und Köln um Verständnis für sein Vorhaben. Auch bei der Beschaffung von Familiendaten wollte man nicht behilflich sein: »Datenschutz!«. Die Vorbeugung sei außerdem Sache der Universitäten, damit wolle er nichts zu tun haben, fertigte Bundesgeschäftsführer Tom Muters bei einem Gespräch in Lippstadt Modersohn kurzerhand ab.

Interessiert zeigten sich lediglich einige Mitglieder des Elternbeirats im Kölner Landesverband, bestanden aber zunächst auf einem »Härtetest«: Mitte 1986 erhielt Modersohn die Geburtsdaten zweier Kinder und ihrer Mutter. Eines davon war mongoloid. Welches? »Ich sollte ›beweisen‹, warum ich so oder so entschied.«

Modersohn löste die Aufgabe rasch, denn »ich fand einen klaren Unterschied. Das erste Kind lag deutlich unter unserer »statistischen Nullinie«, das zweite Kind hatte einen sehr guten ›Zeitwert‹ im Zeitraum der vermutlichen Zeugung neun Monate vor dem Geburtsvorgang«. Die Mutter war beeindruckt, suchte Modersohn in Lippstadt auf, versprach, Daten zu senden. Doch »bis heute kam kein einziges.«

Weiter wäre Modersohn vielleicht schon längst, wenn Massenmedien sein Projekt aufgegriffen und publik gemacht hätten. Doch die Presse schwieg. Dem Wochenmagazin *»Stern«* schrieb Modersohn 1981 zweimal: keine Resonanz. Eigens fuhr er zum Verlagshaus nach Hamburg – die zuständige Redakteurin hatte »keine Zeit« für ihn; einer ihrer Kollegen winkte ab: Schließlich stehe kein Wissenschaftler von Rang dahinter. Anfang 1982 protestierte Modersohn in einem Leserbrief gegen einen »angeblich aufklärenden, verantwortungslos irreführenden« Beitrag, den die Zeitschrift *»Bunte«* aus dem Offenburger Verlagshaus Burda veröffentlicht hatte. Darin war behauptet worden, es genügten »drei Tropfen Fruchtwasser, um jeder Frau ein gesundes Kind *garantieren* zu können«.

Modersohns Zuschrift erschien nicht einmal auszugsweise.

So blieb es bei Kurzberichten in den Lokalteilen örtlicher Tageszeitungen über Vorträge Modersohns. Hätte eine einzige Zeitung von Rang eine Nase für das »heiße« Thema gehabt – Modersohn wäre wohl schon längst seine größte Sorge los: »Wie kommen wir an eine größere Zahl von Familiendaten heran?«

Falls sich die »Zeitwert-Methode« bewährt, will die Gruppe dieses Verfahren »einer humanitären Stiftung übertragen«, die es weiter ausbauen und praktisch anwenden soll. Frauen mit Kinderwunsch sollen dann »einen ganz einfachen Weg bekommen«, sich über ihren persönlichen Zeitwert und damit verbundene Risiken einer Fehlentwicklung des erhofften Kindes Klarheit zu verschaffen: Dazu würde »eine Postkarte an das auswertende Institut« genügen, die nichts weiter aufführt als »Tag, Monat, Jahr und Uhrzeit der Geburt, dazu den gewünschten Zeitraum, der geprüft werden soll . . . Die Auskunft soll in einer einfachen Kurvenskizze bestehen, die das eventuelle deutlich erhöhte Risiko in bestimmten Zeitabschnitten verdeutlicht«, daneben aber auch »die risikoarmen Zeitspannen herausstellt«.

Dabei müsse klargestellt werden, daß eine »Information gegeben« werde, »kein Ratschlag«. »Jede Familie ist damit frei in ihren Entscheidungen.« »Unsere Alternative lautet: *Vorbeugen statt abtreiben!*«

Entschieden verwahrt sich die Modersohn-Gruppe gegen den unerhörten Vorwurf: Ihr gehe es doch nur um ein weiteres von vielen schamlosen Unterfangen, »lebensunwertes« Leben zu verhindern. Ist ein »mongoloides« Kind erst einmal da, bereitet es den betroffenen Familien ja keineswegs nur Sorgen und Kummer. Millionen betroffener Eltern erleben das mit Staunen: Down-Kinder sind überaus kontaktfreudig und zärtlich, verfügen über ein bemerkenswertes Gedächtnis, sprechen auf Musik und Rhythmus besonders gut an. Auch wenn sie starken Stimmungsschwankungen unterliegen, kann ihnen herzliche Zuwendung und liebevolle Beschäftigung ungemein helfen. Krankengymnastische Behandlung, Maßnahmen zur

Frühförderung und eine Bekämpfung der Infektanfälligkeit können einiges ausrichten. Stört das Äußere, kann oft der plastische Chirurg kosmetisch eingreifen. Geduldige mundmotorische Übungen haben sogar schon Auffälligkeiten wie die typische vorverlagerte Zunge, die auf der vorgestülpten Unterlippe liegt, innerhalb von sechs Monaten zum Verschwinden gebracht.[75] *Bereits geborenes Leben zu verunglimpfen und abzuwerten, liegt Modersohn fern. Er will es verhindern, ehe es entsteht, statt es umbringen zu lassen, wenn es bereits gezeugt ist – um Eltern wie Kindern ein Schicksal zu ersparen, das zwar tragbar, aber zu vermeiden ist.*

Auch warnt die Forschungsgruppe vor dem Eindruck, ihre Methode könne eine humangenetische Beratung und Untersuchung *ersetzen.* Sie will »die Auskunft über rein kollektive Risikoprozente, die für alle Frauen in bestimmten Altersstufen gleich ausfallen, *erweitern und ergänzen* durch eine Information über das ganz *persönliche* Risiko dieser *Einzelperson* zu bestimmten Zeiten«, und zwar *vor* einer Schwangerschaft. Damit ermöglicht sie es, »die Zeugung eines gewünschten Kindes um einige Monate oder ein Jahr zu verschieben«. *Ob* bei einer schon bestehenden Schwangerschaft eine Trisomie 21 tatsächlich vorliegt oder nicht, kann nach wie vor »nur der Arzt feststellen«.

Ob die Forschungspioniere selbst noch den Tag erleben werden, an dem sich dieser Traum erfüllt, ist zweifelhaft. »Wer setzt unsere aussichtsreichen Arbeiten fort?«, fragen sie. »*Noch* können die Urheber dieses Programms ihr Wissen weitergeben« und jüngere Fachkollegen einarbeiten. »Es wird den drei noch lebenden Senioren nicht mehr möglich sein, noch alle Möglichkeiten aufzugreifen, die sich bereits heute aus dieser Forschung absehen lassen«, endet ihre Broschüre von 1985.[76] Ihre Nachfolge steht noch aus.

III
PSYCHOKINESE

GEDANKEN ALS KÜHLMITTEL

Durch bloße Konzentration und Willensanstrengung ist es dem französischen Biologen und Psiforscher Rémy Chauvin gelungen, die Abkühlung von Wasser zu Eis zu beschleunigen. Dabei entdeckte er zugleich erstmals, daß bestimmte Metalle die psychokinetische Energie abschirmen können – unerklärlicherweise allerdings nur dann, wenn sie in bestimmte geometrische Formen gegossen sind.

Der 76jährige Rémy Chauvin, früherer Professor für Psychophysiologie an der Pariser Sorbonne und Spezialist für Insekten, hat sich mit 250 Veröffentlichungen, darunter 34 Büchern, als Biologe und Ethologe über die Grenzen Frankreichs hinaus einen Namen gemacht. (Seine fünfbändige Abhandlung über die Biene, 1968 erschienen und 2100 Seiten lang, ist weltweit bis heute einzigartig.) Eng befreundet mit dem Amerikaner Joseph Rhine, dem 1980 verstorbenen Vater der experimentellen Parapsychologie, beschäftigt sich Chauvin nebenbei seit vierzig Jahren mit Psi bei Tieren und paranormalen Fähigkeiten beim Menschen. In einem Dutzend Aufsätzen und drei Büchern zu parapsychologischen Themen, zuletzt einer unorthodoxen, vielgelobten Einführung für Laien[77], hat sich der eigenwillige Franzose als einer der originellsten und kreativsten Köpfe der gegenwärtigen Psiforschung erwiesen. (Dieselbe Phantasie, mit der Chauvin als Forscher mehrfach Pionierarbeit geleistet hat, stellte er, nebenbei bemerkt, auch schon in vier Romanen[78] und drei Science-Fiction-Büchern unter Beweis[79].) Seit seiner Emeritierung hat sich der fünffache Vater, Jahrgang 1913 – sein jüngster Sohn ist gerade erst neun Jahre alt –, mit seiner Familie in ein idyllisch gelegenes Schlößchen bei Ivoy le Pré zurückgezogen. Vor allem dem Phänomen der *Psychokinese* will Chauvin dort auf neuen Wegen beikommen: der rätselhaften Kraft des Geistes, unmittelbar auf Materie einzuwirken.

Abb. 4: Im Ruhestand zum Pionier der Psychokinese-Forschung geworden: der französische Biologe Rémy Chauvin, emeritierter Professor an der Pariser Sorbonne.

Sein jüngster Weg führte den Querdenker über Wasser.[80] Immer schon hatte Chauvin das Element mit der chemischen Formel H_2O fasziniert. Die komplizierte Struktur von H_2O ist außerordentlich instabil: So bestehen die Wasserstoffbrücken, die H_2O-Moleküle zusammenhalten, ihrerseits aus einem, zwei oder drei Bausteinen; deren Anteile verschieben sich unter zahlreichen Bedingungen, die bis heute noch weitgehend unerforscht sind. Abkühlung und »Superkühlung« – die eigenartige Fähigkeit von Wasser, manchmal auch unter null Grad Celsius noch im flüssigen Zustand bleiben – unterliegen meteorologischen und kosmischen Einflüssen; ja, sie ändern sich sogar mit

Jahreszeiten, Wochentagen und Tageszeiten.[81] »Nun tritt Psychokinese bekanntermaßen gerade dann besonders ausgeprägt auf, wenn sie auf instabile Systeme einwirkt«, erläutert Chauvin. »Also dachte ich: Wenn man ein Gerät bauen könnte, das den physikalischen Zustand von Wasser mißt, während es sich abkühlt, dann besäße man damit ein wertvolles Instrument, um einen möglichen PK-Effekt objektiv abzuschätzen.«

Chauvins »Kryometer« (griechisch *krios:* kalt) leistet dies denkbar einfach. Es besteht aus einem sechs Zentimeter langen Glasröhrchen von sechs Millimetern Durchmesser; auf seiner Öffnung sitzt, mit einem Plastikring befestigt, eine dünne Kapillare, vier Zentimeter lang und zwei Millimeter dick. Jeweils zwei Glasröhrchen füllt Chauvin nun bis an den oberen Rand mit destilliertem Wasser auf. Dann stellt er sie 35 Minuten lang in einen Kühlschrank, der konstant eine Temperatur von minus zehn Grad hält. »Wenn sich Eis in einem schmalen Röhrchen auszukristallisieren beginnt«, so Chauvin, »nimmt sein Volumen zu«, um etwa neun Prozent. Diese beträchtliche Ausdehnung, die Wasserleitungen platzen lassen und selbst Gestein bei Frost sprengen kann, ist leicht meßbar: Chauvin liest sie am Flüssigkeitsstand in der aufgesetzten Kapillare ab.

Auf eines der beiden Röhrchen konzentriert er sich nun: »Ich ›wünsche‹ mir, daß sich die Abkühlung des Wassers und die Eisbildung in einem der beiden Röhrchen beschleunigen. Dabei versuche ich mir bildhaft vorzustellen (zu »visualisieren«), wie Eiskristalle entstehen und das Wasser, während es sich abkühlt, in der Kapillare rasch ansteigt.«

Anschließend vergleicht Chauvin die Pegelstände. Denselben Test wiederholt er in zehn Durchgängen, wobei er die Stellung der beiden Röhrchen zueinander und auf der Platte systematisch verändert. »Denn keine Kühlplatte hält auf der gesamten Fläche exakt dieselbe Temperatur.«

Was bei diesen Versuchen herauskam, verdient durchaus das allzuoft strapazierte Prädikat »sensationell«: Gleich in der ersten Testserie erhöhte Chauvin »psychokinetisch« die Wasserstände um durchschnittlich ein Drittel, in einer weiteren sogar um 120 Prozent.

Seltsamerweise gelang ihm das allerdings nur, wenn er mehrere Meter vom Kühlschrank entfernt saß. Unmittelbar davor erreichte er überhaupt nichts.

Auch mußte er zwischen sich und die PK-Ziele erst ein starkes Magnetfeld bringen, ehe er Erfolg hatte; offenbar verstärkt dieses Feld Impulse, die andernfalls zu schwach bleiben. (Chauvin benutzte dazu Plastikstreifen, wie sie in der Magnetfeldtherapie verwendet werden.)

Ebenso merkwürdig war, daß er auf die Glasröhrchen nur dann mental einwirken konnte, wenn er mit dem Rücken zu ihnen saß; frontal vor ihnen bemühte er sich vergeblich.

Durchweg war es überflüssig, sich längere Zeit zu konzentrieren. Soweit Chauvin überhaupt auffällige Veränderungen zustandebrachte, gelang ihm das schon nach wenigen Sekunden.

Bedarf es dazu einer bewußten Willensanstrengung? Oder genügt die bloße Gegenwart der Versuchsperson? In einem Experiment dazu hielt Chauvin »alle übrigen Bedingungen konstant, während ich vor dem Kühlschrank ein Gedicht rezitierte, um meine Aufmerksamkeit von den Zielfläschchen abzulenken«. Jetzt zeigten die Kryometer nichts Auffälliges mehr an.

Allerdings war Chauvin außerstande, seinen Willen *auszurichten.* »Gleichgültig, ob ich die Abkühlung voranzutreiben oder zu verlangsamen versuchte: Es gelang mir immer nur, sie zu beschleunigen.«

Das überraschendste Ergebnis war aber: Die Glasröhrchen ließen sich gegen PK-Einflüsse mechanisch *abschirmen.* »In allen bisherigen parapsychologischen Experimenten ist ein solcher Effekt niemals aufgetaucht.«

Bis heute gilt »Psi« unter den meisten Parapsychologen als eine Kraft, die sich über beliebige Entfernungen hinweg unvermindert erhält – selbst durch die gewaltigen Wassermassen von Ozeanen, durch meterdicke Mauern oder metallene Barrieren hindurch. Doch schon 1963, in Versuchsreihen zum Hellsehen, war Chauvin erstmals auf einen Abschirmeffekt gestoßen[82]: Auf ein Tablett legte er, in zufälliger Reihenfolge, Kärtchen mit den Zahlen 1 oder 2. Ebenfalls ganz beliebig deckte er sie nun mit einer Platte aus Holz, Metall oder Glas ab – oder er ließ sie offen liegen. Unter dem Tablett lagen Platten aus den gleichen Materialien, dreimal dicker. Die ganze Vorrichtung verbarg er unter einem großen schwarzen Tuch. Seine Versuchspersonen sollten die jeweilige Zahl erraten. »Ganz eindeutig behinderten sie dabei Abschirmungen aus *Glas*.«

Bei seinen PK-Experimenten mit Wasser stieß Chauvin jetzt auf einen ähnlichen Effekt, als er mit Ummantelungen aus verschiedenen Metallen experimentierte. Seine mentalen Anstrengungen blieben *vergebens,* sobald er über die Kryometer einen drei Millimeter dicken *Zylinder* aus *Aluminium* stülpte. Dagegen hatten gleich dicke *Platten* aus Aluminium oder Eisen keinerlei Auswirkungen, ebensowenig wie ein eiserner Zylinder von fünf Millimetern Dicke. Auch eine künstliche Barriere aus einer Speziallegierung, die gegen Magnetfelder gewöhnlich vollkommen abschirmt, blockierte die PK-Energie nicht. Wieso dann ausgerechnet ein *Aluminiumzylinder?*

Chauvin bleibt das bis heute »schleierhaft« – wie überhaupt das Phänomen der Psychokinese: »Eine Erklärung? Mein Gott, wenn ich bloß eine hätte ... Sprechen wir lieber von einer *Hypothese:* Ich glaube, daß der Wille eine *Kraft* ist; daß sich diese Kraft außerhalb des Körpers begeben und dort wirken kann. Diese Tatsache sollte es leichter machen, sie zu untersuchen. Denn wie wirkt der Wille *innerhalb* des Körpers? Das weiß niemand.«

Auf jeden Fall ist diese Kraft nicht unerschöpflich. »Nachdem ich über einen Zeitraum von sechs Monaten immer und immer wieder experimentiert hatte, ließ meine Motivation allmählich nach, wie das im Verlauf von langwierigen Psi-Tests ja oft passiert. Daraufhin sanken meine Ergebnisse auf ein Zufallsniveau ab.«

Trotzdem will Chauvin »mit dieser Arbeit weitermachen«, wenn auch »in eine leicht andere Richtung: Ich suche ein Mittel, diese besagte Kraft zu verstärken und zu neutralisieren.« Weiterhin experimentiert er mit verschiedenen Abschirmungen. Seit Ende 1988 setzt er anstelle des »Kyrometers« eine neue, verfeinerte Technik ein, PK-Effekte auf den molekularen

Abb. 5: In diesem idyllischen Schlößchen lebt und arbeitet Rémy Chauvin: »Le Chateau« bei Ivoy le Pré.

Zustand von Wasser abzuschätzen: Er mißt die elektrische Leitfähigkeit von H_2O und setzt ein Infrarot-Spektrometer ein.

Wie nehmen seine Fachkollegen die verblüffenden Meldungen aus Ivoy le Pré auf? »Gott im Himmel: schlecht. Aber ich verkörpere jetzt eine Art Mandarin, einen zurückgezogenen Intellektuellen, und niemand kann mich mehr daran hindern, das zu tun, was ich will.«

DAS »TYCHOSKOP«

Ein Spielzeug revolutioniert die Psychokinese-Forschung

Schon frischgeschlüpfte Entenküken entwickeln erstaunliche psychische Kräfte: Sie können Objekte in ihrer näheren Umgebung regelrecht »anziehen«. Mit einem neuartigen Meßgerät, dem »Tychoskop«, gelang einem französischen Verhaltensforscher erstmals der experimentelle Nachweis. Wird das »Tychoskop« auch die Erforschung menschlicher Psychokinese revolutionieren?

Hundert frischgeschlüpfte Entenküken tschiepten aufgeregt in einem Versuchslabor des »Instituts für Psychophysik« in Nantes. Dr. René Peoc'h, promovierter Mediziner und Tiersoziologe, hat es eilig mit ihnen.[83] Denn nur während einer kurzen, »sensiblen« Phase, innerhalb weniger Stunden nach ihrer Geburt, lassen sie sich *prägen:* Sie folgen dem ersten Objekt, das sich in ihrer Umgebung bewegt.[84] Gewöhnlich ist das die Mutter – es kann aber auch ein anderes Tier, ein Mensch, eine Spielzeug-Ente, ja sogar ein Ball sein. Von diesem Objekt getrennt, beginnen die Küken jämmerlich zu schreien; verzweifelt versuchen sie, die Distanz zu überwinden.

Und wenn sie daran gehindert werden? »Sehnen« Küken dann »herbei«, was sie für ihre Mutter halten? Entwickelt diese Sehnsucht eine seelische Kraft, eine »Anziehung«, die sich messen läßt?

Um das festzustellen, prägt Peoc'h die Küken auf ein *Tychoskop* (von griech. *tyche:* Zufall, Glück; *skopein:* sehen, schauen), ein von dem Franzosen Pierre Janin entwickeltes Gerät, das – wörtlich genommen – »den Zufall sichtbar macht«: nämlich den Zufall in seinen eigenen Bewegungen. Das Mobile von der Form eines senkrecht gestellten Zylinders, acht Zentimeter hoch und mit acht Zentimetern Durchmesser, steht auf zwei Rädern und einer leerlaufenden Kugel. Auf völlig zufälligen Bahnen rollt es auf der Unterlage. Denn beide Räder drehen sich unabhängig voneinander, in gleicher Geschwindigkeit angetrieben von zwei Motoren, die ein Zufallsgenerator automatisch, völlig unregelmäßig, ein- und abschaltet. Drehen sich die Räder in derselben Richtung, so bewegt sich das Tychoskop geradeaus, entweder vorwärts oder rückwärts. Drehen sie sich entgegengesetzt, dann kreist das Tychoskop entweder im oder gegen den Uhrzeigersinn um die eigene Achse. Die Energie dafür liefern eingebaute Batterien. So rollt das seltsame Gerät stundenlang mit einer durchschnittlichen Geschwindigkeit bis zu acht Zentimetern pro Sekunde in wilder Zickzackfahrt dahin. In das Gerät ist ein Stift eingesetzt, der auf der Unterlage die Bahn deutlich sichtbar aufmalt: Ein *Tychogramm* entsteht.

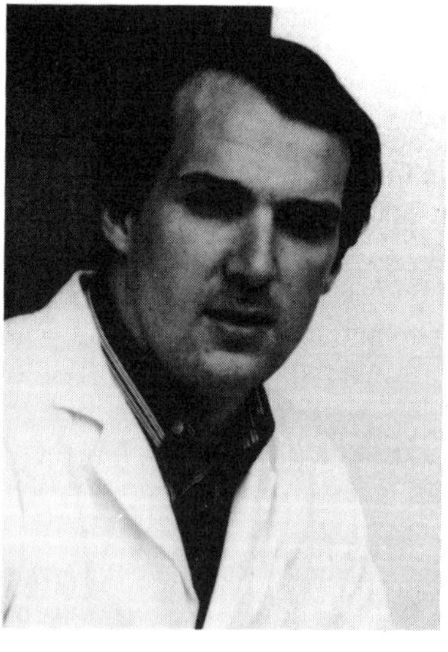

Abb. 6: Der französische Verhaltensforscher René Peoc'h aus Nantes: Frischgeschlüpfte Entenküken beeinflußten ein »Tychoskop« psychokinetisch, nachdem er sie darauf geprägt hatte.

Abb. 7: Als Ersatzmutter akzeptiert: Tychoskop und geprägtes Küken.

Innerhalb einer Stunde gelingt es Peoc'h, die Küken an diese elkektronische Ersatzmutter zu binden. Solange er sie frei laufen läßt, watscheln sie dem seltsamen Gefährt anhänglich hintendrein.

Nun sperrt er sie einzeln in Behälter mit einer durchsichtigen Vorderfront ein; vor ihnen bewegt sich weiter das Mobile. Dann verläßt er den Raum.

Wie magisch ziehen die Tiere das Objekt an: Zweimal häufiger als gewöhnlich fährt es in unmittelbare Nähe ihres Käfigs. Bleibt der Käfig dagegen leer, dann bewegt es sich in alle Richtungen gleich oft.

Nicht nur Bindung, auch Neugier kann psychokinetische Kräfte freisetzen. Darauf stößt Peoc'h, als er mit 100 Gruppen zu je 15 Küken experimentiert. Gemeinsam in dem Behälter

Abb. 8: Psychokinetisch angezogen: Das »Tychoskop« bewegt sich überzufällig oft in die Nähe des Kükens. Das belegen die Linien, die ein eingebauter Stift auf die Unterlage zeichnet.

eingesperrt, können die Küken durch die Vorderfront nur eine Hälfte der Fläche sehen, auf der das »Tychoskop« hin- und herrollt; die andere Hälfte liegt außerhalb ihres Blickfeldes. In 83 von 100 Durchgängen hält sich das Mobile nun deutlich häufiger in der *sichtbaren* Zone auf. Abermals wiederholt Peoc'h zur Kontrolle den Versuch bei leerem Käfig – diesmal bewegt sich das Tychoskop wieder gleichmäßig über die ganze Fläche. »Obwohl diese Küken nicht geprägt waren, schienen sie auf das Tychoskop neugierig zu sein«, schließt Peoc'h. »Sie wollten es im Blick behalten.«

Die ersten Tierversuche mit dem Tychoskop veröffentlichte schon zwei Jahre zuvor, im Juli 1988, Peoc'hs einstiger Lehrer, der französische Biologe Rémy Chauvin[85]. In einem typischen Experiment sitzt eine weiße Maus, zwei Monate alt und rund 20 Gramm schwer, eingepfercht in eine enge Kammer zwischen feinmaschigem Drahtgeflecht, so daß sie sich nicht rühren kann. Ihr Gefängnis befindet sich am Rand einer kreisrunden Versuchsfläche von 70 Zentimetern Durchmesser. Unmittelbar vor ihr steht ein Tychoskop[86], das sich gleich in Bewegung setzen wird; wiederum zeichnet ein eingebauter Stift die Bahn auf die weiße Unterlage. Die Maus kehrt dem Mobile dabei das Hinterteil zu. Wie Chauvin annahm, »wird sich das Tier stärker ängstigen, wenn die Gefahr unsichtbar von hinten kommt«; entsprechend stärkere psychokinetische Impulse gehen von ihm aus.[87]

Das Tychoskop fährt an. 45 Minuten lang zieht es seine wilde Bahn. »Falls sich die Maus vor dem Geräusch des Apparats fürchtet«, erwartete Chauvin, »dann wird es Psychokinese dazu einsetzen, ihn so weit wie möglich von sich wegzutreiben.« Um diesen Effekt in Zahlen zu fassen, unterteilte Chauvin die gesamte Fläche in kleine Quadrate, 3 cm × 3 cm. Jetzt konnte er einfach auszählen: Wieviele Quadrate durchfuhr das Tychoskop auf dem Halbkreis, welcher der Maus am nächsten lag, und wieviele auf der gegenüberliegenden Hälfte? 35 Mäuse testete er in jeweils vier solcher Durchgänge; denselben Versuch wiederholte er noch dreimal, in Abständen von jeweils einer Woche. Nach jedem Durchgang ließ er zur Kontrolle das Tychoskop »frei« laufen, bei leerem Tierkäfig. Die Ergebnisse ließen keinen Zweifel: »Mäuse können ein Tychoskop psychokinetisch dazu bringen, sich von ihnen wegzubewegen.« Bei 26 der 35 Mäuse fuhr das Tychoskop häufiger in der entfernteren Kreishälfte – und das, obwohl es ja in der »nahen« Hälfte gestartet war und sich allein schon deshalb häufiger dort aufgehalten haben müßte, wenn schierer Zufall am Werk wäre. Und selbst bei den neun anderen Mäusen, die das Mobile eher »anzuziehen« als abzustoßen schienen, könnte Psychokinese im Spiel gewesen sein: Womöglich überwog bei ihnen Neugier die Angst.

Das lustige Spielzeug könnte auch die Psychokinese-Forschung am Menschen revolutionieren, wie sein Erfinder, Pierre Janin aus Epernon, schon im August 1976 voraussah, als er es auf der Jahrestagung der *Parapsychology Foundation* in Kopenhagen erstmals öffentlich vorstellte.[88/89] Warum, so

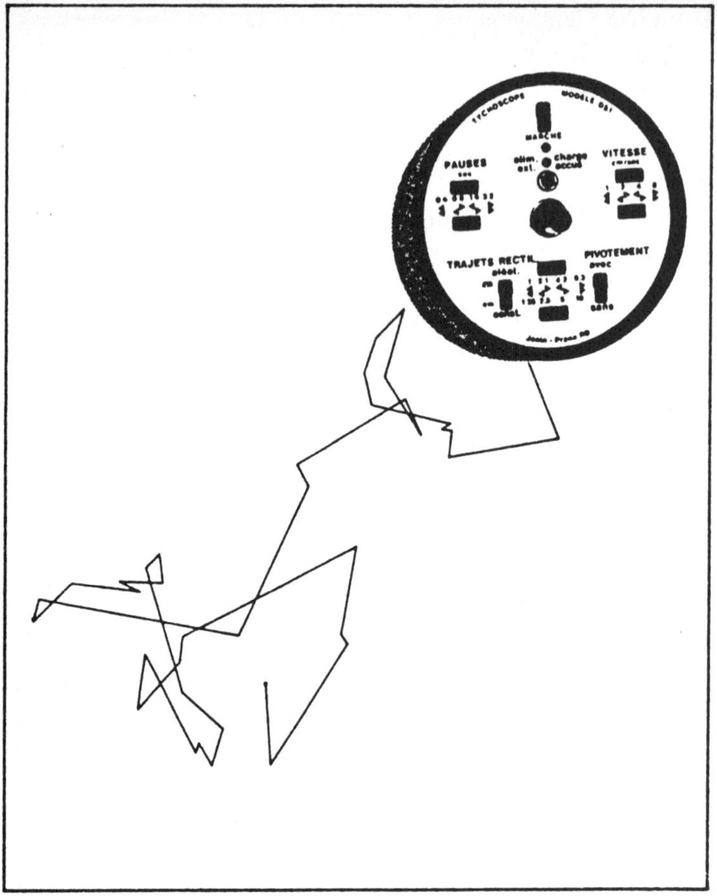

Abb. 9: Janins »Tychoskop« in Aktion: Mit einem eingebauten Schreibstift zeichnet es seine eigene Bahn auf die Unterlage. (Aus: Rémy Chauvin, *Parapsychology: When the Irrational Rejoins Science;* Jefferson 1985, S. 37.)

wundert sich Janin, erzielen Parapsychologen in PK-Experimenten immer noch keine besseren Ergebnisse als noch vor fünfzig Jahren, gleichgültig ob sie nun Würfel, Münzen oder technisch hochkomplizierte Zahlengeneratoren einsetzen, die durch den Zerfall radioaktiver Substanzen gesteuert werden?

Vor allem *langweilen* sie recht bald auch die kooperativsten Versuchspersonen – und Langeweile erstickt Psi-Talente. Das »Tychoskop« hingegen motiviert tief und anhaltend: Daß es sich von selbst und unvorhersagbar bewegt, geradezu lebendig scheint, weckt bei Versuchspersonen durchweg ein amüsiertes Interesse. Mit gespannter Faszination verfolgen sie, wie sie das Objekt dazu bringen können, sich nach ihrem Willen zu bewegen: fast so, als würden sie ein kleines Tier zähmen. Zwischen 1979 und 1982 ließ Janin 25 verschiedene Tychoskope bauen; er verkaufte sie an rund 15 Anwender in Frankreich und Belgien. Was ihn von dort bisher an Forschungsberichten erreicht hat, ermutigt ihn weiter. So lief das Tychoskop stundenlang vor Versuchspersonen, die schliefen; manche »zogen« es wie magnetisch an, manche stießen es deutlich ab. Bei vollem Bewußtsein »gelingt es vielen, den Apparat mental ›herbeizurufen‹«, erlebte Chauvin. Was er »die tychoskopische Gruppenatmosphäre« nennt, erinnert ihn »an das Glas- und Tischrücken: Jeden Teilnehmer erregt es, Witze fallen, der Apparat wird ‹ermutigt‹, angerufen, beschworen und verflucht. Darin liegt wohl der Grund für seinen Erfolg: Man kann ihn vermenschlichen« – eine emotionale »Dialog-Beziehung« zu ihm aufbauen, wie Janin betont. Liegt die Zukunft der experimentellen Psiforschung in Dialogen mit *»Parabioten«,* wie Janin Meßgeräte von der Art seines »Tychoskops« tauft: mit Mechanismen, welche mehr oder weniger genau die grundsätzliche Unvorhersagbarkeit der Bewegungen von lebenden Organismen nachahmen?

Ob sich das Tychoskop darüber hinaus sogar *psychodiagnostisch* einsetzen läßt? Das Spurengewirr, das der eingebaute Schreiber auf der Unterlage hinterläßt, fällt bei jeder Versuchsperson anders aus. Enthält es versteckte Hinweise auf grundlegende Motivationen, Antriebe, Ängste, Zwänge, Einstellungen, Konflikte des Betreffenden; etwa auf mangelndes Selbstvertrauen, ausgeprägte Aggressivität oder sexuelle Verklemmungen? Entstehen hier mit einem neuen Ausdrucksmittel Chiffren des Unbewußten, die erst noch entschlüsselt werden müssen – und können? Zumindest Janin ist da zuversichtlich.

Abb. 10: Das »Tychogramm« – Chiffren des Unbewußten? Dieses Liniengewirr hinterließ ein »Tychoskop« auf seiner Unterlage, als es eine ganze Nacht lang in der Nähe eines Schlafenden fuhr. Immer wieder bewegte sich das Mobile ihm in Pfeilrichtung entgegen. Manche Versuchspersonen schienen das Gerät förmlich anzuziehen, andere eher abzustoßen. (Aus: Rémy Chauvin, *Parapsychology: When the Irrational Rejoins Science;* Jefferson 1985, S. 40.)

PETER SUGLERIS HEBT AB

Ein 22jähriger Amerikaner aus New Jersey beherrscht die »Levitation«: Mit seinem Körper kann er willentlich vom Boden abheben und frei im Raum schweben. Seit 1985 forscht der Psychiater Berthold Schwarz seinem Fall nach, testet, filmt, fotografiert und befragt Augenzeugen. Inzwischen hält er »jeglichen Betrug oder Täuschung für völlig ausgeschlossen«.

Für Psi-Phänomene hat sich der amerikanische Psychiater Berthold E. Schwarz immer schon interessiert: Irrsinn und Übersinn gehen bei Geisteskranken oft Hand in Hand. Mitte 1985 arbeitet er gerade an einer Untersuchung über telekinetisch Begabte [90,91,92], als ihm Zeitungsartikel über den 22jährigen Peter Sugleris aus New Jersey in die Hände fallen. Bei mehreren öffentlichen Auftritten habe der junge Mann ein geradezu unglaubliches, universelles Psi-Talent unter Beweis gestellt: Psychokinetisch verbiege oder zerbreche er Tischgeschirr; verforme Geldmünzen; halte Uhren an – und setze sie wieder in Gang, wenn sie defekt sind. Allein mit psychischer Kraft bewege er eine Kompaßnadel; lasse Holzstifte und eine Dose mit Lebensmitteln frei schweben; blättere die Seiten eines Telefonbuchs um.

Neugierig geworden, besucht Schwarz am 28. August 1985 einen weiteren öffentlichen Auftritt von Sugleris im »Westmont Country Club« von New Jersey – und kommt aus dem Staunen kaum heraus. »Daß zumindest die Mehrzahl der Presseberichte über seine PK-Fähigkeiten zutrafen, konnte ich mit eigenen Augen beobachten.« Besonders beeindruckt Schwarz, daß Sugleris »während seiner erfolgreichen Demonstrationen zu keinem Zeitpunkt die verschiedenen Gegenstände irgendwie stützte; oft berührte er sie nicht einmal.« Auch kommt Sugleris ohne »Assistenten« aus. Auf jegliche Ablenkungsmanöver, wie Varietézauberer sie gerne einsetzen, verzichtet er.

Sofort lädt Schwarz den jungen Mann zu Tests in seine Praxis nach Vero Beach, Florida ein. Sugleris kommt, gemeinsam mit seiner Frau Esther, obwohl beide gerade erst geheiratet haben und noch in den Flitterwochen sind. Fünf Tage lang, vom 5. bis 9. Oktober 1985, zeigt der Sensitive vor laufender Kamera, was er kann: »Beinahe mühelos verbog Peter zwei schwere Metallschlüssel. Dreizehnmal verrückte er psychokinetisch eine Kompaßnadel um mehrere Grad – und war enttäuscht, daß ihm keine volle 360-Grad-Umdrehung gelang.« Er sei acht Jahre alt gewesen, als er an sich erstmals Psi-Fähigkeiten entdeckt habe, berichtet Sugleris. In stundenlangen Interviews erinnert er sich an zahlreiche telekinetische Selbstversuche, an mehrere Fälle von Telepathie, Hellsehen und Präkognition; einmal induzierte er sogar die spontane Selbstverbrennung von Gegenständen. (Einen ausführlichen Forschungsbericht über diese paranormalen Fähigkeiten hat Schwarz in Vorbereitung[93].) Nur *levitieren* kann Sugleris nicht spontan: Darauf bereite er sich oft monatelang durch strenges Fasten vor, wobei er bis zu 17 Pfund Gewicht verliere. Immerhin legt er zahlreiche Fotos vor, außerdem zwei Videofilme, die er den Psychiater bereitwillig kopieren läßt:

* Ein Film zeigt eine Levitation im August 1981: Im Hinterhof des elterlichen Hauses, vor einem mit Weinreben umrankten Drahtzaun, hebt Peter zweimal rund 35 Zentimeter ab – bis zu acht Sekunden lang.
* Im Februar 1986, bei einer weiteren Demonstration in der hell ausgeleuchteten Küche, schwebt Sugleris knapp 40 Zentimeter hoch – 47 Sekunden lang.

Schwarz hatte schon von Heiligen, Besessenen, Mystikern und Medien gehört, die dazu fähig gewesen sein sollen. (Allein der

Abb. 11: »Auf Bestellung geht gar nichts«: Der Amerikaner Peter Sugleris während einer Levitation. (Aus: *Pursuit. Journal of SITU, The Society for the Investigation of The Unexplained;* 20 (1), 1987, S. 1.)

deutsche Historiker und Philosoph Joseph Görres (1776–1848) berichtete schon 1836 in seiner fünfbändigen *Christlichen Mystik* von 72 Heiligen, die levitiert haben sollen: unter ihnen Franz von Assisi und Thomas von Aquin. Einige der bedeutendsten Medien der jüngeren Vergangenheit bestanden vor Wissenschaftlern entsprechende Härtetests: so etwa der Engländer Daniel Douglas Home (1833–1886).) »Doch ich selbst war in 31 Berufsjahren mit insgesamt 4731 Patienten bisher niemals einem solchen Fall begegnet; auch in 3000 medizinischen Fachzeitschriften der Jahrgänge 1966 bis 1986 fand ich keine einzige Levitation erwähnt. Sie schien mir unwirklich.«

Aber warum sollte ein Mann, der nachweislich schwere Gegenstände schweben läßt, nicht auch den eigenen Körper gegen die Schwerkraft anheben können? An der Echtheit des Bildmaterials zu zweifeln, sieht Schwarz keinerlei Anhaltspunkte. So beschließt der Psychiater, dem Fall gründlich nachzugehen.[94]

Von da an bleibt Schwarz' Praxis immer wieder wochenlang geschlossen. Der Psychiater ist unterwegs: auf Besuch in New Jersey, wo die Sugleris mit ihrer fünf Monate alten Tochter wohnen; bei Verwandten und Freunden, die alle Zeuge geworden sein wollen, wie Peter »abhob«. Unabhängig voneinander geben sie übereinstimmende Berichte:

* Es begann, als Peter drei Jahre alt war: »Während er in seinem Bettchen lag, hob er plötzlich mit Rumpf und Beinen von der Unterlage ab – nur noch sein Kopf berührte das Kissen«, erinnert sich seine Mutter Toula. »Aus dem wird mal was werden«, kommentierte die Großmutter damals trocken.
* Mit zwölf Jahren sollte Peter dem jüngeren Bruder Esthers, seiner späteren Frau, ein Fahrrad vorbeibringen. Doch das Gartentor war verschlossen – da »flog« er über den drei Meter hohen Gartenzaun.
* Als ihn in einer Seitenstraße Jugendliche aus ihrem Fiat heraus anpöbelten, hob er mit bloßer Willenskraft ihren Wagen an – und stellte ihn zwischen geparkten Autos so quer, daß sie nicht mehr herausfahren konnten.

* Mit 19, als er Esther zu verlieren fürchtete, versuchte er ihr mit Levitationen zu imponieren: Bis zu 1,50 Meter schwebte er vor ihr über Wasser. Mit einer Polaroidkamera gelangen der erschrockenen Esther mehrere Schnappschüsse davon.

»Peters Begabung liegt offenbar in der Familie«, stellt Schwarz fest: Auch sein Onkel mütterlicherseits soll mehrfach levitiert haben, als er zwischen 16 und 18 Jahre alt war.

Während Peter abhebt, befindet er sich in Trance. Jedesmal gehen mit ihm seltsame Veränderungen vor. Immer wieder verkrampfen und zucken die ausgestreckten Finger, fast wie bei Spastikern. Die Füße sind extrem angewinkelt, die Beine in »Froschhaltung« abgespreizt. Eigenartige Kontraktionen der Gesichts- und Halsmuskulatur geben Sugleris oft ein groteskes, geradezu furchterregendes Aussehen. Das Gesicht wirkt aufgedunsen, die Blutgefäße schwellen stark an. »Oft dachte ich schon, jetzt werde er gleich platzen, so aufgebläht kam er mir vor«, entfuhr es Esther. Manchmal schwankt sein schwebender Körper von einer Seite zur anderen. »Dabei kommt es mir so vor, als gehe ein Wind, der mich hin und her weht«, erzählt Sugleris.

Sobald seine Füße wieder den Boden berühren, kommt Sugleris langsam zu sich, fühlt sich »benommen, schwindlig, verwirrt, wie nach einem Blackout«. Was er hinterher durchmacht, erinnert den Psychiater unwillkürlich an die berüchtigte »Raumfahrer-Krankheit« vieler Astronauten nach längerem Aufenthalt in der Schwerelosigkeit des Alls[95]. Stundenlang fühlt sich Sugleris völlig erschöpft, schläfrig, lethargisch. Heftige Kopfschmerzen und Übelkeit plagen ihn, manchmal muß er sich übergeben. Am ganzen Körper stark schwitzend, trinkt er Unmengen von Wasser.

Auf Bestellung geht bei Sugleris allerdings gar nichts. Zweimal verabredete er sich mit Schwarz zu Levitationstests: am 23. August 1986 im Stadtpark von Little Silver, New Jersey, in Anwesenheit von Esther und drei engen Freunden, Schwarz' Frau Lisa und Robert Walsh, Herausgeber der parapsychologischen Vierteljahreszeitschrift *Pursuit*, mit dessen Gattin; am 11. Dezember desselben Jahres mühte er sich in Schwarz' Praxis. Bis zu vier Stunden wartete man. Doch nichts geschah. Jedesmal versagte er. »Peter suchte nicht nach Entschuldigungen. Er war nur tief enttäuscht.« Allerdings waren die Umstände alles andere als günstig gewesen: Im Park störten neugierige Passanten mehrfach durch Zwischenrufe und laute Gespräche. Der Himmel blieb wolkenverhangen, es war empfindlich kühl. Tags zuvor hatte der angespannte Peter noch bis tief in die Nacht mit seiner kleinen Tochter gespielt, war womöglich übermüdet. Etliche Rückschläge, beruflich wie privat, belasteten ihn stark. Auch machte Peter, in merkwürdigem Kontrast zu seiner sonstigen Zuversicht und seinem furchtlosen, sicheren Auftreten, »mangelndes Selbstbewußtsein zu schaffen, sobald er sich kritischen, ungläubigen Augenzeugen gegenübersah«, wie Schwarz auffiel. In Vero Beach mußte Suglеris dann auch noch verärgert auf einen einbestellten Kameramann warten, der zwei Stunden zu spät kam; das demoralisierte ihn sichtlich. Und dennoch: Hätte er nicht zumindest ansatzweise levitieren müssen? Stand er nicht auch bei angeblichen früheren Vorführungen unter Erfolgszwang (etwa dem, eine geliebte Frau oder eigens einbestellte Freunde zu beeindrucken?) War vielleicht doch alles nur Trickserei und raffinierte Fälschung, eine Verschwörung von Lügnern, sei es aus Wichtigtuerei oder Profitgier?

Dagegen sprechen für Schwarz nicht nur seine persönlichen Eindrücke von Peter, Esther und ihrem Beweismaterial, sondern auch Aussagen Dutzender von glaubwürdigen Augenzeugen, die in stundenlangen Interviews auf bohrende Fragen unabhängig voneinander übereinstimmende Auskünfte gaben, selbst in kleinsten Details. Niemand spielte sich damit auf; niemand, zuallerletzt Peter selbst, versuchte, daraus irgendwelches Kapital zu schlagen. »Peter selbst ist kooperativ, selbst neugierig und gespannt auf den Ausgang von Tests und drängt von sich aus darauf, daß alle denkbaren Effekte und Umstände peinlich genau dokumentiert werden.« Machen es Peters sonstige, erwiesene Psi-Leistungen im übrigen nicht zumindest wahrscheinlich, daß er auch levitieren kann? (Bei einer weiteren Testreihe in Vero Beach, am 11. Dezember 1986, verbog

Sugleris psychokinetisch Besteckteile und Münzen selbst in den Händen anderer Anwesender und in einem verschlossenen Gefäß; brachte Glühbirnen zum Platzen; erzeugte Risse auf der Innenseite eines versiegelten Glasbehälters – und Blasen auf einem Tischtennisball.)

Außerdem: Auch Skepsis braucht Gründe. »Welche Evidenzen haben wir denn für eine denkbare Täuschung?«, fragt der Psychiater. »Was haben die Betreffenden davon? Wie brachten sie das technisch zuwege? Warum stoßen wir in den Augenzeugenberichten nicht auf die geringsten Unstimmigkeiten?«

»WUNDER SIND MEINE VISITENKARTE«
Indischer Heiliger überzeugt Parapsychologen

In einem kleinen südindischen Dorf lebt ein Mann, der von sich behauptet, ein »Avatar«, eine Verkörperung Gottes zu sein: Sathya Sai Baba. Zum Beweis läßt er Gegenstände verschwinden oder zaubert sie aus dem Nichts herbei, teleportiert seinen Körper an weit entfernte Orte, heilt schwerste Krankheiten. Alles Schwindel, glaubte ein namhafter isländischer Wissenschaftler – bis ihn Sai Baba selbst eines Besseren belehrte.

»Wenn Sie wirkliche Wunder erleben wollen, müssen Sie Sai Baba besuchen«, hörte der isländische Parapsychologe Erlendur Haraldsson von der Universität Reykjavik immer wieder, als er in Nordindien nach Nahtodeserlebnissen forschte. Ungläubig, aber neugierig reiste er nach Puttaparthi, einem kleinen, abgelegenen Dorf in einer hügeligen, mit Steinen und Kakteen übersäten Steppenlandschaft, drei Autostunden nördlich von Bangalore – ins Ashram »Prasanthi Nilayam« (Ort des höchsten Friedens) des heute 63jährigen, den Millionen Inder als Gott verehren.

Mehrere Swamis hatte Haraldsson zuvor schon als raffinierte Trickkünstler entlarvt; um so argwöhnischer beobachtete und befragte er den »Avatar« – und traute seinen Augen nicht.[96] »Mit einer schlichten Handbewegung läßt Sai Baba beliebige Objekte erscheinen und verschwinden: seien es Nahrungsmittel wie Obst, Fleisch und Süßigkeiten, manchmal sogar komplette Mahlzeiten, seien es Schmuckstücke oder *›Vibuti‹*, heilige Asche – und das täglich dutzendmal.«

Dieser Asche, die Sai Baba während seiner Prozession nach Belieben in schier endlosem Strom aus Hand, Mund, Füßen oder Gefäßen herausquellen läßt, schreiben seine Anhänger magische Heilkräfte zu. »In Bangalore, Bombay, Kalkutta, Madras und nahezu jeder Stadt Indiens, in der ich mich umsah, stieß ich in Privatwohnungen auf Schreine mit einem Bild von Sai Baba, das mit Vibuti bedeckt ist« – manchmal sowohl vor als auch hinter dem Glas. Wie kam die Asche dorthin? Haraldsson sprach »mit zwei hochqualifizierten Wissenschaftlern am renommierten *All India Institute of Science* in Bangalore, Dr. Battacharya und Dr. Venkatessan«; beide bezeugten, sie hätten unabhängig voneinander erlebt, daß sich wie aus dem Nichts Asche auf Sai Babas Fotos bildete.

Als Haraldsson, von dem bekannten Sterbeforscher Dr. Karlis Osis begleitet, Sai Baba erstmals besuchte, materialisierte der Heilige als Begrüßungsgeschenk »einen wundervollen goldenen Ring«; er umschloß einen großen Stein, in den ein ovales Farbbild von Sai Baba eingraviert war. »Unentwegt versuchten wir Sai Baba zu überreden, eine derartige Wunderkraft in kontrollierten Experimenten wissenschaftlich zu beweisen. Damit verärgerten wir ihn zunehmend. Plötzlich sagte er: ›Seht euren Ring an!‹ Der Stein war verschwunden. War er einfach herausgefallen? Unmöglich; dazu war er zu fest eingefaßt gewesen. Trotzdem suchten wir vorsichtshalber den ganzen Boden ab – vergeblich. ›*Das* war mein Experiment‹, lächelte Sai Baba.«

Einem der berühmtesten Trickkünstler der Welt, dem New Yorker Magier Douglas Henning, führte Osis mehrere Filme über Sai Babas wundersame Kräfte vor. Vieles davon könne er unmöglich reproduzieren, erklärte der Magier staunend: »Das übersteigt meine Fähigkeiten.«

Neben Belegen für präkognitive und hellseherische Fähigkeiten fand Haraldsson Hinweise auf zwei weitere phantastische Gaben, die Sai Baba nachgesagt werden: Er soll »die Geheimnisse des Herzens lesen« und in die Träume anderer eindringen können. Haraldsson ermittelte zumindest einen Zeugen dafür, der ihm glaubwürdig erscheint: Gopal Krishna

Yachendra, den jüngeren Sohn des Radschas von Venkatagiri. Von Sai Baba tief beeindruckt, hatte Gopals Vater den Heiligen 1950 in seinen Palast eingeladen, der rund 370 Kilometer von Puttaparthi entfernt liegt. Einer alten Sitte gemäß hatte ein Familienmitglied jeden Besucher von dessen Wohnort abzuholen und zum Palast zu begleiten. Die Wahl fiel auf Gopal. Doch der weigerte sich: »Was gehen mich irgendwelche Babas, Gurus oder Swamis an?«

In der darauffolgenden Nacht hatte Gopal »einen lebhaften Traum von Sai Baba: Er reichte mir zwei Mangofrüchte. Mangos genieße ich über alles, und diese schmeckten vorzüglich.« Gopal erwachte mit dem plötzlichen starken Wunsch, sofort nach Puttaparthi aufzubrechen. Als er ankam, empfing ihn Sai Baba mit den Worten: »Du wolltest nicht hierher – aber diese beiden Mangos brachten dich doch noch dazu.« Wie Gopal beschwört, hatte er zuvor niemandem seinen Traum erzählt.

Auch einem berühmten Fall von Teleportation und Wunderheilung gingen die Wissenschaftler sorgfältig nach. Am 13. und 24. Dezember 1964 soll Sai Baba der todkranken Sailaja erschienen sein, der achtjährigen Tochter des Direktors einer Gesangsschule in Manjeri, einem Ort im Südwesten Indiens. In den Nächten zuvor habe Sailaja flehentlich um Hilfe gebetet. Sai Baba habe sie geheilt, ihr mehrere Geschenke materialisiert, mit ihr gegessen. 40 Augenzeugen beschworen das. Zehn von ihnen konnte Haraldsson ausfindig machen: »Ihre Berichte stimmten in allen wichtigen Hinsichten überein.« Er forschte nach: Zur selben Zeit hatte sich Sai Baba nachweislich im Palast von Venkatagiri aufgehalten, »auf der anderen Seite der indischen Halbinsel«.

»Wie machen Sie das alles?«, wollte Haraldsson wissen. Sai Baba antwortete mit einem Gleichnis: »Wir alle sind wie Streichhölzer. Auf meinem brennt eine Flamme – das ist der einzige Unterschied zwischen uns.«

»Wunder sind meine Visitenkarte«, spielt Sai Baba lapidar herunter, was er wie selbstverständlich produziert. Sie sollen auf ihn aufmerksam machen, eine erste vage Ahnung von seiner Größe vermitteln – doch letztlich über ihn hinausweisen, auf spirituelle Wahrheiten, auf die er immer wieder zu sprechen kommt. Daß er *ihretwegen* vergöttert wird, stört ihn. Zu eigens arrangierten »Demonstrationen« läßt er sich von niemandem drängen – auch von Haraldsson nicht.

Sai Babas Wunder seien »einmalig, in ihrer Vielfalt ebenso wie in der Anzahl der Augenzeugen«, schließt Haraldsson seinen Forschungsbericht, den er auf nicht weniger als acht Studienreisen zwischen 1973 und 1983 stützt. »Ich fand nicht die geringsten Anhaltspunkte für Betrug und Täuschung.« Nur Sai Baba selbst tue als »Kleinigkeiten« ab, wozu er fähig ist: »Viel schwieriger ist es, dein Herz zu ändern«, erklärte er dem Wissenschaftler.

Am 23. November 1926 als Sohn eines armen, frommen Paars in Puttaparthi geboren, soll sich um Sai Baba schon vom ersten Tag an Wundersames zugetragen haben. Als er zur Welt kam, fingen Musikinstrumente im Haus angeblich von selbst zu spielen an. Einen Tag später, am 24. November, rief im rund 500 Kilometer entfernten Pondicherry der berühmte Philosophy, Yogi und Freiheitskämpfer Sri Aurobindo seine Schüler zusammen, so heißt es: Ihm habe sich offenbart, daß das göttliche Bewußtsein zur Erde herabgestiegen sei. Vom selben Tag an zog sich Sri Aurobindo ganz aus der Öffentlichkeit zurück – bis er im Dezember 1950 starb.

Schon als Fünfjähriger wurde Sai Baba wegen seiner Weisheit und Wunderkraft als »Guru« (Lehrer) verehrt. Mit 14 Jahren erklärte er, die Reinkarnation eines großen indischen Heiligen gleichen Namens zu sein, der im vorigen Jahrhundert im mittelindischen Dorf Shirdi wirkte und 1918 starb. Sai Babas Wundertaten und Heilslehren locken jährlich Hunderttausende an, die bei ihm Rat, Trost, Hilfe, Heilung und Unterweisung suchen – oder ihn einfach bei seinen Rundgängen *(darshan)* erleben wollen. Allein zu seinem 60. Geburtstag kamen fast eine Million Besucher. Selbst Regierungschefs wie der italienische Ministerpräsident Benito Craxi erwiesen ihm schon ihre Reverenz. Sai Babas Reden und Aufsätze füllen mittlerweile über 30 Bücher. »Seid in der Welt, aber laßt die

Welt nicht in euch hinein. Reduziert eure Wünsche!« Das ist für Sai Baba »der Weg zum Glücklichsein«, den er konsequent vorlebt. In Indien gründete er mehrere Kliniken und ärztliche Versorgungsstellen, in denen Kranke behandelt werden – kostenlos.

IV
ERLEBNISSE IN TODESNÄHE

STERBENDE KINDER BLICKEN INS »JENSEITS«

Sich vom Körper loslösen, frei im Raum schweben, ihn von einem Punkt außerhalb betrachten – solche Visionen in Todesnähe erleben nicht nur Erwachsene. Fünf amerikanische Ärzte fanden sie schon bei kleinen Kindern, die in Lebensgefahr schwebten.

»Das war komisch. Ich schwebte über meinem Körper, und plötzlich wurde ich in mich zurückgezogen.« So schildert ein elfjähriger Junge seltsame Erlebnisse während eines Herzstillstands, den er im Foyer eines Kinderkrankenhauses in Seattle im US-Bundesstaat Washington erlitt. Unter der Decke des Behandlungsraums schwebend, habe er zugeschaut, wie Ärzte und Krankenschwestern seinen reglosen Körper wiederzubeleben versuchten.

Ein Einzelfall? Oder kommen derartige »Nahtodeserlebnisse«, wie deutschsprachige Sterbeforscher den Fachausdruck *near-death experiences* (kurz: *NDEs*) schwerfällig übersetzen, bei Kindern häufiger vor?

Die spärlichen Untersuchungen darüber konzentrierten sich lange Zeit auf wenige bekanntgewordene Einzelfälle; Verallgemeinerungen erübrigten sich. Zwar finden sich in den Archiven der »Internationalen Gesellschaft für Nahtodesforschung« (IANDS) an der Universität von Storr (US-Bundesstaat Connecticut) Dutzende von solchen Erlebnisberichten; doch stammen sie ausnahmslos von Erwachsenen, die Rückschau hielten – bis zu 65 Jahren nach einem NDE. »Auch wenn die Schilderungen durchweg lebendig und anschaulich ausfielen, sind sie doch zwangsläufig durch das Erwachsenenbewußtsein gefiltert«, bemängelt Nancy Evans Bush, Herausgeberin der IANDS-Vierteljahreszeitschrift *Vital Signs* (»Lebenszeichen«). Erst 1983 gingen bei ihrer Gesellschaft die ersten *aktuellen* Berichte von zwei Müttern ein: Deren Kinder sollen typische Nahtodesvisionen erzählt haben, nachdem sie beinahe ertrunken waren.[97] Im selben Jahr veröffentlichte die Schweizer Sterbeforscherin Elisabeth Kübler-Ross mehrere NDE-Berichte von sterbenden Kindern.[98] Kurz darauf analysierten die beiden Amerikaner Glen Gabbard und Stuart Twemlow, Psychiater an der Menninger-Klinik in Topeka (Kansas), drei Fälle von NDE-erfahrenen Kindern zwischen fünf und sieben Jahren.[99]

Doch die allererste veröffentlichte Fallstudie überhaupt stammt von Melvin Morse, einem amerikanischen Facharzt für Pädiatrie an der Universität von Seattle (US-Bundesstaat Washington) und der angeschlossenen Kinderklinik: Ein siebenjähriges Kind schilderte ihm 1983 eine Sterbevision.[100] Der Fall faszinierte ihn. Mit vier Kollegen begann er die erste systematische Untersuchung an einer größeren Stichprobe; statt sich auf Erzählungen von Eltern oder Kindheitserinnerungen von Erwachsenen zu verlassen, entschlossen sich die Ärzte zu *direkten* Befragungen.[101] Dazu sichteten sie Krankenberichte von 202 kleinen Patienten zwischen drei und 16 Jahren, die zwischen 1978 und 1984 schwerkrank in der Seattle-Klinik behandelt worden waren. Dabei stießen sie auf elf »kritische« Fälle: Kinder, die mit knapper Not lebensgefährliche Unfälle oder Krankheiten überstanden hatten. So war ein Kind von einem Auto überfahren worden, zwei wären beinahe ertrunken; ein weiteres litt unter extrem überhöhtem Blutzukker.

In stundenlangen Interviews, durchgeführt im Elternhaus, schälte sich ein typisches »Kern«-Erlebnis in Todesnähe heraus, wie es bereits aus Untersuchungen Tausender von reanimierten Erwachsenen bekannt ist.[102] Die Hälfte bis zwei Drittel der Menschen, deren Leben am seidenen Faden hing und im letzten Augenblick gerettet wurde, erlebt das Gefühl,

* den Körper zu verlassen;
* ihn von einem Punkt außerhalb zu betrachten;
* einen langen, dunklen Raum zu durchdringen, oft einen Tunnel, manchmal auch ein Tal, eine Höhle, einen Schacht oder einen Zylinder.
* abrupt in den Körper zurückzukehren.

Die gleichen Bilder drängen sich schon Kindern in Lebensgefahr auf. Einer außerkörperlichen Erfahrung entsannen sich immerhin sieben der elf Befragten: darunter ein sechsjähriger Junge, dessen Herz während einer Mandeloperation und unmittelbar danach dreimal stillstand, wobei die Körpertemperatur innerhalb weniger Minuten auf Werte über 41 Grad Celsius anstieg. Über seinem Körper »schwimmend«, habe er die Ärzte um sein Bett stehen sehen. »Ich hatte einen Schlauch im Mund.« Gleichfalls über sich selbst »schwebte« eine Zwölfjährige, die an einem Bronchospasmus, einem Krampf der Bronchialmuskulatur, beinahe erstickt wäre. An zwei Doktoren, die grüne Operationsmasken trugen, erinnerte sich auch noch ein achtjähriges Mädchen; mit extrem überhöhtem Blutzucker – 2398 Milligramm auf hundert Milliliter Blut – war es im Koma auf die Intensivstation gebracht worden. »Von oben« sah es zu, »wie ich in ein Gefäß pinkeln mußte«.

Am genauesten erinnert sich ein elfjähriger Junge, Opfer des »Sick-Sinus-Syndroms«, bei dem der physiologische Schrittmacher des Herzens versagt: der Sinusknoten, ein Haufen Muskelgewebe im rechten Vorhof, von dem die normalen Kontraktionsreize des Herzens ausgehen. »Ich hatte ein Gefühl im Bauch, wie wenn man mit dem Auto über einen Hügel fährt und der Magen einem wegsinkt«, erzählt er. Dann habe es in seinen Ohren seltsam gerauscht, er hörte Stimmen um sich herum. Plötzlich schwebte er »nach oben, die Zimmerdecke kam immer näher«. Von dort habe er seinen Körper betrachtet, der in ein sanftes Licht getaucht gewesen sei. In allen

Einzelheiten schildert er die hektischen Bemühungen, ihn zunächst durch Mund-zu-Mund-Beatmung wiederzubeleben. Als das nicht gelang, habe eine Krankenschwester seinen Körper »mit etwas Fett eingerieben« und dabei gesagt: »Ich wünschte, wir müßten das nicht tun ...« Dann habe sie »dem Arzt einige Paddel gegeben«, die auf seinen nackten Oberkörper gelegt worden seien. »Als der Arzt den Knopf drückte, war ich plötzlich wieder in meinem Körper.« Es habe fürchterlich weh getan, als der elektrische Strom durch seinen Körper schoß; bis heute noch quäle ihn dieser Schmerz in Alpträumen.

Fünf der kleinen Patienten erinnern sich, anschließend »ins Dunkel« gegangen zu sein, vier fanden sich in einem »Tunnel« wieder. »Ich weiß nicht, wo ich ging und warum«, erzählt ein Sechsjähriger. »An den Seiten leuchtete es in allen Farben, wie die Lichter auf einem Flughafen.« Um einen 16jährigen Patienten mit chronischem Nierenversagen blitzten »helle, klare Lichter in allen Farben des Regenbogens«. »Ich wollte unbedingt bis ans Ende des Tunnels kommen – aber es ging nicht.« Unmittelbar nach einem Herzstillstand hatte ein 15jähriger seinen Eltern »ein wunderbares Geheimnis zu erzählen. Ich bin eine Leiter zum Himmel emporgestiegen.«

Drei Kinder entschieden sich ganz bewußt, in ihren Leib »zurückzukehren«. »Es war noch nicht Zeit für mich zu sterben«, flüsterte ein 15jähriger, kurz nachdem er wieder erwacht war.

Anders als Erwachsene tragen die Kinder allerdings keine langen, detaillierten Geschichten vor, wie Melvin Morse feststellte. Durchweg bleibt es bei bruchstückhaften Erinnerungen an sehr konkrete Eindrücke innerhalb weniger Augenblicke. Auch entsinnt sich kein Kind eines »Lebensrückblicks«, einer »Loslösung« von der Welt oder einer Zeitverschiebung; keines berichtet vom Gefühl einer »Mission«, wie es viele Ältere ergreift. Ebensowenig kommt es zu »Depersonalisationen«, wie sie reanimierte Erwachsene häufig schildern: Dabei wird das Bewußtsein der eigenen Persönlichkeit stark beeinträchtigt oder geht verloren; das eigene Ich scheint traumhaft unwirklich, mit dem All förmlich zu »verschmelzen« und in ihm aufzugehen. Und während Erwachsene gewöhnlich verstorbene Verwandte und Freunde, »geistige Helfer« oder »Wesen aus Licht« zu treffen meinen, kommt in den kindlichen Sterbevisionen dergleichen nur ausnahmsweise vor. Zwei Kinder »begegneten« ihren Schulkameraden und Lehrern. Ein 16jähriger traf ein »gut zweieinhalb Meter« großes Wesen »mit langem Haar und weißem Gewand«. »Christus war es nicht, es könnte aber ein Engel gewesen sein, der mich zu Christus mitnahm.« Auch das Gefühl völliger Ruhe, Harmonie und Geborgenheit bei sterbenden Erwachsenen fehlt den Kindern weitgehend: Nur zwei empfanden ihren Zustand als »friedlich«, eines als »angenehm«; zwei weitere Kinder jedoch fühlten eher Furcht und Schmerz.

Solche Unterschiede lenken aber leicht von der erstaunlichen Gemeinsamkeit ab: der *»Kern-Erfahrung«* des nahen Todes; sie scheint für alle Generationen annähernd gleich. Abweichungen, so vermuten die Ärzte, ergeben sich wohl daraus, daß »dieser Kern mit altersgemäßen Symbolen umgeben und ausgestaltet wird, im Bemühen, daraus Sinn zu machen«. So gehöre es eben eher zum geistigen Entwicklungsstand von Fünfzig- als von Fünfjährigen, »Rückschau« auf ihr Leben zu halten. Ein ähnliches Phänomen zeigt sich bei Halluzinationen im Meskalinrausch: In klinischen Labortests löst auch Meskalin stets ein Kernerlebnis aus, das die jeweiligen Versuchspersonen dann individuell ausschmücken, je nach ihrem gesellschaftlichen und kulturellen Hintergrund, ihren Einstellungen, Erwartungen und Überzeugungen.

Plappern die Kinder bloß nach, was sie über das Sterben aus Presse, Rundfunk und Fernsehen oder aus Gesprächen in ihrer Familie aufgeschnappt haben? Morse hakte nach. Doch bis auf eine Ausnahme hatten die Kleinen nie zuvor von »Nahtodeserlebnissen« gehört. Keines war von seinen Eltern darin bestärkt worden; nur zwei hatten ihnen davon überhaupt erzählt. Drei Kinder hatten bis jetzt ganz für sich behalten, was sie erlebten.

Haben sie ihre Interviewer belogen, sich in Phantasien hineingesteigert – oder halluziniert? Immerhin waren alle Kinder auf der Intensivstation vorübergehend unter Narkose; alle waren erheblichem Streß ausgesetzt. Beides begünstigt Wahnvorstellungen. Alle litten Todesängste – produzierten sie bloß eine Fluchtphantasie, die diese Angst reduzierte? Rühren ihre Nahtodeserlebnisse am Ende *daher?* »Dafür stimmen die einzelnen Berichte zu frappierend überein«, meint Morse. Dagegen spricht auch, daß die Kinder ihre Umgebung nicht im geringsten verzerrt wahrnahmen, als sie zeitweilig aus ihrem Körper »austraten«. Oft gaben sie minuziös wieder, was unterdessen im Behandlungsraum mit ihnen geschah. Zudem hat die klinische Literatur über Kindheitshalluzinationen bislang nirgendwo Erlebnisse der Art dokumentiert, die Morses kleine Patienten schilderten.[103]

Um ganz sicherzugehen, untersuchte das Ärzteteam eine Kontrollgruppe von weiteren 29 Kindern im gleichen Alter, die ebenfalls in der Intensivstation des Krankenhauses gelegen hatten. Von den elf »kritischen« Fällen unterschied sie bloß eines: Ihre Krankheiten waren zwar schwer, aber nicht lebensbedrohlich gewesen. So litten vier an Epiglottis, einer entzündlichen Auftreibung des Kehldeckels, die Atemstörungen auslöst; zehn waren mit einem Schädel-Hirn-Trauma eingeliefert worden, schweren Kopfverletzungen mit Verdacht darauf, daß das Gehirn mitbetroffen war. *Keines* von ihnen entsann sich ähnlicher Erlebnisse wie die Kinder, die ernstlich bedroht gewesen waren. Die Mediziner betrachten dies als Hinweis darauf, daß Sterbevisionen tatsächlich erst aus der akuten Lebensgefahr erwachsen – und nicht als bloßes Krankheitssymptom abzutun sind.

Sind die Visionen *echt:* wirkliche Fälle von außersinnlicher Wahrnehmung einer anderen, höheren Wirklichkeit? Darin bleiben die Ärzte skeptisch. Sie verweisen auf Versuche des großen amerikanischen Neurologen Wilder Penfield:[104] Als er bestimmte Hirnbereiche seiner Patienten – Nervenzentren in den Schläfenlappen des Großhirns – mit leichten Stromstößen reizte, erzeugte er dadurch ebenfalls einen intensiven Eindruck, man verlasse seinen Körper und betrachte ihn von außerhalb.

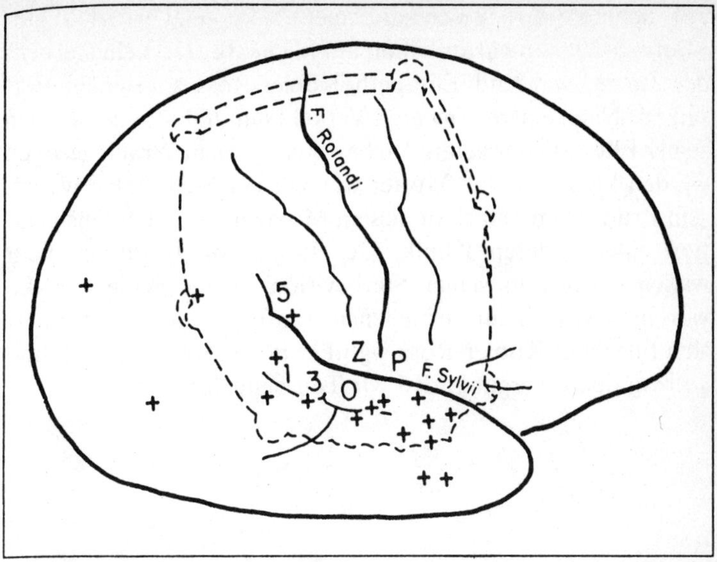

Abb. 12: Nahtodeserlebnisse als Epiphänomene von Hirnreizungen? Zahlen und Buchstaben zeigen Bereiche im Schläfenlappen an, deren elektrische Stimulation Eindrücke erzeugt, sich außerhalb des Körpers zu befinden. Pluszeichen markieren Stellen, deren Reizung Halluzinationen hervorruft. (Aus: W. Penfield/T. Rasmussen, *The Cerebral Cortex of Man: A Clinical Study of Localization of Function;* New York 1950, von Melvin Morse übernommen, um seine physiologische Theorie von Nahtodeserlebnissen zu veranschaulichen.)

Inzwischen kennt man zwei Dutzend solcher Reizpunkte (s. Abbildung 12). Ein sterbendes Gehirn könnte die gleichen Hirnpartien selbst elektrisch stimulieren – vielleicht zu dem Zweck, Todesangst abzubauen.

Reine Kopfgeburten also? Aber wie könnten dann Wiederbelebte von eingebildeten Astralwanderungen exakte Beschreibungen mitbringen, was unterdessen mit ihrem bewußtlosen Körper geschah? Wie registriert das ein Gehirn, dem die Sinne nichts mehr vermitteln? Das bleibt auch Melvin Morse schleierhaft.

Ob echt oder eingebildet – den Kindern selbst nehmen solche Erlebnisse jedenfalls jegliche Furcht vor dem Sterbenmüssen, den Schmerz des Abschiednehmens. »Ja, jetzt ist alles gut. Mami und Peter warten schon auf mich«, flüsterte ein sterbender Junge, während Elisabeth Kübler-Ross an seinem Bett saß.[105] Nach einem schweren Verkehrsunfall hatte der Wagen seiner Eltern Feuer gefangen, bevor er aus dem Wrack gezogen werden konnte. Seine Mutter war auf der Stelle tot gewesen, sein Bruder Peter starb in diesem Moment auf der Intensivstation einer anderen Klinik. Der Junge konnte davon nicht wissen – doch in seiner Sterbevision sah er beide auf ihn warten. »Mit einem zufriedenen, sanften Lächeln«, erinnert sich Elisabeth Kübler-Ross, »glitt er in das Koma zurück und vollzog den Übergang, den wir Tod nennen.«

INDER STERBEN ANDERS

Inder sterben anders, fand der amerikanische Reinkarnationsforscher Ian Stevenson: Ihre Jenseitsvisionen passen schlecht zu dem, was sterbende oder reanimierte Europäer und Amerikaner »erlebt« haben wollen. Also sind »Nahtodeserfahrungen« unwirklich, weil kulturabhängig? Vor diesem Schluß warnt Stevenson nachdrücklich.

»Zwei Personen ergriffen mich und nahmen mich mit«, schildert der 54jährige Vasudev Pandey aus einem Dorf in Nordindien, was er als zehnjähriger Junge erlebt haben will. Auf dem Höhepunkt einer beinahe tödlichen paratyphoiden Erkrankung war er damals drei Tage lang bewußtlos gewesen. Die beiden Fremden führten ihn einem schwarzhäutigen Mann vor, der »furchterregend aussah« und »keinerlei Kleidung trug«. »Wütend sprach er zu meinen Begleitern: ›Ich trug euch auf, Vasudev, den Gärtner zu holen. Ihr aber brachtet mir Vasudev, den Schüler!‹« Also wurde er »abgewiesen« – und »erlangte das Bewußtsein wieder«.

Vasudevs Fall ist typisch für 16 Nahtodeserlebnisse aus Indien, auf die Ian Stevenson, Professor für Psychiatrie an der Universität Charlottesville (US-Bundesstaat Virginia), im Lauf seiner Reinkarnationsforschungen stieß. Auf der Suche nach Kindern, die sich an angeblich frühere Leben erinnerten, wurde der Parapsychologe immer wieder von neugierigen Dorfbewohnern bedrängt: »Interessieren Sie sich auch für Leute, die sterben und zurückkommen?« Sofort hakte Stevenson nach. Unterstützt von seinem indischen Kollegen Satwant Pasricha, einem klinischen Psychologen am »National Institute für Geistige Gesundheit und Neurowissenschaften« in Bangalore, suchte er zehn NDE-Erfahrene persönlich auf; über sechs weitere, die verstorben oder unbekannt verzogen waren, sammelte er Auskünfte von nahen Angehörigen, Freunden und Nachbarn.[106]

Abb. 13: Der amerikanische Psychiater und Parapsychologe Ian Stevenson, Professor an der Universität von Virginia in Charlottesville. Seine dreißigjährige Forschung an Kindern, die sich an ein früheres Leben zu erinnern glauben, trug dazu bei, die uralte Lehre von der Wiedergeburt auf das Niveau einer wissenschaftlichen Theorie zu bringen.

Was Vasudev berichtete, bekam Stevenson immer wieder zu hören: 75 Prozent der Untersuchten wollen von »Boten« oder »Gesandten« abgeholt, mitgenommen und einem höheren Wesen vorgeführt worden sein. Von diesem »Höheren« heißt es häufig, er ziehe ein »Buch« zu Rate, in dem der »Lebensbericht« des Betreffenden aufgezeichnet sei. In 62 Prozent der Fälle stellt sich dabei eine »Verwechslung« heraus. Der irrtümlich Vorgeführte wird daraufhin von den Boten in sein irdisches Dasein »zurückbegleitet«, manchmal auch schroff »zurückgestoßen«, worauf er wiedererwacht. Das »Versehen« scheint dabei meist geringfügig: Oft ist der »Entführte« mit einer gleichnamigen Person aus einer anderen Kaste oder einem Nachbarort verwechselt worden, dessen Stunde gekommen war.

Im Gegensatz dazu wissen reanimierte Amerikaner, wenn sie von Sterbevisionen berichten, gewöhnlich keinerlei Grund dafür anzugeben, *wieso* sie dem Tod mit knapper Not entronnen sind.[107] Allenfalls erwähnen sie bisweilen, sie seien aus eigenem Entschluß »zurückgekehrt«, oft aus Liebe zu Familienangehörigen. Manchmal werden sie auch von Verstorbenen »zurückgeschickt«, die ihnen klarmachen, ihre Zeit sei noch nicht gekommen. Doch aus der westlichen Welt ist bisher kein einziges Nahtodeserlebnis bekannt geworden, in dem »Gesandte« und »Verwechslungen« vorkamen. Aus asiatischen Ländern außerhalb Indiens dagegen wurden ebenfalls schon derartige Sterbevisionen berichtet: so aus Thailand[108] und der Türkei.[109]

Auch sieht kein Inder seinen physischen Leib von außerhalb, während 65 Prozent der Amerikaner in Todesnähe eine derartige »außerkörperliche Erfahrung« machen.

Ebensowenig entsannen sich die Inder aus Stevensons Stichprobe eines »Lebensrückblicks« im Zeitraffer – dagegen jeder vierte Amerikaner.

Auch erwähnen 27 Prozent der Inder bleibende *körperliche Male,* die sie von der Kurzreise ins Jenseits davongetragen haben wollen. Manche scheinen davon bis heute gezeichnet. So wies der 79jährige Mangal Singh, den Stevenson im März 1983 traf, am linken Arm eine seltsame Narbe auf, seit er fünf Jahre zuvor, todkrank, »versehentlich« ins Jenseits mitgenommen worden war. Dort sah Mangal »zwei große Töpfe, in denen Wasser kochte, obwohl nirgends Feuer war. Der Mann (dem ich vorgeführt wurde) stieß mich mit seiner Hand und sagte: ›Du solltest besser verschwinden und zurückgehen.‹ Als er mich berührte, wurde mir plötzlich bewußt, wie glühend heiß seine Hand war. Jetzt war mir klar, weshalb das Wasser kochte. Die Hitze kam aus seinen Händen. Als ich das Bewußtsein wiedererlangte, spürte ich in meinem linken Arm ein starkes Brennen.« Ein blutiges Geschwür bildete sich. Ein Arzt behandelte es mit Salbe. Innerhalb weniger Tage klang es ab – doch bis heute blieb eine Narbe, die wie eine schlecht verheilte Brandwunde aussieht.

Ebenso verblüffte den Psychiater der 50jährige Durga Jatav. Anfang zwanzig wäre Durga beinahe an Typhus gestorben. »Als mein Körper kalt wurde, glaubte meine Familie schon, ich sei tot.« Doch nach drei Tagen erwachte er aus dem Koma – und erzählte die Geschichte seines metaphysischen Kidnappings: Zehn Fremde hätten ihn mitgenommen. Als Durga zu fliehen versuchte, schnitten sie ihm beide Beine ab, bis zu den Knien. Nachdem das höhere Wesen bemerkte, daß Durga nicht »auf seiner Liste stand«, wollte es ihn »zurückschicken«.

»Wie soll ich gehen?«, fragte Durga. »Ich habe doch keine Beine mehr!«

Daraufhin habe man ihm mehrere paar Beine gezeigt. Als er seine eigenen erkannte, wurden sie ihm irgendwie wieder »angesetzt«. Dazu bekam er die Anweisung mit auf den Weg, er dürfe seine Knie nicht beugen, damit sie verheilen können.

Wie Durgas Schwester und ein Nachbar bezeugten, bildeten sich ein paar Tage nach Durgas Erwachen auf seinen Knien seltsame Male. Sie sahen wie tiefe Schnittwunden aus – und verschwanden bis heute nicht. Allerdings zeigten sich unter der Haut keinerlei Läsionen, als Stevenson sie röntgen ließ.

Viele Besonderheiten indischer Nahtodeserlebnisse wurzeln zweifellos in einer uns fremden Kultur, räumen Stevenson und Pasricha ein. So sei Yamraj, der König der Toten, im Hinduismus eine ebenso vertraute Gestalt wie seine »Boten«, die Yamdoots, und der »Mann mit dem Buch«, Chitragupta. Dessen Aufzeichnungen sollen sämtliche Taten einer Seele im Laufe ihres letzten Erdenlebens enthalten; die Bilanz entscheidet, wie es der Seele bis zu ihrer nächsten Inkarnation ergeht. Dem passen sich Nahtodeserlebnisse »westlicher« Menschen an, sobald sie mit indischer Kultur intensiv in Berührung gekommen sind. (Die Thanatologen Osis und Haraldsson konnten dies bei einem schwedischen Missionar in Indien feststellen[110], der Parapsychologe Sandweiss bei einem amerikanischen Schüler des indischen Heiligen Sai Baba[111].)

Kulturelle Einflüsse müssen uns aber nicht daran hindern, Nahtodeserlebnisse wörtlich zu nehmen, warnen die Forscher vor »übereilten reduktionistischen Schlüssen«:

Was »Zurückgekehrte« berichten, ist ja nie eine *»reine* Anschauung« – sonder eine *interpretierte,* in Begriffe gefaßte, die aus unterschiedlichen Überzeugungssystemen stammen. Der phänomenologische *Inhalt* solcher Erfahrungen kann in Ost und West trotzdem sehr ähnlich ausfallen.[112] Warum sollte dieser Inhalt nicht durchaus paranormale Anteile aufweisen können: außersinnliche Wahrnehmungen einer »jenseitigen« Wirklichkeit?

Viele Merkmale fernöstlicher Sterbeerlebnisse sind außerdem gar nicht so fremd, wie sie westlichen Forschern zunächst erscheinen. Auch aus Europa kennt Stevenson zahlreiche gut dokumentierte Fälle von Erscheinungen[113] und telepathischen Eingebungen[114], in denen ein Sterbender oder schon Verstorbener einem Lebenden eine »Botschaft« zu überbringen scheint; oft »schickt« er geradezu nach einer Person, die er liebt oder benötigt. »Was amerikanische von indischen Fällen unterscheidet, ist lediglich der *Typ* von entkörperter Person, der dem Sterbenden begegnet«, stellt Stevenson klar: »Für Amerikaner ist es gewöhnlich ein verstorbener Angehöriger oder Freund; für Inder ist es gewöhnlich der Gesandte des Totengotts.«

Machen solche Abweichungen die »Welt danach« wirklich irreal? Diesen Schluß macht Stevenson nicht mit: »Falls wir den Tod überleben und in einem jenseitigen Reich weiterexistieren, so sollten wir durchaus auf Variationen innerhalb jenes ›Jenseits‹ gefaßt sein, wie wir sie ja auch in unterschiedlichen Teilen *dieser* Welt vorfinden.« Auch ein Besuch in Delhi werde schließlich nicht dadurch »unwirklich«, daß er grundlegend anders verläuft als ein Besuch in New York. Warum sollten die Einstellungen, Überzeugungen und Fähigkeiten, die wir zu Lebzeiten haben, nicht *mitbestimmen,* welches Schicksal uns nach unserem Tod bevorsteht? Schon *Bardo Thödol,* das »Tibetanische Totenbuch«, rechnete damit.

Brand- und Schnittwunden allein machen die indischen Jenseitsentführungen allerdings wenig glaubhaft, auch wenn sie noch so dramatisch dazu »passen«. Die Kirchengeschichte kennt über 500 Fälle von »Stigmatisierten«, bei denen die

Wundmale Jesu auftraten: Ergebnisse einer übersteigerten Identifikation mit dem Gottessohn, die sich psychosomatisch erklären lassen. Intensive Vorstellungen, Träume und Autosuggestionen können sich körperlich Ausdruck verschaffen; bei vielen Hypnotisierten lassen sich Hautausschläge, Brandblasen und andere Stigmata hervorrufen, indem ihnen entsprechende Verletzungen suggeriert werden. Mediziner würden die Wundmale indischer NDE-Erfahrener denn auch eher als »organische Plastik« oder »psychogenes Exanthem« (wörtl. »Hervorblühung seelischen Ursprungs«) bezeichnen: als somatische Ausprägung übersteigerter Einbildungskraft.

Glaubhaft macht indische Sterbevisionen vor allem eines: Anscheinend *bewahrheiten* sich immer wieder die Todesprophezeiungen, auf die sich wiederbelebte Inder häufig festlegen. Sieben der 16 Befragten identifizierten namentlich die Person, mit der sie »verwechselt« wurden und die statt dessen sterben sollte. Und tatsächlich »kamen in sechs unserer Fälle die Betreffenden zeitgleich mit der Reanimierung des ›Zurückgekehrten‹ um oder kurz darauf«, berichtet Stevenson. »Als ich erwachte«, schilderte ihm Vasudev, der Schüler, »erblickte ich unter den Umstehenden Vasudev, den Gärtner. Er war bei bester Gesundheit. Die Umstehenden hänselten ihn: ›Na, jetzt bist wohl du dran‹.

Am nächsten Morgen war er tot.«

V
REINKARNATION

ERMORDETE: SCHNELLER WIEDERGEBOREN?

Wer gewaltsam ums Leben umkommt, wird wahrscheinlich früher wiedergeboren als jemand, der eines natürlichen Todes stirbt. Darauf deuten Berichte von Kindern hin, die von sich behaupten, sie hätten schon einmal gelebt.

Am 19. Januar 1951 kommt es in Chhipatti, einem Distrikt der nordindischen Stadt Kanauj, zu einem bestialischen Kindermord. Munna Prasad, der sechsjährige Sohn des Friseurs Sri Jageshwar Prasad, wird von seinem Spiel weggelockt. Mit einem Rasiermesser schneiden die Entführer dem kleinen Jungen die Kehle durch, enthaupten die Leiche, vergraben Kopf und Rumpf an verschiedenen Stellen. Als mutmaßliche Mörder werden zwei Nachbarn der Prasads festgenommen: darunter ein Verwandter, der das Kind offenbar aus dem Weg räumen wollte, um selbst zu erben. Der Verdächtige gesteht, widerruft dann aber wieder, nachdem offiziell Anklage gegen ihn erhoben worden ist. Mangels Beweisen wird er schließlich wieder auf freien Fuß gesetzt.

Drei Jahre später beginnt in einem anderen Stadtteil von Kanauj ein kleiner Junge, kaum daß er sprechen kann, von einem früheren Leben als Munna Prasad zu erzählen: Ravi Shankar. Hartnäckig behauptet er, sein »richtiger« Vater sei ein gewisser Jageshwar, schildert Einzelheiten »seiner«, Munnas Ermordung, nennt Mörder, Tatort und Umstände des Verbrechens. Seinen Hals entstellt von Geburt an ein längliches Mal, das ganz wie die alte Narbe einer schlecht verheilten Schnittwunde aussieht. Munnas frühere Lebensverhältnisse kennt er bis ins Kleinste. Wiederholt verlangt er nach dem Spielzeug Munnas, das im Haus seines früheren Lebens liege. Dorthin wolle er gebracht werden, so drängelt Ravi unentwegt – und das, obwohl sein aufgebrachter Vater ihn deshalb mehrfach verprügelt. Als die beiden Familien, die einander völlig unbekannt waren, im Juli 1955 erstmals zusammenkommen, erkennt Ravi spontan »seine« früheren Eltern und Verwandten, Straßen und Häuser, das Zimmer und persönliche Gegenstände wieder. Für Professor Ian Stevenson, den renommierten Psychiater und Parapsychologen von der Universität von Virginia in Charlottesville, gehört Ravi Shankar zu den überzeugendsten von über 2500 Reinkarnationsfällen, denen er seit Ende der fünfziger Jahre mit geradezu detektivischem Spürsinn nachging.[115]

Einem Detail hatte Stevenson zunächst wenig Bedeutung beigemessen: Ravi war nur sechs Monate nach dem Mord an Munna geboren worden.

Ganze sieben Jahre lagen dagegen zwischen dem Tod von Henry Despers senior, einem Fischer aus Dundas Bay im Südosten Alaskas, und der Geburt seines Enkels Norman Despers. Nach vierjähriger Erblindung war Henry 85jährig 1937 gestorben. Als Norman drei oder vier Jahre alt war, »erinnerte« er sich plötzlich an Einzelheiten aus dem Leben seines Großvaters, die ihm unmöglich bekannt sein konnten. Von da an identifizierte er sich völlig mit ihm.[116]

Zufälle? Oder steckt hinter derart unterschiedlichen Zeitabständen zwischen Tod und Wiedergeburt eine tiefere, geheimnisvolle Gesetzmäßigkeit?

Um darüber Klarheit zu schaffen, unterzog Stevenson 326 seiner überzeugendsten Fälle von Kindern, die sich an ein angebliches »früheres Leben« erinnern, einer sorgfältigen statistischen Analyse.[117] Nicht nur in Indien, auch in Burma, Sri Lanka, der Türkei, dem Libanon, Thailand, den Vereinigten Staaten und bei den Tlingit-Indianern Alaskas hatte er sie aufgespürt. In jedem Fall war es ihm gelungen, die Reinkarnationsbehauptungen *unabhängig* zu verifizieren: durch Recherchen vor Ort, in amtlichen Dokumenten, in Gesprächen mit Angehörigen und Bekannten; in jedem Fall hatte er zumindest einige der wichtigsten Informationsquellen ihrerseits auf ihre Verläßlichkeit hin überprüfen können; in jedem Fall war die frühere Persönlichkeit nachweislich gestorben, *ehe* seine mutmaßliche »Reinkarnation« zur Welt kam.[118]

Alle diese Kinder hatten ihm genau angeben können, wann und unter welchen Umständen sie in ihrer letzten Verkörperung umgekommen waren. Als Stevenson jetzt ihre Angaben mit ihren Geburtsdaten verglich, fielen ihm deutliche Unterschiede auf: Nach einem *natürlichen* Tod dauerte es durchschnittlich sechs Jahre, bis die Kinder wiedergeboren wurden; diejenigen aber, die *gewaltsam* ums Leben gekommen waren – sei es durch ein Verbrechen oder einen Unfall, im Krieg oder bei einer Naturkatastrophe –, waren im Schnitt schon nach dreieinhalb Jahren »zurückgekehrt«[119]:

Durchschnittlicher Zeitabstand zwischen dem Tod der früheren Person, mit der sich ein Kind identifiziert, und der Geburt dieses Kindes (in Monaten)

LAND	bei *natürlichem* Tod	Zahl der untersuchten Fälle	bei *gewaltsamem* Tod	Zahl der untersuchten Fälle
Indien	61	59	22	49
Burma	41	26	34	22
Sri Lanka	45	14	78	14
Türkei	20	7	14	25
Libanon	30	13	13	29
Thailand	64	11	51	16
USA	254	5	97	8
Alaska (Tlingit-Indianer)	69	18	65	10
insgesamt	73	153	47	173

»Dies entspricht genau der Lehre des Hinduismus«, stellt Stevenson fest: »Die Inder betrachten jeden gewaltsamen Tod als verfrüht, als vorzeitigen Schlußstrich unter ein Leben, dessen Aufgaben noch nicht erfüllt waren.« Entsprechend stärker soll es die Seele danach drängen, ihr Werk auf Erden fortzusetzen – in einem neuen Körper. (Der gleiche Glaube ist auch unter den Tlingit-Indianern Alaskas verbreitet.)[120]

Stevenson betrachtet seine Statistik als Beweis dafür, daß an dieser Lehre etwas dran sein muß. Skeptiker hingegen schließen umgekehrt: Allein schon die Wirkungsmacht dieser weitverbreiteten Lehre ist Grund genug, Stevensons Statistik mit Vorsicht zu genießen. Bauen die Kinder in ihre angeblichen »Erinnerungen« nicht lediglich ein, was ihre Religion sie über Zeitstrukturen der Wiedergeburtskette *glauben* läßt: daß die Todesumstände die nächste Inkarnation beschleunigen oder verzögern können?

Doch Stevenson fand einen weiteren erstaunlichen Anhaltspunkt dafür, den Angaben der Kinder zu trauen: Wer eines gewaltsamen Todes gestorben ist, erinnert sich gewöhnlich viel eher an ein früheres Leben; im Durchschnitt beginnt er bereits 32 Monate nach der Geburt, darüber zu sprechen – ein »natürlich« Gestorbener dagegen erst nach 43 Monaten:[121]

Durchschnittliches Alter (in Monaten), in dem ein Kind über ein früheres Leben zu sprechen begann

LAND	bei *natürlichem* Tod	Zahl der untersuchten Fälle	bei *gewaltsamem* Tod	Zahl der untersuchten Fälle
Indien	36	61	35	53
Burma	40	22	39	22
Sri Lanka	31	14	28	16
Türkei	30	6	29	22
Libanon	28	13	28	30
Thailand	57	10	27	14
USA	52	6	37	23
Alaska (Tlingits)	71	7	34	5
insgesamt	43	139	32	185

»Je kürzer das vergangene Leben zurückliegt, desto leichter fällt es, Einzelheiten im Gedächtnis zu behalten: Die Erinnerung daran ist noch frisch«, erklärt Stevenson. »Außerdem prägen sich *außergewöhnliche,* dramatische Todesumstände bestimmt stärker ein als ›normale‹.« Zudem behalten Opfer von Unfällen, Katastrophen, Kriegen oder Gewaltverbrechen fast immer traumatische, unbewältigte Erinnerungen zurück. Verständlicherweise geht von solchen Erlebnissen ein stärkerer Mitteilungsdruck aus als von Schicksalen, die sich absehen und akzeptieren lassen. Für einen gewaltsamen Tod sollte dies erst recht gelten: Vorzeitig, abrupt, unter Angst und Schmerzen zu sterben wie Ravi Shankar, dürfte weitaus stärker nachwirken als ein sanftes, friedliches, angstfreies »Entschlafen« in hohem Alter, nach einem erfüllten Leben, wie bei Henry Despers. Womöglich erklärt dies, warum unter Kindern mit Reinkarnationserinnerungen gewaltsame Tode wesentlich verbreiteter sind, als statistisch zu erwarten wäre. (Bei zwei Stichproben aus Indien waren es 46,8 und 35 Prozent gegenüber 7,2 Prozent im Bevölkerungsdurchschnitt.)[122] Verständlicher wird nun auch, daß sich Kinder an einen gewaltsamen Tod viel häufiger erinnern als an einen natürlichen, wenn sie von früheren Leben erzählen[123]: Traumata bleiben eher im Gedächtnis haften.

Gerade solche statistischen Hinweise erachtet Stevenson als besonders überzeugend, wenn es um die Echtheit der Reinkarnationserinnerungen geht. Jedes *einzelne* Kind hätte vielleicht lügen, frei phantasieren oder sich von seinen Eltern, seiner Kultur eine Identifikation aufdrängen lassen können – aber fast *alle?* Und das weitgehend *übereinstimmend?* Sollten sich die Familien der 326 Kinder aus aller Welt etwa insgeheim abgesprochen haben – zu dem einzigen Ziel, für einen amerikanischen Wissenschaftler eine statistische Signifikanz zu produzieren? Die Wiedergeburt selbst ist da gewiß nicht unwahrscheinlicher.

Woher kommen die teilweise enormen kulturellen Unterschiede? Warum beginnt ein indisches Kind im Durchschnitt schon nach 36 Monaten von einer früheren Inkarnation zu erzählen, ein amerikanisches dagegen erst nach 52 Monaten?

Stevenson verließ sich dabei auf Angaben von Eltern und anderen Verwandten; in einer reinkarnationsgläubigen Kultur dürften Familien solchen Kindern eher Beachtung schenken, genau hinhören, nachfragen und bestärken als in einer vorwiegend christlich geprägten. Außerdem wären die Unterschiede voraussichtlich weniger dramatisch ausgefallen, wenn Stevenson eine größere Zahl von Fällen untersucht hätte; kleine Stichproben neigen eher zu Extremwerten. Das erklärt zumindest teilweise auch ein anderes Rätsel: Warum dauert es zwischen Tod und nächster Inkarnation in den USA gewöhnlich um Jahre länger als in Ländern des Nahen und Fernen Ostens?

Über einen anderen, tieferen Grund läßt sich vorläufig nur mutmaßen: In vielen religiösen Traditionen gilt das jenseitige, körperlose »Zwischenleben« zwischen zwei Inkarnationen als ein Purgatorium: eine Phase der Läuterung und Reinigung, in der ein Ich seine irdischen Erfahrungen verarbeitet, bewertet und daran spirituell wächst, ehe es sich wieder verkörpert. Könnte die *Dauer* dieses transzendenten Reifungsprozesses mitentscheiden, ob eine Seele eher in einem unterentwickelten Land der Dritten Welt reinkarniert, in dem der alltägliche Kampf um die Befriedigung von Grundbedürfnissen im Vordergrund steht – oder in einer hochentwickelten Industriegesellschaft, die alle materiellen Sicherheiten bietet?

»WIEDERGEBORENE« EINST UND JETZT: KAUM UNTERSCHIEDE

Heutige Erinnerungen von Kindern an vermeintliche »frühere Leben« unterscheiden sich kaum von denen früherer Generationen. Das fand der namhafte amerikanische Parapsychologe und Reinkarnationsforscher Ian Stevenson, als er indische Reinkarnationsfälle aus den zwanziger und sechziger Jahren verglich – für ihn ein weiterer Grund, solche Erinnerungen ernst zu nehmen.

Im Laufe von 30 Jahren hat der Professor für Psychiatrie an der Universität Charlottesville weltweit über 2500 Fälle von Kindern ermittelt und geprüft, die behaupteten, sie hätten schon einmal gelebt. Gleichen sie älteren Fällen von »Wiedergeborenen« – oder treten Abweichungen auf? Gemeinsam mit seinem Kollegen Satwant Pasricha, einem klinischen Psychologen vom »Nationalen Institut für Geistige Gesundheit und Neurowissenschaften« im indischen Bangalore, prüfte Stevenson diese Frage an 63 besonders gründlich untersuchten Fällen von Kindern aus Indien, die alle nach 1965 zur Welt gekommen waren. Sie verglich er mit 56 älteren Fällen aus den zwanziger Jahren, die er in Büchern, Zeitungen, Zeitschriften und privaten Aufzeichnungen ausführlich dokumentiert gefunden hatte. (Das durchschnittliche Geburtsjahr war in der einen Gruppe 1971, in der anderen 1922.) Stevensons Prüfliste umfaßte nicht weniger als 54 Merkmale.

Er fand erstaunliche Übereinstimmungen. Lediglich in drei

wesentlichen Hinsichten weichen die beiden Generationen voneinander ab:

* In den älteren Fällen konnte die Person, als welche ein Kind schon einmal gelebt haben wollte, häufiger *identifiziert* werden. »Möglicherweise haben sich frühere Forscher, mit Blick auf Veröffentlichungen, auf Fälle konzentriert, die *nachprüfbare* Merkmale aufwiesen«, vermutet Stevenson. Er hingegen habe sein »Netz von vornherein weiter ausgeworfen und *sämtliche* Fälle einbezogen, die mir zu Ohren kamen«.

* Bei Kindern aus den zwanziger Jahren starb die frühere Persönlichkeit wesentlich häufiger eines *gewaltsamen* Todes: zu 72 Prozent, gegenüber 44 Prozent heute. Auch dies, glaubt Stevenson, rührt eher von unterschiedlichen Forscherinteressen her: Es könnte einfach damit zu tun haben, daß frühere Autoren nur den vergleichsweise mühelos überprüfbaren Fällen nachgingen; Opfer von Unfällen, Verbrechen oder Katastrophen gewesen zu sein, gehört eben zu den biographischen Daten, die sich im nachhinein besonders leicht ermitteln lassen; sie hinterlassen eher Schlagzeilen, geraten in Polizeiakten, bleiben tiefer im Gedächtnis der Mitmenschen haften.

* Indische Kinder aus früheren Generationen begannen anscheinend erst mit durchschnittlich 74 Monaten, ein »früheres Leben« mitzuteilen; bei heutigen setzen solche Erinnerungen dagegen erheblich früher ein: im Schnitt bereits mit 27 Monaten. Aber auch dieser Unterschied gibt Stevenson keine Rätsel auf: Früher schenkte man erst den massiveren Symptomen Beachtung, vor allem den *sprachlichen* Äußerungen der Kinder; heutige Reinkarnationsforscher achten dagegen schon auf Auffälligkeiten im *vor*sprachlichen Verhalten.

Im übrigen konnte Stevenson über drei Generationen hinweg keinerlei Veränderungen feststellen; in ihren Grundzügen erwiesen sich die Erinnerungen an frühere Leben als »nahezu identisch«. Heute, wie vor sechzig Jahren,

* entsinnen sich neun von zehn Kindern, welchen *Namen* sie in ihrer früheren Inkarnation getragen hatten;
* können Dreiviertel der Kinder Angaben darüber machen, wie ihr früheres Leben *endete;*
* zeigt annähernd jedes zweite Kind eine mehr oder minder stark ausgeprägte *Phobie* gegenüber Art und Umständen seines angeblichen früheren Todes;
* hören die Kinder durchschnittlich im Alter von sechs bis sechseinhalb Jahren damit auf, spontan über ein früheres Leben zu sprechen.

Für Stevenson spricht dieses Ergebnis eindeutig dafür, Kinder beim Wort zu nehmen, wenn sie sich mit einem Verstorbenen zu identifizieren beginnen – statt über eine »psychische Störung« zu mutmaßen. Denn »es widerspricht einer pathologischen Deutung solcher Fälle«: Psychopathisches Verhalten verändere sich über größere Zeitspannen, weil es sozialen und kulturellen Einflüssen unterliege. Stevenson verweist auf die *Hysterie:* Zu Sigmund Freuds Zeiten füllte sie noch die Sprechzimmer der Nervenärzte. Spätestens seit der »sexuellen Revolution« ist dieses Symptom unterdrückter Lust aus der westlichen Welt beinahe ebenso spurlos verschwunden wie Pest, Lepra und Malaria.

VI
SPIRITISMUS

FEDERN SCHREIBEN WIE VON SELBST
Die Lebenszeichen des Gastone de Boni

Das italienische Medium Demofilo Fidani kann einen Verstorbenen Schreibfedern führen lassen – ohne sie selbst zu berühren.

Während seiner Sitzungen, in einem abgedunkelten Zimmer seiner Privatwohnung in Rom, legt der 72jährige Fidani Schreibfedern vor sich auf den Tisch. Dann zieht er die Hände zurück. Ohne daß er in Trance geht, erheben sich die Federn plötzlich wie von selbst. Rasend schnell gleiten sie über das Papier. Schriftzüge entstehen, die Fidanis eigener Handschrift ganz unähnlich sind.

»Schreibt« hier ein Jenseitiger? Gewißheit wollte Lina Brady-de Boni, die in die USA ausgewanderte Tochter des großen Arztes und Psiforschers Dr. Gastone de Boni aus Verona. 60 Jahre hatte ihr Vater parapsychologisch gearbeitet; er legte die möglicherweise weltweit größte Privatbibliothek für Grenzwissenschaften an, verfaßte selbst über 100 Bücher. Vier Jahrzehnte lang redigierte er die Fachzeitschrift *Luce e Ombra.* Am 23. September 1986 starb er, 78jährig.

Unter den zahlreichen Beileidstelegrammen, die Lina Brady-de Boni daraufhin erhielt, beeindruckte sie eines aus Rom wegen seiner herzlichen, aufrichtigen Anteilnahme ganz besonders: Es kam vom Ehepaar Fidani, welches Lina im Oktober

Abb. 14: Wer oder was führt sie? Zwei aufgestellte Federn, die gleichzeitig auf demselben Blatt schreiben.

1986 auf einem Kongreß in Arezzo kennengelernt hatte. Bisher kannte sie Demofilo Fidani nur dem Namen nach, aus Erzählungen ihres Vaters, den das Medium mehrfach tief beeindruckt hatte. Wenn Fidani tatsächlich »Kanal« für Mitteilungen Verstorbener sein sollte – konnte er Lina dann nicht einen überzeugenden Beweis dafür liefern, daß ihr Vater den Tod seines Körpers überdauerte? Kurz entschlossen flog sie nach Rom. Zwischen dem 7. November 1986 und dem 28. Februar 1987 nahm sie an vier Sitzungen des Mediums teil, die sie auf Tonband mitschnitt.[125] Außer ihr waren jedesmal bis zu einem Dutzend weitere Zeugen anwesend.

»Demofilo Fidani pflegt an einem großen Pult zu sitzen«,

berichtet sie. »Hinter ihm steht ein Kleiderschrank mit einem großen Spiegel ... Durch die geschlossenen Jalousien des Fensters dringt ein Lichtschimmer, der die völlige Dunkelheit verhindert. In diesem Licht kann jede Bewegung der Teilnehmer im Spiegel gesehen werden.« Mitten im Zimmer steht ein kleiner Tisch, auf welchem drei phosphoreszierende Schreibfedern und ein Stapel weißen, unbeschriebenen Papiers liegen.

Fidani eröffnet die Séance, indem er seinen »Führungsgeist« Carlo bittet, Linas Vater sowie verstorbene Angehörige weiterer Teilnehmer zu rufen. Kurz darauf erheben sich die Federn gleichzeitig wie von selbst, »klar sichtbar in der Dunkelheit, da sie selbstleuchtend sind«; »jeder Anwesende würde es sofort sehen, wenn diese von einer Hand berührt würden«. Mit rasender Geschwindigkeit gleiten sie über das Papier, schreiben binnen weniger Sekunden mehrere Seiten voll. Lina hört das Rascheln des bewegten Papiers und das Schreibgeräusch. Zwischendurch wird »eine Feder zwei Meter weit weggeworfen« – und kehrt »an ihren Platz zurück, wie wenn sie ein Bumerang wäre«.

Als alles vorbei ist, findet Lina die Seiten »mit sehr unterschiedlichen Handschriften vollgekritzelt, sogar in fremden Sprachen«, darunter Englisch, Französisch und Deutsch. (Fidani beherrscht nur Italienisch.)[126] Gelegentlich sind auch Zeichnungen entstanden. Erschüttert erkennt Lina die markante Unterschrift und typische Linienführung ihres verstorbenen Vaters – mit einer persönlichen Botschaft. Selbst kleinste Details stimmen: So »schrieb er die Ziffer 7 auf die englische Art, also ohne Querstrich; auch diese Einzelheit zeigt sich in der Botschaft.« »Für Dich, geliebte Tochter«, so liest sie etwa in der dritten Sitzung vom 27. Februar 1988 tief gerührt, »und für Euch alle, von Eurem Vater, wie ich immer beweisen wollte. Dank der Größe eines Mediums und seiner Bereitwilligkeit hier ... Seid immer willens. Freundschaft ist ... Liebe. Sie ist alles. Es *ist,* nicht *es kann sein.* Ich wiederhole: *ist* Liebe. – Der Vater an die ganze Familie. Gastone.«

Die »Direkte Schrift«, die Lina Brady in Rom erlebte, schien vielen Parapsychologen bislang nur ein weiterer, reichlich angestaubter Exot im Kuriositätenkabinett spiritistischer Geisterbeschwörer: Die wenigen bezeugten Fälle von Schriftzügen, die ohne erkennbare Beteiligung eines Mediums spontan auf irgendeiner Unterlage entstehen, liegen durchweg mehrere Jahrzehnte zurück, waren zudem gegen Betrug meist nur ungenügend abgesichert. Dabei kündet schon die Bibel im Buch Daniel (5,25) von einem »Menetekel«, das für König Belsazar während eines Festmahls von einer menschlichen Hand an die Palastwand geschrieben wurde. Der schwedische Adlige Ludwig Baron von Güldenstübbe (1820–1873), der direkten Schriften jahrzehntelang nachforschte, berichtete 1870 von »vielen Zeugen«, welche »die Schriftzüge sich bilden sahen . . ., vor ihren Augen und bei hellem Tages- oder Kerzenlicht.«[127] Bei der Italienerin Eusapia Paladino (1854–1918), einem der bedeutendsten Psychokinese-Medien der jüngeren Vergangenheit, sollen unter wissenschaftlicher Kontrolle mehrfach direkte Schriften entstanden sein.[118] Vollzog sich dieses Phänomen nun vor Lina Bradys Augen: im Jahr 1988?

Um jeden Zweifel auszuschließen, läßt sie ein angesehenes Institut für Handschriftenanalysen in Urbino[129] ein Gutachten ausarbeiten. (An der dortigen Hochschule studiert ihre Freundin Flora Leopardi Graphologie; ausgerechnet Gastone de Boni hatte sie einst dazu angeregt.) Zum Vergleich legt sie den Sachverständigen zwei anonyme Schriftstücke vor. Eines hat ihr Vater zu Lebzeiten verfaßt, 1984; deutlich verrät sich darin bereits die fortgeschrittene Parkinson'sche Krankheit des damals 76jährigen. Das andere stammt aus Fidanis Federn.

Das schriftliche Urteil der Experten vom 17. März 1988 fällt eindeutig aus: »Mit Sicherheit . . . stammen beide . . . von der gleichen Hand.« Zur Begründung führen sie unter anderem aus: »Offensichtlich zeigen beide (Schriftproben) klar den graphologischen Ausdruck der Parkinson'schen Krankheit, die bekanntlich die geistige Klarheit nicht beeinträchtigt, wohl aber die Bewegung der Hände und Finger . . . (und damit) den Schreibfluß.« Auffällig sei auch »der gleich starke Federdruck (meistens leicht, aber in einigen Abstrichen hin und wieder stärker) . . . Die flüchtigen Gesten bei ›t‹, ›p‹ und i-Pünktchen

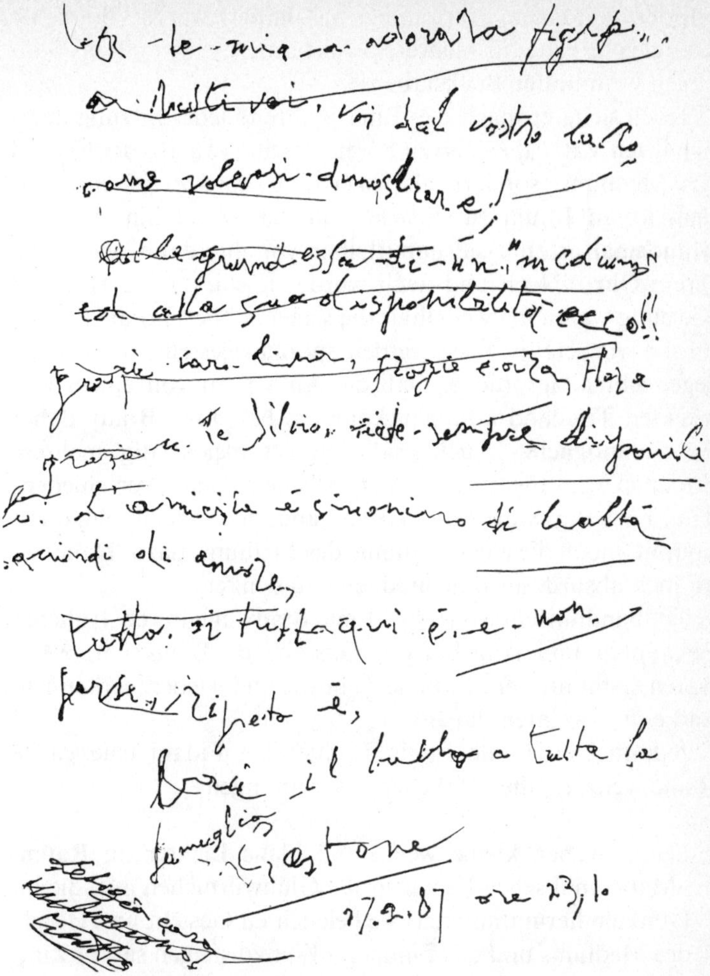

Abb. 15: Direkte Schrift, die Fidanis Federn am 27. Februar 1987 zu Papier brachten. »A te, mia adorata figlia, a tutti voi, voi dal vostro babbo come volevosi dimostrare!. . .«: »Für Dich, geliebte Tochter, und für Euch alle, Ihr, von Eurem Vater, wie ich immer beweisen wollte!. . .«

würden von einem Nachahmer nie imitiert werden können.« Das gleiche gelte für mehrere Strukturmerkmale und das Stilisieren bestimmter Buchstaben.

Noch sicherer machte es Lina, während jeder Sitzung deutlich ihren Vater *sprechen* zu hören – nicht etwa aus dem Mund des Mediums, sondern als sogenannte *direkte Stimme* »aus dem leeren Raum (und nicht von der Wand hinter uns)«. Manchmal ertönte sie unmittelbar vor ihr, dann wieder an ihrem Ohr. »Nach und nach wurde sie stärker . . . Ton und Färbung waren unzweifelhaft die seinen.« Nie sind die Fragen an ihn vorbereitet – sie werden spontan gestellt, im Verlauf regelrechter Gespräche. Daß die Antworten von einem versteckten Tonband kommen könnten, hält Lina Brady daher für »unmöglich«. Auch erklingen oft gleichzeitig mehrere Stimmen von angerufenen Verstorbenen – »alle verschieden; Ton, Färbung, Stärke und Akzent änderten sich ständig«. Oft kommt »noch die eigene Stimme des Mediums dazu. Daher ist es auch absurd, an Bauchrednerei zu denken.«

Tonbandmitschnitte führt Lina Brady mehreren früheren Bekannten und Angehörigen Gastone de Bonis vor. »Alle waren erstaunt, seine Stimme zu hören und wiederzuerkennen, und einige weinten dabei.«

Jedesmal erlebt de Bonis Tochter bei Fidani eine ganze Reihe weiterer unerklärlicher Erscheinungen:

* Da schweben kleine weiße und blaue Lichter im Raum. »Manchmal sehen sie wie große Glühwürmchen aus, die im Dunkeln herumhuschen. Sie beleuchten Gesicht und Hände des Mediums und das Zimmer.« Einmal steigen sie zur Zimmerdecke auf – und lassen eine großgewachsene Gestalt erkennen: eine Materialisation von Carlo, Fidanis »Führungsgeist«.
* Manchmal ertönt ein unerklärliches Klopfen auf dem Tisch, an der Türe oder am Schrank. Gelegentlich breitet sich ein süßlicher Duft im Zimmer aus. Oft spüren die Teilnehmer kalte Windstöße, obwohl alle Türen und Fenster geschlossen sind.

* Immer wieder kommt es zu gespenstischen Materialisationen. »Unsichtbare Hände bilden sich und berühren die Anwesenden«, erlebte Lina Brady. »Eines Abends, als mein Vater mir über den Kopf strich, hob ich meine Hand und hielt die seine – doch sie entzog sich meinem Griff, so wie man Handschuhe abstreift, obwohl ich versuchte, sie festzuhalten . . . Oft sieht man Schatten, wolkenartige Massen, im allgemeinen sehr groß, durchs Zimmer wabern.«

Eine besonders merkwürdige Materialisation ist geradezu Fidanis »Markenzeichen« geworden: Zum Abschluß jeder Sit-

Abb. 16: Scheut publizistischen Rummel: das römische Medium Demofilo Fidani. Vor ihm eine Schale voll weißen, sehr feinen Pulvers, das sich seit 1981 regelmäßig aus apportierten Steinen materialisiert.

zung produziert er sie in seinen Händen. Dabei »sitzt er hinter seinem Pult mit vorgestreckten Armen und nach oben gerichteten Handflächen«, erzählt Lina Brady. Er bittet die Teilnehmer nahe zu sich und fordert sie auf, Taschenlampen einzuschalten, um deutlicher zu sehen und zu fotografieren, was nun passiert: Allmählich füllen sich Fidanis Hände mit einem weißen, wohlriechenden Pulver, aus dem sich Objekte formen – sei es eine Münze oder ein großes Pflanzenblatt. Seit 1981 soll sich das äußerst feinkörnige Pulver kiloweise aus apportierten Steinen bilden, schier unerschöpflich wie die »Vibuti«-Asche des indischen Heiligen Sai Baba. Monat für Monat leeren die Fidanis eine große Schale davon, verschenken es laufend.

Seiner außergewöhnlichen medialen Begabung ist sich Demofilo Fidani schon seit 50 Jahren bewußt. Doch er scheut die Öffentlichkeit. Sitzungen hält er nur im kleinen Kreis engster Vertrauter ab. Erst mit 72 Jahren entschloß er sich, bedrängt von Freunden und mit Zustimmung seines »Geistführers«, seine Erfahrungen biographisch aufzuarbeiten; 1986 und 1988 erschienen die beiden ersten Bücher von ihm.[130] Es wurde Zeit dafür: »Sein Sehvermögen hat stark nachgelassen«, fiel Linda Brady auf, »und ich bemerkte auch, daß er große Mühe hat, Widmungen in seine Bücher zu schreiben, auch wenn er dies nie zugab.« Ob wohl erst ein erblindeter Fidani-Kritiker verstummen läßt, die ins Blaue hinein argwöhnen: Er besorge sich insgeheim Schriftproben von verstorbenen Angehörigen seiner Séanceteilnehmer, um sie irgendwie abzukupfern – wie auch immer?

Lina Brady jedenfalls braucht keine weiteren Beweise mehr. Was sie suchte und fand, muß Wissenschaftler kaltlassen: »Ich kann meine Gefühle gar nicht richtig wiedergeben. Daß ich diese liebe Stimme hören konnte, bedeutete für mich den Einsturz einer Mauer, die uns von der Anderen Welt trennt. Es bedeutete die Besänftigung einer Sorge, Feierlichkeit und Friede in einer Welt voll von Leiden.«

TEUFLISCHE SCHIKANEN
Züricher Psychiater als Zuflucht von »Besessenen«

Seit Jahren geben sie dem Züricher Psychiater Dr. med. Hans Naegeli-Osjord Rätsel auf: Zwei Patientinnen scheinen im Griff einer »Wirklichkeit, von der die westliche Welt noch kaum etwas erfahren hat«. Nach Naegelis Überzeugung leiden sie unter zwei leichteren Formen von Besessenheit: Sie werden von jenseitigen Geistwesen belästigt und »*um*sessen«, statt ganz in Besitz genommen.

Als die 78jährige – Naegeli schützt sie durch das Kürzel »Frau L.« – endlich den Mut fand, den Züricher Arzt aufzusuchen, war sie am Rande der Verzweiflung.[131] Seit 1977 schrecken sie unerklärliche Veränderungen in ihrer gepflegten Wohnung, in der sie seit 25 Jahren lebt. Es begann mit einer Bronzestatuette auf der Kommode, die plötzlich mit dem Gesicht gegen die Wand stand; niemand hatte sie zuvor berührt. Unter einem stets trockenen Teppich traten plötzlich Wasserflecken auf. Dann verschwanden Gegenstände; so etwa ein Haushaltsheft, in dem Frau L. den Mietzins eintrug. Sie besorgte sich ein neues; kurz darauf fand sie das alte und das neue Heft am üblichen Platz in der Schreibtischschublade sorgfältig übereinandergelegt. An ihrer Wohnzimmerlampe hing auf einmal eine Schnur – und formte sich zu einer Masche. Schlüssel, die zuvor ein Schlüsselring zusammengehalten hatte, lagen plötzlich außerhalb des Ringes. Fernseher, Haartrockner, Bügel- und Waschmaschine, ja nahezu sämtliche technischen Geräte streikten zeitweilig: hinzugezogene Mechaniker standen vor einem Rätsel. Teppichfransen lagen herum, abgetrennt wie durch einen schräggeführten Scherenschnitt; einige Zeit später waren die Teppiche plötzlich wieder ganz, ohne daß Flickstellen auffielen. Dafür war jetzt die emaillierte Auflage der Sitzfläche ihrer Badewanne schwer beschädigt; die Ursache blieb auch einem einbestellten Sanitärfachmann schleierhaft. Wochen später hatte sich der Schaden erneut wie von selbst behoben. Sämtliches antike Zinngeschirr, darunter wertvolle Raritäten, waren am Kannenbauch verbeult, an Deckeln und Füßen verkrümmt – wie auch Frau L's. Silberbesteck. In einem makellosen böhmischen Kunstglas befand sich plötzlich eine Luftblase. Das Holz von Möbeln entfärbte sich, die Gewichtswaage blockierte, Thermometer zeigten unmögliche Werte. Obgleich ausgeschaltet, begann eine Herdplatte zu glühen; der Kühlschrankboden strahlte unvermittelt Hitze aus. »Die Liste der paranormalen Erscheinungen«, berichtet Naegeli, »umfaßt über hundert Einzelereignisse«. Von den meisten »konnte ich mich durch mehrfache Kontrolle der Wohnung selbst überzeugen«.

Fälle dieser Art verfolgt Naegeli seit Jahrzehnten; allesamt widersetzen sie sich »Lehrbuchdeutungen wie Schizophrenie oder Hysterie«. (Einige der eindrucksvollsten schildert er in seinem Buch *Besessenheit und Exorzismus.*[132]) Bei *Infestationen* (lat. *infestatio:* Belästigung, Beunruhigung, Anfeindung), so beobachtete er, »bleiben die Betroffenen stets besonnen«, nehmen die unheimlichen Vorgänge um, an und in sich bewußt wahr. So habe die Dame, »die mich schon mehr als hundertmal in meiner Praxis aufsuchte, nichts Hysterisches an sich«. Sie wirke »stets beherrscht«, sei »geistig interessiert und von weit überdurchschnittlicher Intelligenz«, mit einer »ungebrochenen Lebendigkeit« und einem »tadellosen Gedächtnis«. Bis zu ihrem 70. Lebensjahr hatte sie gearbeitet.

Eine Gruselgeschichte unter vielen? Naegeli betont wichtige Unterschiede zum *Spuk:* Wenn Poltergeister ihr Unwesen treiben, handle es sich, von Ausnahmen abgesehen, »meist um ein kurzlebiges Geschehen«[133]; Infestierte hingegen »werden jahrelang geplagt«. Auch fühlen sich Spukbetroffene »zwar oft beunruhigt« – sie »*leiden* aber nicht eigentlich darunter«. Wie Naegeli öfter auffiel, »waren namentlich Kinder nicht einmal beunruhigt, sondern führten ihr bisheriges Leben unbekümmert weiter«. Vor allem: Spuk kann ängstigen, ohne zu quälen – doch Infestationen haben stets etwas Heimtückisches, Schikanöses, Bösartiges, geradezu »Diabolisches« an sich.

Die Erscheinungen einer Infestation sind »kleinformatig und haben nichts Spektakuläres an sich . . .: Es werden kleine Beschädigungen und Veränderungen an Möbeln und Gebrauchsgegenständen festgestellt, oder es verschwinden Papiere, Schlüssel, Stoffe, um plötzlich einmal wieder zu erscheinen, oft unter merkwürdigen Umständen«.

Manchmal wird die »Belästigung« allerdings massiver: Dann sehen sich Infestierte auch »körperlichen Qualen« ausgesetzt, ihr gesamtes Befinden ist beeinträchtigt. So fielen Frau L. unvermittelt große Büschel von Haaren aus; an den Augenwinkeln traten Schnitte auf, an den Knien Striemen. Zeitweilig quälten sie unerklärliche Schwächeanfälle und Schmerzen. Oft hören Betroffene Stimmen aus dem Nichts, nehmen unerklärliche Geräusche und Gerüche wahr, spüren unangenehme oder gar schmerzhafte Berührungen. Naegeli spricht hier von *Umsessenheit* (lat. *circumsessio*): Anders als bei der eigentlichen Besessenheit *(possessio)* vermögen die dämonischen Wesenheiten dabei »nicht den Körper des Opfers zu erobern, sondern sie belagern diesen in ›Distanz‹« – ähnlich wie bei Infestationen, bloß massiver. »Das Ich des Umsessenen scheint noch kräftig genug zu sein, um sich nicht total auszuliefern.«[134]

Noch eine weitere Patientin Naegelis quälen seit fünf Jahren »Infestation« und »Umsessenheit«: eine 40jährige, geschiedene Frau und Mutter zweier fast erwachsener Söhne. Die Dame sei medial begabt und ihren Arbeitskollegen als magnetopathische Heilerin bekannt. Länger schon leide sie unter zahlreichen Neurotismen wie Migräne, plötzlichen Erschöpfungszuständen und depressiven Verstimmungen. Das Haus ihrer verstorbenen Großmutter, in dem sie lebt, gilt im Dorf als Spukhaus;

»als die Großmutter starb, öffneten sich gut verschlossene Türen von selbst«. Wochen später fühlte sich die Enkelin »wie nicht mehr allein«; sie spürte, »irgendein Wesen sei bei ihr«. Zunehmend »empfand sie ein Gruseln und Frösteln« sowie »eisige Luftzüge«. Nachts quälten sie Schlaflosigkeit und *Succubus,* ein schwerer Druck auf Brust und Bauch. Immer häufiger, immer massiver wurde der Spuk: Da verschwanden Gegenstände, um nachher unvermittelt wieder aufzutauchen; eine Glühbirne leuchtete grell auf, bis sie das Auge blendete; obwohl kein Luftzug ging, warf eine brennende Kerze plötzlich Funken, bildete »eigenartige, wie durch einen Sog verursachte Querformen« und entwickelte, ohne ersichtliche Ursache, eine überdimensionale Flamme, bis zu 20 Zentimetern hoch. (Ein Foto davon habe ihm die Dame vorgewiesen, berichtet Naegelie.) Radio und Fernseher, Grammophon und Schreibmaschine »spielen verrückt«, ein Kopiergerät »spuckt« Papier. Häufig tönt, pfeift und knackt es, »oft aus unbestimmbarer Quelle, meist aber aus Apparaten oder Glühbirnen«, auch für die Söhne vernehmbar. Nach mehreren Exorzismen seien diese Plagen zuhause erträglicher geworden – dafür hätten sie seither am Arbeitsplatz zugenommen.

Einem ähnlichen Fall geht der Präsident der »Schweizerischen Parapsychologischen Vereinigung« (SVPP), der Gymnasiallehrer Dr. Theo Locher aus Brügg, seit längerer Zeit nach.[135] Seit 1983 treten in der Wohnung einer alleinstehenden Schweizerin aus Biel fast täglich unerklärliche Schäden an Einrichtungsgegenständen und Hausrat auf. Meist bei der Heimkehr in ihre Wohnung findet Berta Arlacher seltsame Veränderungen vor[136]: Da bedecken Fäden, Sand und weißes Pulver den Fußboden. Geschirr und Ziergläser sind zerkratzt oder verschmiert. Am Waschbecken entdeckt sie Schlagspuren. Von Wasserleitungen ist die Farbschicht abgeblättert, ohne daß Farbreste auffindbar wären. Aus Teppichen sind Fäden herausgezogen und Fransen abgeschnitten, an einer Matratze Knöpfe und Schnüre losgerissen. Hier und dort findet sie Schrauben gelöst, Schrankschlüssel verformt, die Wanduhr geöffnet und angehalten. Nach unzähligen kleinen

Schikanen dieser Art wechselte Frau Arlacher dreimal die Türschlösser aus – es nützte nichts. In ihrer Verzweiflung ließ sie am 4. Juni 1988 einen »Großen Exorzismus« ausführen – nach wenigen Wochen spukte es weiter. Eine Hellseherin empfahl ihr, abends drei Kerzen brennen zu lassen und gekreuzte Messer unters Bett zu legen – auch das half nichts. Die Drangsalierte selbst bringt die unheimlichen Vorkommnisse mit zwei Todesfällen in Zusammenhang: 1975 hatte sich ihr Gatte das Leben genommen und kurz zuvor angekündigt: »Ich werde wiederkommen.« Bald darauf verlor Berta Arlacher ihre krebskranke Schwester, die sie jahrelang aufopferungsvoll gepflegt hatte. Selbst schwarze Magie von feindlich gesonnenen Nachbarn will die ratlose, verzweifelte Frau nicht mehr ausschließen.

»Ein definitives Urteil« über derartige Begebenheiten wagt Naegeli immer erst zu fällen, »wenn ich den beteiligten Menschen während Monaten, ja sogar Jahren beobachtet hatte und als Persönlichkeit zu beurteilen vermochte«; erst dann sei es »möglich, Sinnestäuschungen auszuschließen«. Zunächst einmal sucht er stets nach »natürlichen«, medizinisch-psychologischen Erklärungen. Seine Qualifikation dafür ist unbestritten: Ehe er 1940 eine Privatpraxis eröffnete, arbeitete der amtlich anerkannte Facharzt für Psychiatrie (FMH) dreieinhalb Jahre lang im renommierten Bleuler'schen Forschungsinstitut Burghölzli, Zürich, und der angeschlossenen Poliklinik; er war Assistenzarzt an der Salpêtrière, der berühmten neurologischen Klinik in Paris; er behandelte in der chirurgischen Universitätsklinik von Lausanne ebenso wie im Kantonsspital von St. Gallen. Paranormale Erscheinungen beschäftigen ihn allerdings schon seit seinen letzten Studienjahren. Naegeli gehört zu den Mitbegründern der »Schweizer Parapsychologischen Gesellschaft« in Zürich, deren Präsidium er von 1958 bis 1980 innehatte. In dieser Funktion wurde er mehr und mehr zur letzten Hoffnung für Betroffene, die ansonsten »kaum je in die Sprechstunden des Psychiaters gelangen«.

Ist Naegeli zu leichtgläubig? Doch wer, kontert er, sei denn eigentlich »berufener als der erfahrene Psychiater, Traum- und

Realerleben« auseinanderzuhalten? Fachkollegen, die seine Fälle gerne »bagatellisieren«, hat Naegeli vor allem persönliche Begegnungen mit der »anderen Wirklichkeit« voraus. Nachdem er sich zunächst der Spukforschung verschrieben hatte, war Naegeli 1957 auf eine berüchtigte Gespensterburg in der DDR gerufen worden. Dort legte sich Naegeli »nach einem harmonisch zugebrachten Abend« im Musiksaal der Burg schlafen, dem angeblichen Hauptschauplatz des Spuks. »Kurz nach drei Uhr«, so berichtet er[137], »erwachte ich aus traumlosem Schlaf, an allen Gliedern gelähmt und die Brust bedrückt, wie ich es noch nie erlebt hatte. Ich schrie laut auf, und dies nicht aus Furcht, sondern spontan, als ob ein Fremdwesen aus mir herausschreien würde. Während kurzer Zeit wurden ich und das ganze Bett heftig geschüttelt.« Ihm Einbildung zu unterstellen, findet Naegeli geradezu lächerlich: »Dieses Erlebnis erwies sich als von meinem eigenen psychischen Geschehen so eindeutig unterschieden und unabhängig, daß ich eine transzendente Ursache nicht ausschließen kann und will.«

Aufgeschlossene Therapeuten wie Naegeli sind dünn gesät. Von anderen professionellen Helfern haben Betroffene wenig zu erwarten, bedauert er. Stets würden sie »beschuldigt, Komplexe zu haben, wenn sie der Umgebung oder ihrem Arzt darüber berichten. Leider kann kein Psychologe ihnen ihre Komplexe ausreden. Die geschilderten Wahrnehmungen und Erlebnisse beeindrucken die Leidenden in ihrem Lebenskern. Sie mit den üblichen, lapidaren Deutungsversuchen als Wahn, Selbsttäuschung oder Autosuggestion abzutun, beleidigt, verunsichert und isoliert die Betroffenen ... Heilung und Lösung des Problems werden verunmöglicht.« Statt schwere Besessenheit bekannten Krankheitsformen wie Epilepsie, Hysterie und Schizophrenie zuzuordnen, müsse die Psychiatrie sie als eigenständige Krankheit anerkennen. »Der Anstoß dazu«, ist Naegeli klar, kann nur »aus den eigenen Reihen erfolgen« - gestützt auf Fallgeschichten wie die, welche er seit vierzig Jahren sammelt.

Auch der parapsychologische Ansatz scheint Naegeli den

Phänomenen allzuoft Gewalt anzutun – einem uneingestandenen Dogma zuliebe. Daß »Spannungen und dadurch im Unbewußtsein agierende Energien der Beteiligten die unerklärlichen Geschehnisse verursachen« könnten, hält er in vielen Fällen für eine »Verlegenheitsdeutung«, auch wenn sie gelegentlich naheliegt. Denn »von Ausnahmen abgesehen, ist . . . der Inhalt und die Art der psychischen Spannungen der den Spuk angeblich auslösenden Person kaum auszumachen.« Wer a priori solche »Spannungen« unterstellt, opfert die Wahrheit seiner animistischen Voreingenommenheit, mit der »schon zum Axiom gewordenen Grundhypothese, daß *alles* paranormale Geschehen . . dem eigenen Psychopotential entstamme«.

»Die Lösung« beginnt für Naegeli damit, mit »dem Rationalismus und Materialismus« zu brechen, der »keine feinstoffliche Welt anerkennt«. Psychologie und Psychiatrie, so fordert er, müßten wieder Platz schaffen für »die Vorstellung, ein autonomes Geistwesen oder die Seele eines Verstorbenen könnten Ursache krankhaften Verhaltens des Menschen sein« – und »sich ernsthaft fragen, ob die von Patienten angeschuldigten, meist unbekannten Quälgeister nicht tatsächlich autonomen . . . Wesenheiten entsprechen könnten«.

FRIEDRICH JÜRGENSON: »TOTENFUNK« IM SCHWEDISCHEN FERNSEHEN?

Friedrich Jürgenson, der 84jährig verstorbene Vater der Tonbandstimmenforschung, ist am Tag seiner Beisetzung schwedischen Freunden im Fernsehen erschienen. Ein erst jetzt veröffentlichtes Foto scheint zu bestätigen: Jürgenson sucht Kontakt zu Lebenden – über den Tod hinaus.

Am Morgen des 15. Oktober 1987, dem Tag von Jürgensons Beisetzung in seinem letzten Wohnort Höör, sitzen seine alten Freunde, das Ehepaar Claude und Ellen Thorlin, in Eskilstuna beim Frühstück beisammen. Da hört Ellen plötzlich eine nicht zu identifizierende innere Stimme, die eindringlich ruft: »Kanal Vier!«.

Sie erzählt ihrem Mann davon. Beide denken sofort an einen Zusammenhang mit Jürgensons Begräbnis, können sich auf die Botschaft zunächst aber keinen Reim machen. Ein Hinweis auf einen Rundfunk-Kanal, auf dem sie eine »Durchgabe aus dem Jenseits« erhalten würden? Über ihr Radio können sie aber nur drei Sender empfangen.

Da fallen Claude Thorlin Berichte über eine Forschergruppe in Luxemburg ein, der es gelungen sein soll, auf einem TV-Bildschirm paranormale Bilder von Toten zu empfangen. Jürgenson selbst hatte in seinen letzten Lebensjahren mit visuellen Kontakten zu »Jenseitigen« auf freien TV-Kanälen experimentiert, nachdem er zuvor seit 1959 auf Tausenden von Tonbändern Stimmen »von der anderen Seite« eingefangen hatte. »So legte ich in meine Polaroid-Sofortbildkamera einen Schwarzweißfilm ein. Kurz vor 13 Uhr, als die Beerdigung stattfand, schaltete ich auf unserem Fernseher Kanal Vier ein«, erzählt Claude Thorlin der schwedischen Tageszeitung *Eskilstuna Kuriren.*[138] »Weil im schwedischen Fernsehen auf diesem Kanal nicht gesendet wird, rauschte und flimmerte es auf dem Bildschirm.«

Als nach einer Viertelstunde noch immer nichts passiert war, »hatte ich fast die Hoffnung aufgegeben und wollte den Fernseher ausschalten. Plötzlich wurde der Bildschirm schwarz«, erinnert sich Claude. »Ich dachte, die Bildröhre sei kaputt.« Doch auf einmal »tauchte im linken Teil des Bildschirms ein heller Punkt auf . . . Während sechs bis sieben Sekunden breitete sich das Licht über den ganzen Bildschirm aus und ging dann wieder zurück. Genau in diesem Augenblick machte ich das Foto, und sofort danach war das Flimmern und Rauschen wieder da. Ich schaute auf die Uhr: Es war genau 13.22 Uhr.«

Abb. 17: Dieses Foto nahm Claude Thorlin am 15. Oktober 1987, kurz nach 13 Uhr, mit seiner Polaroidkamera auf, als er in der Begräbnisstunde des schwedischen Tonbandstimmenforschers Friedrich Jürgenson vor dem Fernseher saß. Thorlin ist überzeugt: Sein alter Freund nahm von der »anderen Seite« Verbindung mit ihm auf. (Aus: Eskilstuna Kuriren, 16. Februar 1988.)

Während Claude zusah, wie das Sofortbild allmählich deutlicher wurde, warf Ellen einen Blick über seine Schulter. »Großer Gott«, rief sie aus, »das ist ja Friedel!« Das Gesicht blieb unscharf – und war doch unverkennbar.

Baut Jürgenson weiter an einer Kommunikationsbrücke zwischen Diesseits und Jenseits, die er zu Lebzeiten nicht mehr vollenden konnte?

Abb. 18: Friedrich Jürgenson (*1903) zu Lebzeiten. Er starb in der Nacht zum 15. Oktober 1987.

Die Vorstellung, per Knopfdruck Verstorbene »einzuschalten« wie Tagesschau und Wetterkarte, mutet restlos absurd an. Doch Thorlins »Toten-TV« hat Vorläufer, ernstzunehmende wie fragwürdige. Seit 1982 entwickelte der Aachener Rentner Klaus Schreiber, ein früherer Feuerschutz-Techniker, ein aufwendiges Verfahren, das auf einem Fernsehschirm Bilder von Verstorbenen sichtbar macht – und mittels Videotechniken auf Band fixiert –, manchmal nur in schattenhaften Umrissen, gelegentlich aber als unverwechselbare, verblüffend deutliche Porträts: darunter von Prominenten wie Romy Schneider, Curd Jürgens und Wolfgang Kieling.

Übersah Schreiber einfach die Möglichkeit, daß ganz normale Fernsehsendungen schwach durchschlagen können, auch wenn er einen »freien« Kanal seines TV-Geräts benutzt? Damit habe Schreiber »sich selbst und anderen etwas vorgemacht«, bemängelt der Düsseldorfer Diplom-Psychologe Fidelio Köberle, Vorsitzender des 1975 gegründeten »Vereins für Tonbandstimmenforschung« (VTF) mit rund 1500 Mitgliedern allein im deutschen Sprachraum. Gerade im grenznahen Aachen seien neben ARD und ZDF viele niederländische, belgische, französische und luxemburgische Stationen zu empfangen. Zudem kamen Schreibers »Bilder Verstorbener« nicht farbig an, sondern schwarzweiß, »was ein bekanntes Zeichen für schwache Senderstrahlung« sei.

Tatsächlich ähneln angebliche »Jenseitsbilder« des 1985 verstorbenen Schauspielers und Synchronsprechers Wolfgang Kieling frappant einigen Einstellungen aus der ZDF-Serie

Abb. 19: TV-Grüße aus dem Totenreich? Schreibers »Jenseitsbild« von Romy Schneider.

Abb. 20: Video-Standbild aus einer Aufzeichnung des Films »Das Mädchen und der Kommissar«, in dem Romy Schneider eine Prostituierte spielte.

»Schwarzwaldklinik«, in der Kieling eine Zeitlang den Landarzt Dr. Marker spielte. Und Schreibers berühmtestes »Totenbild«, eine Profilaufnahme von Romy Schneider, deckt sich bis in Einzelheiten mit einer Filmszene aus »Das Mädchen und der Kommissar« (1973), in der die Schauspielerin in der Rolle der Prostituierten Lilly vom Fahrstuhl zur Wohnungstür eines Kunden geht. Köberle: »Durch Standbild kann man genau dieselbe Film-Sequenz festhalten, die Klaus Schreiber als paranormale Kundgabe erhalten hat. Markant ist neben den Details im Gesicht und im Haar der Schauspielerin vor allem der senkrechte, helle Balken hinter ihrem Kopf. Der bisher rätselhafte dunkle Fleck am Auge in dem angeblichen Jenseitsbild entpuppt sich als eine dicke Locke, die weit nach vorn gefallen ist. Man erkennt die gleiche nach vorn zum Mund hinweisende Frisurspitze, man sieht die gleichen Schattierungen im Haar und so weiter«.

Doch scheiden paranormale Einwirkungen Verstorbener von vornherein aus, sobald sich ihre »Jenseitsbilder« in ausgestrahlten Fernsehfilmen wiederfinden? Wie 30 Jahre Tonbandstimmenforschung zeigen, genügt kaum je allein ein leeres

Magnetband, um »Jenseitsbotschaften« einzufangen; zusätzlich bedarf es offenbar eines vorgegebenen »Materials«, das »bearbeitet«, moduliert werden kann: Wellen bestimmter Frequenzen. Was für paranormale Stimmen Verstorbener gilt, kann bei paranormalen Bildern Verstorbener nicht ohne weiteres ausgeschlossen werden: Gesetzt den Fall, es existieren Wesenheiten, die den Tod ihres Körpers überlebten und irgendwie fähig sind, auf unsere modernen Kommunikationsmittel einzuwirken: Welche ausgestrahlten Bilder sollten sie denn sonst auf einen Fernsehschirm bringen, um ihre Identität zu beweisen, wenn nicht Bilder von sich selbst? Ein Originalporträt zu erzeugen, setzt andere, möglicherweise schwierige Fähigkeiten voraus als Manipulationen an einer bereits vorhandenen Vorlage – im »Diesseits« wie vielleicht auch »jenseits«.

Im übrigen läßt sich nicht alles, was Schreiber auf Video festhielt, als »schwache Senderstrahlung« abtun. Recht deutlich empfing er auch Bilder von verstorbenen Angehörigen, die mit Sicherheit niemals vor einer Fernsehkamera gestanden hatten. Gelegentlich erschienen auch Porträts gänzlich Unbekannter, deren Identität, wenn überhaupt, erst im nachhinein festgestellt werden konnte.[139] (Und ob in Schweden eine Sendung über Jürgenson just zum Zeitpunkt seiner Beerdigung zu empfangen gewesen war, sollte sich mühelos ausschließen lassen können.) Hinzugezogene Physiker, Elektrotechniker, Ingenieure, Computerfachleute und Psychologen konnten dem Entdecker der »Videobrücke zum Jenseits«, der am 7. Januar 1988 starb, nie einen Betrug nachweisen; jeder bekannte physikalisch-technische Weg, auf dem die Bilder vielleicht hätten entstehen können – insbesondere Abstrahlungen von Sendern – wurde systematisch ausgeschlossen. Namhafte Kritiker wie der Physiker, Astronom und Fernsehprofessor Dr. Heinz Haber, für den optische Manifestationen von Toten »bestimmt grenzenloser Blödsinn« und »Hokuspokus« sind[140], haben nie an Ort und Stelle nachgeforscht. Ein paranormaler Ursprung zumindest einiger von Schreibers Bildern war nicht von der Hand zu weisen, eine spiritistische Erklärung immerhin naheliegend.

Mit eben dieser Erklärung freunden sich Parapsychologen nur ungern an. Mit »Totenvideos« halten es die meisten wie mit »Tonbandstimmen«, denen Hans Bender seit 1963 nachforschte, in engem Kontakt mit Friedrich Jürgenson.[141] Im Sommer 1964 etwa lud Bender ihn zu Einspielungen ins private »Deutsche Institut für Feldphysik« in Northeim.[142] Argwöhnisch beaufsichtigt von zwei Physikern und einem Toningenieur, ließen Jürgensons Vorführungen am Ende »keine Zweifel«: »Auf völlig neuen Tonbändern, die betrügerische Manipulationen ausschalteten . . ., tragen Schallereignisse auf, deren Herkunft zu ermitteln war.« Undeutlich waren Stimmen hörbar.

Sind das unkontrollierte Äußerungen von Teilnehmern – ein unbewußtes Flüstern vielleicht? Kehlkopfmikrophone für jeden einzelnen schalten diese Möglichkeit aus.

Projizieren die Anwesenden womöglich einen eingebildeten Sinn auf zufällige Störgeräusche? Auch das läßt sich ausschließen: einerseits durch eine möglichst große Zahl geschulter Hörer, anderseits durch »Visible-Speech-Diagramme«, die phonetische Merkmale von Sprache objektivieren. Nimmt das Gerät bruchstückhaft Radiosendungen auf? Doch »Einspielungen« gelingen manchmal auch in hermetisch abgeschirmten Räumen.

So war für Bender am Ende »ein paranormaler Ursprung evident«. Doch statt mit »Jenseitigen« rechnet er lieber mit »psychokinetischen Einwirkungen« der Stimmenforscher auf ihre Tonbänder.[143]

Spricht gegen diese Deutung nicht der *Inhalt* der Stimmen? Oft schließt er ein Wissen ein, über das anscheinend kein Anwesender verfügen konnte.

In solchen Fällen könnte dem PK-Effekt eine *außersinnlich* aufgenommene Information vorausgegangen sein, mutmaßen Parapsychologen.

Waren es demnach Thorlin und Schneider selbst, die eigene mentale Bilder von Toten psychokinetisch auf Fernsehschirme projizierten? Ausschließen kann diese Möglichkeit niemand – bloß unglaubwürdiger finden als die spiritistische Hypothese selbst. Um sie zu umgehen, müssen Parapsychologen geradezu phantastische Psi-Fähigkeiten ins Spiel bringen, die in diesem Ausmaß ansonsten nie oder kaum je manifest wurden, schon gar nicht unter streng experimentellen Laborbedingungen – geschweige denn bei den beteiligten Stimmen- und Videoforschern selbst.

Während der leutselige, umgängliche Schneider stets mit offenen Karten spielte, bringen »Transkommunikations«forscher wie ihn seltsame Versteckspiele in den eigenen Reihen unverdient in Mißkredit: vor allem seitens der Luxemburger Gruppe C.E.T.L. *(Cercle dÉtudes sur la Transcommunication)* um Jules Harsch und seine Frau. Über ein eigenes »Mitteilungsblatt« macht C.E.T.L. seit Jahren durch eine spektakuläre »Eurosignalbrücke« zum Jenseits von sich reden. Diese Kontakte vermittelt angeblich eine Wesenheit, die sich »Techniker« nennt: seinen Durchsagen zufolge ein noch nie inkarnierter Geist mit überragenden Fähigkeiten. Der Umgang mit seinesgleichen scheint für die Luxemburger nicht ungefährlich: »Negative Jenseitsgruppen versuchten, die Kontakte zu stören«, heißt es in ihrem *Mitteilungsblatt* Nr. 1/88. »Negative Kräfte sind fähig, aus ihren Dimensionen unsere Transpartner nachzuahmen, dies mit dem Ziele, die Menschen zu verunsichern und die Transkommunikation in unserer Welt zu unterdrücken. Der Experimentierende ist plötzlich großen Schwierigkeiten und Krankheiten ausgesetzt.« Insbesondere der »Techniker« schreckt anscheinend nicht vor massivsten Drohungen zurück: Wer seine Anweisungen nicht befolgt, der kann »Gefahr laufen, sich ... am nächsten Morgen in einer Parallelwelt zu befinden« (so Frau Harsch in einem Vortrag am 2. Oktober 1988). Jedenfalls stellten die Harschs im Herbst 1987 krankheitsbedingt ihre Versuche vorübergehend ein.

Doch schon im Dezember 1987 muß aus dem »Jenseits« ein ermunternder Fingerzeig gekommen sein[144]: In den Computer der Harschs sollen die entkörperten Geister zweier großer Forscher etliche Mitteilungen und Ratschläge eingeschleust haben: der britische Entdecker Sir Richard Francis Burton (1821–1890) sowie die verstorbene sowjetische Wissenschaftlerin Dr. Swejen Salter. Per Telefonanruf lassen am 4. Januar

1988 auch Marget M., eine am 8. April 1987 verstorbene Freundin der Harschs, und der »Techniker« wieder von sich hören. Bald darauf melden sich die Stimmen Friedrich Jürgensons sowie Dr. Konstantin Raudive (1909–1974), des in die Bundesrepublik eingewanderten lettischen Schriftstellers, der sich in seinen letzten Lebensjahren ganz der Tonbandstimmenforschung verschrieb, nachdem er 1964 Jürgenson kennengelernt hatte. Insbesondere Raudive philosophierte, exklusiv für C.E.T.L., fortan in langatmigen, hohlen Monologen, so etwa »über die Rolle der Frau im allgemeinen Sinne«. Per Rundfunkgerät versicherte Jürgenson, die C.E.T.L.-Brücke zum Jenseits sei jetzt »gegen negative Kräfte abgesichert«; »gute Kräfte« hätten nun »die Macht über die Transkommunikations-Station wieder übernommen.«[145]

Derart bestärkt, landeten die Luxemburger am 1. Juli 1988 ihren bisher aufsehenerregendsten Coup: »Erstmals gelang es, *gleichzeitig Bild und Ton aus dem Jenseits zu empfangen«*, verbreitete begeistert der Gymnasiallehrer Dr. Theo Locher aus Brügg, Präsident der »Schweizerischen Vereinigung für Parapsychologie (SVPP).[146] Mit eigenen Augen will er erlebt haben, wie »am Fernsehgerät das Bild des verstorbenen Konstantin Raudive zu sehen (war) – so wie er heute verjüngt aussieht –, während dieser durch den Lautsprecher des TV-Geräts deutlich sprach.«

»Am 26. August (1988) besuchte ich die Luxemburger Forschungsgruppe«, berichtet Locher. »Für 20 Uhr war ein Kontakt angesagt worden, der dann auch erfolgreich verlief. Was wir erlebten, war eine Ton- und Bilddurchgabe per TV-Gerät. Die technische Anlage bestand aus einem nachweislich normal nicht funktionierenden Fernsehgerät, einem Feldgenerator nach H.O. König[147] und zwei sich mit ihren Strahlen kreuzenden UV-Lampen. Das aufgestellte Videogerät nahm das Bild vom Fernsehgerät laufend auf, ein Tonbandgerät die Stimme, welche aus dem Lautsprecher des Fernsehgeräts ertönte. Die künstlich erzeugte, getaktete Stimme des ›Technikers‹ war deutlich zu hören. Er schilderte kurz das Zustandekommen der Kontakte ... Gleichzeitig ... sahen wir im Bildschirm eine

Landschaft mit vier Bäumen. Dieser Kontakt dauerte nach meiner Zeitmessung zirka 2 Minuten 40 Sekunden.« Inzwischen verbreitet C.E.T.L. auch Videobilder von »Raudive in seiner jetzigen Erscheinung«.

Schon früh war der Düsseldorfer Diplom-Psychologe und Tonbandstimmenforscher Fidelio Köberle, zu Lebzeiten Jürgensons und Raudive ihr enger Freund und Bekannter, auf C.E.T.L aufmerksam geworden. Am 16. März 1987 fragte er bei Jules Harsch an, ob er sich denn einmal mit ihm über die atemberaubenden C.E.T.L.-Ergebnisse unterhalten könnte. »Auf eine telefonische oder schriftliche Antwort warte ich noch heute.« Stutzig geworden, stieß Köberle bald auf etliche weitere Merkwürdigkeiten um die Luxemburger Jenseitskontaktler[148]:

* Wenn der Kontakt zum »Techniker« tatsächlich so gefährlich, ja lebensbedrohlich sein soll – »ist die Harsch-Gruppe ... da nicht tollkühn«, wenn sie ihre Aktivitäten wieder aufnimmt? Köberle »muß gestehen: Wenn ich die Jenseitskundgaben des Technikers glauben würde ..., hätte ich Angst davor, mich dieser Gefahr auszusetzen.«
* Seltsamerweise verlangen C.E.T.L.-Einspielungen »unbedingt die Anwesenheit der Eheleute Harsch, oder neuerdings wenigstens eines Partners«.
* Durchsagen des »Technikers« »durften oft nicht per Tonband aufgezeichnet werden«. Der deutsche Physiker und Parapsychologe Dr. Ralf Determeyer aus Kirchzarten etwa »mußte einen aus Versehen vorgenommenen Kassetten-Mitschnitt dort sofort wieder löschen«.
* Gegen einen Nachbau ihrer Anlage wehren sich die Harschs mit Händen und Füßen. »Genaue Pläne können wir Ihnen leider nicht liefern«, erklärte Frau Harsch am 2. Oktober 1988.
* Der geniale »Techniker« beherrscht angeblich alle Sprachen fließend. Als die Harsch-Gruppe bei ihm anfragte, wie eine geplante internationale Dachorganisation heißen soll, hörte ihn Determeyer antworten: »Name ist Schall und Rauch. *Nomen est omen.*« Daraus ist für Köberle »zu entnehmen, daß er zumindest Latein nicht versteht, es aber trotzdem (falsch) benutzt«.

* Manche »Stimmen aus dem Jenseits« passen nicht zum angeblichen Sprecher. Weil Köberle Schallplatten und Tonbänder besitzt, die Raudive zu Lebzeiten besprach, stutzte er, als er eine Vorführung von »Raudives Durchsagen« miterlebte: »Die in der Harsch-Gruppe sprechende Stimme ist nicht die seine, auch nicht annähernd.«

Aber das angebliche Videobild des toten Raudives? Für Köberle »ist das das Porträt eines Ostasiaten, etwa eines Japaners«.

TRANCE-DIALOG MIT »CARL GUSTAV JUNG«

In Trance soll aus dem österreichischen Medium Mirabelle Coudris eine jenseitige Wesenheit sprechen, die sich »C. G. Jung« nennt. Ist sie »Kanal« für den großen Schweizer Psychoanalytiker, der 1961 starb? Daß die Durchgaben authentisch sind, wollen selbst intime Kenner von Jungs Werk nicht ausschließen.

An einem französischen Zentrum für Ganzheitliches Heilen hatte Mirabelle Coudris aus Wiener Neustadt, Jahrgang 1957, ihre medialen Anlagen entdeckt. Gemeinsam mit ihrem sieben Jahre älteren Mann René, dem langjährigen Leiter des Wilhelm-Reich-Archivs, gründete sie daraufhin 1981 in Seewalchen am Attersee ein spirituelles Beratungs- und Forschungsinstitut. Dort unterzog sie sich einem jahrelangen Trance-Training, um ihre Fähigkeiten weiterzuentwickeln. Bekannt wurde sie durch »Botschaften aus dem Mutterleib«, die sie 1984 während ihrer Schwangerschaft telepathisch empfangen haben will: von ihrem eigenen, ungeborenen Sohn, der sich ihr als hochentwickelte reinkarnierte Seele vorstellte.[149] Das wiedergeburtsgläubige Paar ist fest von »karmischen« Banden überzeugt, die es zusammenführten: »Einer der Gründe, warum wir auf medialem Gebiet ein gutes Team werden konnten«, meint René, »liegt in vielen gemeinsamen Inkarnationen – darunter oftmals als Bruder und Schwester –, in denen wir uns aufeinander abstimmen konnten« – aber das »mag glauben, wer will«.

Abb. 21: »Ich lebe nicht mehr in der Begrenzung, in diesem Sinne bin ich es nicht mehr«: »C. G. Jung« im Dialog mit der Sensitiven Mirabelle Coudris.

Im Jahr 1985 »plagte Mira eine Unterleibsinfektion«, erinnert sich René. »In Trance auf dem Schlafzimmerbett liegend, rief sie eines Abends einen weisen Mediziner im Jenseits um Hilfe. Da kamen hochkomplizierte Durchgaben, sexualenergetisch-psychologisches Zeug, das keiner von uns beiden recht verstand.« Der unsichtbare Ratgeber stellte sich als »C.G. Jung« vor.

Seither ist Miras medialer Kontakt mit dieser Wesenheit nicht mehr abgerissen. Bis Januar 1989 meldete sie sich bereits 120mal. Eingehend erläutert »C.G. Jung« seine Grundgedanken, nimmt Stellung zu psychologischen Fragen wie den Grenzen des analytischen Denkens, dem schöpferischen Potential im Menschen, Traumdeutungen oder unterschwelligen Wahrnehmungen. Er kennt sich aus in Atemtechniken, in psychophysischen Zusammenhängen, in Ganzheitsmedizin. Er philosophiert: über den Mut zu hoffen, über größten Schmerz als Glück, über Wege zur Selbstverwirklichung und Erleuchtung. Daneben geht »C.G. Jung« ausführlich selbst Themen wie Weihnachten (»Was die Heilige Familie wirklich bedeutet«), die Hintergründe von Aids oder die Bedeutung von Biorhythmen an. Patienten, die ihn konsultieren, berät er aus Miras Mund. Auszüge aus zwei Dutzend Sitzungen sind soeben als Buch erschienen, weitere sollen folgen.[150]

Dramatisch verändert sich während jedes Trance-Dialogs nicht nur Miras Stimme, sondern auch ihr Gesichtsausdruck – mehr und mehr nehmen sie Jung'sche Züge an. Es kommt ihr vor, als dehne sich ihr Körper aus. Ihr ist so, als beginne sie sich innerlich zu drehen und werde »wie von einem Windhauch sanft aus dem Körper gehoben«. Ihr Atem verlangsamt sich, die Haut wird blasser, ihre Körpertemperatur sinkt manchmal meßbar ab.

Produziert sie womöglich nur Wissen und Überzeugungen aus ihrem eigenen Unbewußten? Aber Mira hat Jungs Leben und Werk nie gekannt – zumindest anfangs nicht. In René Coudris' Bibliothek stehen freilich »wenige Bücher von und über Jung«. Die »wurden von mir nur angelesen«, versichert René treuherzig. Inzwischen schreibt Mirabelles psychologisch vorgebildeter Ehemann zu ihren gedruckten Durchgaben aber bereits Vorworte mit Kurzbiographie und Literaturliste zu Jung. Wie kann er da so sicher sein, daß Mira die Botschaften »keinesfalls aus meinem Unterbewußtsein abgezapft haben kann«? René tut diesen Einwand als »Denkfehler« ab: »Als ich das Vorwort schrieb, waren zwei Drittel der Durchgaben schon lang gelaufen. Erst dann hatte ich mir die Biographie Jungs aus Lexikas [der Staatlichen Studienbibliothek Linz] zusammengestellt!«

Auch wenn vieles banal, platt, verschwommen und beileibe nicht von »hoher spiritueller Weisheit«[151] durchdrungen klingt, manches geradezu kindlich New-Age-bewegt (»Erleuchtung von innen«, »In Liebe geben und sich selbst erkennen«, »Wir haben alle dieselbe Schöpferkraft«, »Kommen Sie Ihrem Selbst immer näher«): Immerhin erreichten schon einige der allerersten »gechannelten« Durchgaben – etwa über archetypisches Verhalten – ein geistiges Niveau, auf dem eigentlich nur ein intimer Kenner Jungs argumentieren kann – oder Jung selbst. »Es könnte aus seiner Quelle stammen«, räumt nach einer Testsitzung selbst Prof. C. A. Meier (82) ein, langjähriger enger Mitarbeiter Jungs, ehemals Präsident des C. G. Jung-

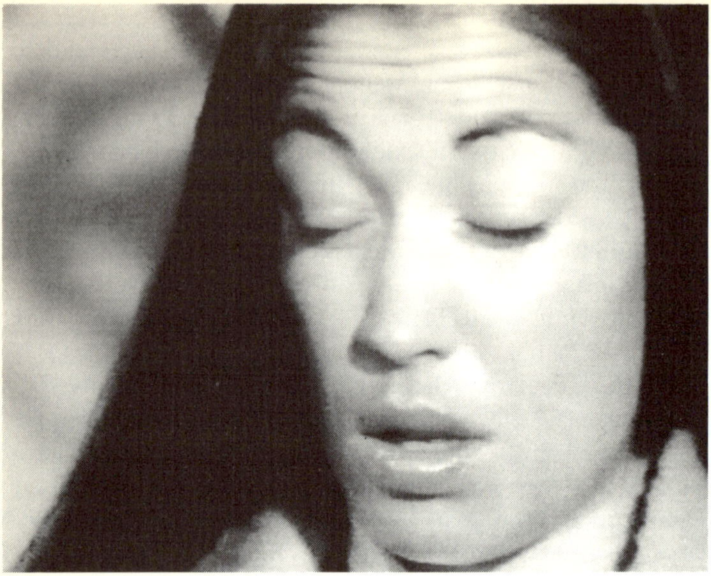

Abb. 22: Mirabelle Coudris während eines »Trance-Dialogs mit C. G. Jung«. Manchen Beobachtern scheint ihr Gesicht Jung'sche Züge anzunehmen.

Instituts und seit 1963 Leiter der Züricher »Klinik und Forschungsstätte für Jung'sche Psychologie«. Zwar klingt vieles neu – »aber Jung wäre ja auch nicht stehengeblieben, wenn er hier noch am Leben wäre«, schrieb eine 67jährige Psychotherapeutin dem Medium zustimmend. René Coudris: »Inzwischen schicken uns junge Psychotherapeuten sogar schon ihre schwierigsten Fallgeschichten. Jung nimmt dann Stellung dazu.«

Wenn die Coudris in ihrem Institut Klienten beraten, diagnostizieren und behandeln, ist gelegentlich auch C.G. Jung dabei. So »erkannte« er schon hinter hysterischen Anfällen und chronischen Ängsten »einen großen Stau an unausgelebter Sexualenergie«. »Ihre große Angst vor Verwundung und Ihre Furcht vor Belastung und Verantwortung«, so durchschaute er einen männlichen Ratsuchenden, »hängt mit Ihrer zerrütteten Psyche zusammen, die Sie aus Ihrer Kindheit mitbekommen haben ... Tief in Ihrem Innern schlummert große Angst und Aggression gegen Ihre Mutter, sogar Haß und Mordgefühle.« Ein Überbein (ein Ganglion, eine aus Nervenzellen bestehende Geschwulst) ist für Miras unsichtbaren Kotherapeuten »die Überreaktion eines Bewußtseinszustandes, in dem die Form, in der Sie leben, in übergeordnete Dimensionen eingehen möchte und den Weg über die Psyche nicht findet, weil Ihr innerer und äußerer Wunsch nicht zusammengekoppelt wurden«. Ob Komplikationen bei der Schwangerschaft, Dauerkonflikte mit der Mutter, die psychischen Hintergründe einer Krebserkrankung oder ein taubes Gefühl in den Beinen: »Jung« weiß Rat. Ob die Coudris nicht auch alleine darauf gekommen wären, bleibt dabei ebenso offen wie die Frage, ob der Schweizer Psychiater tatsächlich so diagnostiziert hätte, wenn er heute noch leben würde.

Ob bei Demonstrationen auf den Basler Psi-Tagen oder bei geplanten Seminaren in Herne, Nidda und Hemau: Wohin die Coudris' auch reisen – ihren »Kanal« zu Jung transportieren sie mit. Die Honorare sind dem ruhmreichen Namen angemessen: Für eine angekündigte 35minütige Einzelsitzung bei der deutschen »Akademie für Esoterik« im Frühjahr 1989 etwa wären DM 200.- zu berappen »oder bei Besserverdienenden zehn Prozent ihres Monatseinkommens gewesen« –, »weil für das Medium täglich nur eine Konsultation möglich ist.«[152]

Hellauf empört über solch unerbetene Auftritte zeigt sich die Erbengemeinschaft Jungs. »Als Copyright-Inhaber sämtlicher Angelegenheiten um C.G. Jung verbieten wir Ihnen, C.G. Jungs Namen mißbräuchlich ... zu verwenden«; denn dieser sei »gesetzlich geschützt«, mahnte ihr Geschäftsführer schon 1987 schriftlich. Die Coudris blieben stur – jetzt bereiten sich beide Seiten auf einen delikaten Rechtsstreit vor.

Pikanterweise machte sich Carl Gustav Jung selbst zu Lebzeiten eines solchen »Mißbrauchs« schuldig. In seinen Schriften berichtet er von einem geistigen Mentor namens »Philemon«, mit dem er sich regelmäßig austauschte – ihn »channelte«: »Psychologisch stellte Philemon eine überlegene Einsicht dar«, schrieb der Psychiater. »Er war für mich eine geheimnis-

Abb. 23: Auf karmischen Wegen zueinandergefunden: René und Mirabelle Coudris.

volle Figur. Zu Zeiten kam er mir fast wie physisch real vor. Ich ging mit ihm im Garten auf und ab, und er war das, was die Inder als Guru bezeichnen.«[153]

Wozu »meldet« sich Jung jetzt überhaupt? Er wolle »sein irdisches Werk erweitern, auf der Basis seiner heutigen Unterscheidungskraft«, meint René Coudris. »Er meinte erst kürzlich, daß er ›die Menschheit zu seinen Lebzeiten zu sehr mit dem Intellekt beglückt hat und heute mit einfacheren Worten direkt zu den Herzen sprechen möchte‹.«

Handelt es sich wirklich um C.G. Jung, der sich da ausgerechnet am Attersee einen »Kanal« suchte? »Direkt und provokant gefragt: Können Sie Ihre Identität als C.G. Jung beweisen?«, wollte der Diplom-Pädagoge Dieter Wiergowski aus Gelsenkirchen wissen, Herausgeber der Vierteljahreszeitung *Die Andere Realität;* »es wäre ja unter Umständen wichtig für

Ihre Anhänger, die sich dann zumindest eher anhören würden, was Sie nun zu sagen haben.« Den Angesprochenen ließ das kalt: »Ich möchte mich nicht beweisen müssen. Es widerspricht meiner inneren Auffassung.«[154]

Einen knallharten »Identitätstest« im Sinn, hatte sich auch der deutsche Psiforscher und Buchautor Elmar Gruber auf den Weg nach Lanzarote gemacht, wo die Coudris im Rahmen eines Kongresses auftraten. In einer seiner letzten Schriften hatte Jung ein Anagramm hinterlassen, das bisher niemand auflösen konnte; sollte Miras Dialogpartner, falls er »der Echte« war, das Rätsel nicht mühelos auflösen können?

Doch der hatte einfach keine Lust dazu: Er denke nicht daran, den Lesern seiner Werke nun posthum eine Denkaufgabe zu ersparen, die jeder für sich allein lösen sollte, so ließ er aus Mirabelle Coudris' Mund verlauten. »Jung hat Gruber auf sich zurückverwiesen, der war dann ganz schön sauer«, erinnert sich René Coudris. »Im übrigen sind wir das ganze Affentheater – ist er's nun, oder ist er's nicht – allmählich leid.«

Jung ebenfalls, wie es scheint. »Ich bin der, der ich mal war«, sprach es einmal aus Mira heraus. »Aber ich lebe nicht mehr in der Begrenzung. In dem Sinne bin ich es nicht mehr.«

VII
PARAMEDIZIN

AUS SEINEN HÄNDEN STRÖMT ELEKTRISCHE HEILKRAFT: DER »WUNDERHEILER AUS TIROL« IM TEST

Wenn der österreichische Arzt Dr. Leonhard Hochenegg seine Patienten berührt, spüren sie einen Stromstoß. Mit der elektrischen Heilkraft, die er willentlich aus seinen Händen strömen läßt, kommt der »Wunderheiler aus Tirol« selbst gegen chronische organische Leiden an.

Täglich drängen sich bis zu hundert Patienten im Wartezimmer des promovierten Mediziners, der seit 1979 in Hall bei Innsbruck praktiziert. Rund 50 000 waren es bisher, darunter viele, die von ihren Ärzten als »hoffnungslos« aufgegeben worden waren. Bis an die äußerste Grenze seiner Belastbarkeit versucht ihnen der sanfte, zurückhaltende, geradezu schüchterne Mann mit der leisen Stimme zu helfen. »Ordination: Mo–Fr 8–14 und 19–22 Uhr« steht auf seinem Praxisschild in der Eugenstraße 1; die fünf Stunden dazwischen füllen meist Hausbesuche aus. »Heilung kann ich niemandem garantieren«, machte der 47jährige Arzt dem renommierten englischen Psiforscher und Sachbuchautor Guy Playfair klar, der aus London angereist war, um den berühmten »Wunderdoktor« zu testen.[155] »Aber von schweren Erkrankungen im Endstadium und gewissen chronischen Altersbeschwerden abgesehen,

Abb. 24: Heilt mit Stromstößen aus seinen Händen: der österreichische Arzt Dr. med. Leonhard Hochenegg. Seit über einem Jahrzehnt praktiziert er in Hall bei Innsbruck.

kann ich zumindest eine Besserung erreichen« – auch wenn »es natürlich nicht immer klappt«:

* 1976 war bei der jungen Österreicherin Isabella Kronsteiner aus Ybbs an der Donau multiple Sklerose festgestellt worden: eine heimtückische Erkrankung des Zentralnervensystems, die zu fortschreitenden Lähmungen führt. Als sie 1985, mit 32 Jahren, zu Dr. Hochenegg fand, war sie total gelähmt: »Ich konnte nicht einmal mehr den kleinen Finger rühren.« Seit fünf Jahren an den Rollstuhl gefesselt, »war mein Lebenswille am Ende«. Bereits nach der zweiten Behandlung konnte sie »wieder stabil sitzen«, nach zehn Tagen schaffte sie die ersten Schritte ohne Rollstuhl. Heute ist Isabella zu 75 Prozent geheilt, erledigt Hausarbeiten zu Fuß ohne Krücken. Sie kann wieder ausgehen, Freunde treffen, verreisen und schwimmen.

* Eine junge Frau Mitte 20 wurde unter Dr. Hocheneggs Händen ein Glioblastom vollständig los: einen der bösartigsten Gehirntumoren überhaupt.

* Einen jungen Deutschen aus Würzburg hatte das »Kearns-Sayre-Syndrom«, eine seltene degenerative Erkrankung, geh- und sprechunfähig gemacht. Selbst die Augenlider konnte er nur mit größter Anstrengung offenhalten. Heute ist er genesen und wieder arbeitsfähig.

* Wegen eines Meningioms (einer bösartigen Geschwulst der Hirnhäute), das nicht mehr zu operieren war, sollte die 65jährige Josephine K. aus Jenbach (Österreich) gerade noch drei Wochen zu leben haben. Mit Dr. Hocheneggs Hilfe lebt sie Jahre später immer noch: Der Tumor hat zu wachsen aufgehört, ist inaktiv geworden.

Ob schweres Asthma oder Drogensucht, Allergien oder Depressionen, Hautausschläge oder Gallenleiden, ungewollte Kinderlosigkeit oder Rheuma, Sehstörungen, Lähmungen oder chronische Schmerzen – in allen Fällen hat der ausgebildete »Facharzt für Psychiatrie und Neurologie«, der 15 Jahre an Krankenhäusern arbeitete, schon helfen können. Selbst Prominente wie Luis Trenker, Gunther Sachs, »Monaco Franze«, Herbert Fischer oder Maria und Maximilian Schell fanden schon den Weg zu ihm. Seit der Fernsehmoderator Rainer Holbe vom Privatsender Radio Tele Luxemburg (RTL) ihn in der Reihe mit »Unglaublichen Geschichten« vorstellte, kommen viele aus der Bundesrepublik. Sogar aus den USA, Neuseeland, Australien und Ägypten sind schon Hilfesuchende angereist.

Auf wundersames Spektakel warten sie vergebens. Akupunktur, Phytotherapie und Homöopathie setzt Hochenegg ebenso ein wie bewährte Verfahren der Schulmedizin: von Vitamingaben über Ozonspritzen in Muskeln bis hin zu Insulin für Zuckerkranke. Zum bekannten »Kräuter-Doktor« machte ihn 1977 eine erste Reise auf die Philippinen, auf der er seine Frau kennenlernte, Tochter eines Geistheilers. Während ihn ein »Psychochirurg« dort vergeblich von seinen Krampfadern zu befreien versuchte, beeindruckte Hochenegg zutiefst die Heilkräuterlehre der Inselbewohner. Luis Gaiser, ein Tiroler Heilpraktiker, führte ihn in die Wunderwelt der heimischen Heilpflanzen, Wurzeln und Kräuter ein. Über 1000 davon setzt Hochenegg ein. »Die besten Mischungen werden erst durch die elektronische Datenverarbeitung möglich, die in Sekundenbruchteilen mit Millionen Schaltungen die optimalen Rezepte ermittelt.« Seine inzwischen weltweit gefragten Teerezepte und Tinkturen hat er 1986 in Buchform veröffentlicht.[156]

Daß nicht gegen alles ein Kraut gewachsen ist, braucht Hochenegg freilich niemand zu sagen. »Man kann nicht alles mit Blutegeln und Tees heilen. Man braucht auch die moderne Computertomographie. Ich behandle nach der uralten Medizinerweisheit: Erst kommt das Wort, dann die Pflanze, zuletzt das Messer.«

Berühmt machte ihn aber die Heilkraft seiner Hände, die er täglich dutzendfach einsetzt: »Er hält seine Hände einige Minuten schweigend über den Kopf eines Patienten«, erlebte Guy

Playfair. »Die Behandelten berichten daraufhin von einem schlagartigen Gefühl von Wärme, Ruhe und Frieden. Jetzt führt Hochenegg seine Hände zu einer bestimmten Körperstelle, so als suche er den genauen Punkt, an dem er ansetzen muß. Dann streckt er unvermittelt einen Finger aus und konzentriert sich.« Plötzlich ist ein scharfes Knistern zu hören. Sofort reagiert der Patient darauf: »Es kam mir so vor, als hätte mich ein Blitz getroffen«; »es durchfuhr mich wie ein elektrischer Schlag.«

Der Besucher aus England war sprachlos: »Ich wußte, daß der menschliche Organismus leichte elektrische Ladungen tragen kann. Aber wie sollen, willentlich gesteuert, mehrmals hintereinander Stromstöße dieser Stärke von ihm ausgehen?« Guy Playfair erlebte sie am eigenen Leib: »Hochenegg trat auf mich zu und deutete auf meinen Bauch. Ich hörte ein lautes Knacken – im selben Augenblick kam es mir vor, als hätte mich ein Stromkabel gestreift.« Topfpflanzen neigen ihre Blätter Hocheneggs ausgestrecktem Finger entgegen. Neonröhren leuchten auf, wenn er sie anfaßt.

»Jede natürliche Erklärung scheidet aus«, ist sich der Psiforscher sicher, ebenso wie reine Suggestion. Hochenegg selbst nimmt an, daß »es so etwas wie ein *›bioelektrisches Feld‹* geben muß, das Energie von einem gesunden auf einen kranken Körper übertragen und diesen strukturell verändern kann«. Für denkbar hält Playfair auch, daß während des Handheilens Psi-Information übertragen wird«. Als der englische Physiker Michael Shallis von der Universität Oxford kürzlich »elektrische Menschen« wie Hochenegg untersuchte[157], fand er, daß sie überdurchschnittlich häufig auch paranormale Fähigkeiten aufweisen: außersinnliche Wahrnehmung ebenso wie Psychokinese. Sie lassen Glühbirnen aufleuchten und platzen, legen Haushaltsgeräte und Computer lahm, erzielen in Hellsehtests hohe Werte.[158] Mit sechsfach erhöhter Wahrscheinlichkeit trifft sie ein Blitz, erleiden sie einen starken Elektroschock.

Hellseherische Fähigkeiten und Heilkräfte entdeckte der englische Heiler Cyril Higho an sich erstmals wenige Tage, nachdem ihn auf dem Golfplatz ein Blitz niedergestreckt hatte. Auch Hochenegg erinnert sich an einen starken elektrischen Schlag, der ihn als zehnjährigen Jungen einmal »quer durchs Zimmer warf«, während er gerade ein Radiogerät reparierte; zwei Jahre später wurde ihm zum ersten Mal eine starke Energie bewußt, die aus seinen Fingern strömte. »Wenn ›elektrische Menschen‹ überdurchschnittlich psi-begabt sind«, spekuliert Playfair, »dann tut Hochenegg vielleicht dasselbe wie die frühem Mesmeristen: Er bringt seine Patienten in einen außergewöhnlichen Bewußtseinszustand, in dem sie fähig werden, sich selbst zu heilen.«

Das Image des »Wunderheilers« mag Hochenegg überhaupt nicht. »Ich versuche einfach, den Leuten zu helfen, damit es ihnen wieder besser geht«, sagt er schlicht. »Und wenn etwas nicht funktioniert, dann probiere ich etwas anderes. Für viele hier bin ich halt die letzte Zuflucht – deshalb muß ich mir besonders Mühe geben.«

Zahlreiche Fälle »elektrischer Menschen«, die zeitweilig regelrecht unter Hochspannung zu stehen scheinen, erregten seit Mitte des 19. Jahrhunderts die Aufmerksamkeit von Ärzten, Psychiatern und Parapsychologen[159]:

* Während der französische Arzt Charpignon am 4. April 1837 einen Jungen entband, spürte er einen heftigen elektrischen Schlag. Die folgenden 24 Stunden experimentierte er mit dem Neugeborenen, wobei Charpignon ihn in einem Weidenkorb auf Glasfüßen halten mußte. Der Arzt konnte eine Leydener Flasche an ihm laden und Funken ziehen. Dann verloren sich die Phänomene schlagartig.

* Ein 1869 in St. Urbaine an der Loire geborenes Kind soll von einem weißlichen Schimmer umgeben gewesen sein. Messer, Löffel und andere kleine Gegenstände vibrierten, wenn sie in die Nähe seiner Hände und Füße gebracht wurden. Als es neun Monate nach der Geburt starb, soll sein Körper leuchtende Ausströmungen abgegeben haben.

* Der französische Arzt Despine berichtet von zwei an kataleptischen Erstarrungen leidenden Patienten, an denen blitzartige elektrische Entladungen und starke Phosphorenzen auftraten. Von einem dritten Patienten Despines gingen mehrfach kleine punkt- oder kugelförmige Lichter aus.

* In Deutschland sorgte vor allem die 12jährige Philippine Singer aus der Rheinpfalz für Aufsehen, die 1852/53 zunächst unter der Aufsicht zweier Ärzte, dann der Irrenanstalt von Frankenthal stand: Ihre Hände zogen leichte Gegenstände wie Uhren, Ringe, Geldstücke und Schlüssel an, die so fest haften blieben, daß sie oft nur schwer und unter Schmerzen wieder zu entfernen waren. Durch Berührung der Hände konnte sie ihre rätselhafte Fähigkeit übertragen. Wie der Arzt Dr. Hesse 1923 in der *Deutschen Medizinischen Wochenschrift* berichtete, beobachtete er ähnliche Erscheinungen an einer Patientin mit Zitterlähmungen – und der Münchner Nervenarzt Dr. Laudenheimer an sich selbst.[160]

Manchmal begleiten Lähmungen, Gehstörungen, hochgradige Erregung und heftige Konvulsionen die »Entladungen«; hinterher fühlen sich die Betroffenen oft völlig erschöpft.

Bis heute liefern »elektrische Menschen« der Tagespresse immer wieder willkommenen Stoff. So verbreitete die chinesische Nachrichtenagentur »Neues China« unlängst Meldungen über den 36jährigen Fabrikarbeiter Xue Dibo aus Urumqi, der Hauptstadt der nordchinesischen Provinz Xinjiang. Anfang 1988 habe Xue »erstmals gespürt, daß mit mir etwas nicht stimmt«. Seither könne er willentlich elektrische Entladungen aussenden – so stark, daß Menschen, die er berührt, zu Boden gehen, als hätte sie ein Starkstromkabel gestreift.[161] Ein gefundenes Fressen für Boulevardblätter bietet seit Jahren Pauline Shaw, eine 46jährige englische Hausfrau aus Dukinfield bei Manchester[162]: Aus ihren Fingerspitzen zucken zentimeterlange Blitze, mit denen sie Elektrogeräte durch bloßes Anfassen lahmlegen kann. Auf rund 25 000 Mark soll sich bis Mai 1988 bereits der Schaden belaufen haben, den sie dadurch allein in ihrem Haushalt anrichtete: darunter an 12 Fernsehern, 25 Bügeleisen, 15 Teekochern, 10 Radios, 3 Videorekordern, 18 Toastern, 6 Wäschetrocknern und rund 250 Glühbirnen. Eine Anstellung als Sekretärin verlor Pauline Shaw angeblich, nachdem sie versehentlich einen Firmencomputer lahmlegte; Kosten rund 50 000 Mark. Ihre »Entladungen« treten offenbar bloß phasenweise auf, alle sechs Monate, und halten gewöhnlich zwei Tage an; dabei quälen sie heftige Kopfschmerzen.

Sind diese Phänomene »übernatürlich«? Die Fähigkeit, elektrische Ströme zu erzeugen, besitzt jede lebende Zelle, sei sie tierischer oder pflanzlicher Natur. Elektrizität begleitet jeden chemischen Prozeß im menschlichen Körper. Im Auge und auf der Haut, in allen Muskeln und Drüsen treten elektrische Ströme auf. Sie durchlaufen das Herz, ermöglichen die Erregungsleitung von Impulsen, die Informationsverarbeitung im Gehirn. Ihre schwachen Schwingungen pflanzen sich nach außen als elektromagnetische Wellen meßbar fort. Insofern, stellte die Schweizer Zoologin und Parapsychologin Fanny Moser (1872–1953) schon vor über fünfzig Jahren klar, sind Erscheinungen bei elektrischen Menschen »nur die natürliche Steigerung einer normalen Fähigkeit aller Lebewesen«.[163]

An einer medizintechnischen Anwendung elektrischer Heilkräfte arbeitete der französische Ingenieur Georges Lakhovsky bereits in den zwanziger Jahren.[164] Er betrachtete den lebenden Organismus als System von Hochfrequenzströmen, in dem jede Zelle ein einfacher Oszillator ist, der auf einer besonderen Frequenz »vibriert«. Krankheit entsteht, wenn das oszillatorische Gleichgewicht der Zellen gestört ist; um es wiederherzustellen, unterwarf Lakhovsky sie kurzen elektrostatischen Schocks. Nach 1931 setzte er dazu eine aufwendige Apparatur ein, die er als »multiplen Wellenoszillator« bezeichnete: Zwischen zwei großen Spulen erzeugte er ein elektromagnetisches Feld, in das Patienten täglich eine Viertelstunde lang plaziert wurden. Mehrere französische Kliniken übernahmen Lakhovskys Gerät zur Behandlung organischer Krankheiten, unter anderem von Krebs. Ist »der Wunderheiler von Tirol« ein natürlicher Oszillator?

AUS NASSER WATTE: MATERIALISATIONEN, DIE HEILEN

Aus nasser Watte materialisiert die Brasilianerin Doña Edelarzil Tierknochen, Glassplitter, Metallstücke und Textilfetzen – und heilt damit. Klaus Schubert, Psiforscher aus Burscheid bei Köln, dokumentierte ihren Fall in qualitativ hochwertigen Farbfilmen, die er während mehrerer Studienreisen auf Video drehte.

Zu den Materialisationen kommt es regelmäßig im Verlauf eines magischen Rituals, das sich bis zu viermal täglich wiederholt. Aus allen Landesteilen strömen Hilfesuchende unangemeldet in Doña Edelarzils »Praxis«, einen karg eingerichteten Versammlungsraum in Rio Preto, 600 Kilometer von Sao Paulo entfernt. Dort steht vor einem Marienaltar ein etwa einen Meter hoch gemauertes rundes Wasserbecken, abgedeckt mit einem feinmaschigen Metallsieb. Auf ihm breitet die 45jährige »Heilerin« Watte aus, die all ihre Klienten kartonweise mitgebracht und zu kleinen Bäuschen und Streifen zerpflückt haben.

Besonders andächtig, versunken wirkt sie nicht. »Ohne Trance, ohne irgendwelche Verzückungen, gelegentlich sogar scherzend und Umstehende anlächelnd«, faltet sie die Hände zu einem »eher dahingeleierten« Gebet – so lange, bis sie »eine schemenhafte Gestalt in einer Mönchskutte« wahrzunehmen meint, einen »geistigen Führer«, der sie bei ihrem weiteren Vorgehen »anleitet«.

Auf dessen unsichtbares »Zeichen« hin beginnt sie nun damit, den Wattehaufen minutenlang unter fließendem Wasser

Abb. 25: »Stirb oder diene!«: die brasilianische Heilerin Doña Edelarzil.

Abb. 26: »Mit den Knoten das Böse auflösen«: materialisierte Schnüre und Gewebefetzen, die Doña Edelarzil aus nasser Watte zog.

aus einem Schlauch zu tränken. Immer wieder knetet und drückt sie ihn dabei aus, bis ein fester, kompakter Klumpen entsteht. Manchmal gießt sie zusätzlich Brennspiritus darüber, der das Material »reinigen« soll.

Einen Augenblick hält sie inne – dann reißt sie den Watteklumpen an mehreren Stellen auf. In den Spalten färbt sich die Watte plötzlich rotbraun, »wie die brasilianische Erde« (Schubert), begleitet von leisen Klackgeräuschen, »so als würden Fingernägel gegeneinanderklappern«.

Unvermittelt ragen aus dem nassen, weißen Haufen tierische Knochenteile hervor – »manche größer als der ganze Watteklumpen« –, einmal sogar ein ganzer Kalbsschädel. Es erscheinen Glassplitter, Metallstücke wie Schlüssel, Schrauben und lange, mehrfach gewundene Drähte, außerdem Bast- und Textilfetzen, die fast immer eigenartige Knoten aufweisen. Die größten Materialisationen entstehen gleich zu Beginn; später, »wenn meine Energie nachläßt« (Edelarzil), werden sie immer kleiner.

Wieso ausgerechnet Watte? Früher, so erzählt die Heilerin, habe sie Materialisationen unmittelbar am Körper ihrer Patienten vorgenommen. Danach sei ihre Kleidung immer stark verschmutzt gewesen. »Die Geister« hätten ihr daraufhin Watte empfohlen.

Angeblich von ihrem jenseitigen Helfer angewiesen, händigt Doña Edelarzil die einzelnen Teile, in Zeitungspapier eingewickelt, dem jeweiligen Hilfesuchenden aus – als Zaubermittel, das Böse loszuwerden, das ihn quält. Dazu muß er seine Materialisationen in fließendem Wasser »fortspülen«. Die Knoten hat er vorher unbedingt aufzulösen; nur so »löst« sich auch auf magische Weise das Böse, das ihn gefangenhält.

Soweit diese »Therapie« hilft, sieht Schubert sie ausschließlich auf einem *Placebo*-Effekt beruhen – der Macht des Glaubens an Heilung. Sie produziert Fetische für einen Abwehrzauber. Die Materialisationen allerdings hält Schubert zweifelsfrei für echt. »Natürlich denkt jeder kritische Beobachter zunächst einmal: ›Die hat das Zeug doch bestimmt aus dem Abfallhaufen um die Ecke geklaut und unter ihrer Kleidung versteckt. Jetzt trickst sie es irgendwie in ihre Watte.‹« Doch nach stundenlangen Tests, für die Schubert völlig freie Hand blieb, schließt er jede Täuschungsmöglichkeit aus. Aus nächster Nähe durfte er das geheimnisvolle Ritual in voller Länge fortlaufend filmen. Eigenhändig zerpflückte er die Watte über dem Sieb, half sie zu tränken und zu formen – und spürte fassungslos, »wie sich unter meinen Händen die Watte an einzelnen Stellen auswölbte. Gleichzeitig stieg ihre Temperatur um etwa drei bis vier Grad an«. Abermals traten »wie aus dem Nichts« Knochenstücke hervor, große Glasteile, Nägel, Textilstücke mit kleinen Knoten. Während Schubert filmte, kam es zu »Poltergeistphänomenen, die mich eine Kamera gekostet haben und beinahe auch die Beleuchtung«:[165]

Ihre paranormale Begabung will Doña Edelarzil im 17. Lebensjahr erworben haben, als sie auf dem Höhepunkt einer schweren Krankheit »von einem Geistwesen vor die Wahl gestellt wurde, entweder zu sterben oder sich fortan ganz in den Dienst am Nächsten zu stellen«. Seither praktiziert die Mutter von vier Kindern unentgeltlich, von ihrer Berufung zutiefst überzeugt – gegen den Willen eines cholerischen Ehemannes, dessen Fußtritte ihr bereits zwei Fehlgeburten eingetragen haben.

VIII
MEDITATION UND MYSTIK

WER MEDITIERT, LEBT LÄNGER

Ältere Menschen, die meditieren, können damit ihre Lebenserwartung beträchtlich erhöhen. Das fanden die amerikanischen Psychologen Ellen Langer und Charles Alexander in einer Untersuchung hochbetagter Insassen eines Pflegeheims.

Mit geschlossenen Augen sitzt die 83jährige Frau in einem bequemen Sessel. Ruhig, gleichmäßig, tief geht ihr Atem. Ihre friedlichen Gesichtszüge, ihre lockere, entkrampfte Körperhaltung deuten auf völlige Entspannung hin. Trotzdem wirkt sie hellwach: Als neben ihr eine 78jährige Mitbewohnerin heftig husten muß, schaut sie kurz nach ihr, legt ihr sanft die Hand auf den Rücken – dann geht sie wieder in sich. Kaum merklich bewegen sich ihre Lippen. »Om Mani Padne Hum«, denkt sie im stillen, langsam und konzentriert. »O-m M-a-n-i P-a-d-m-e H-u-m.«

Die Greisin nimmt an einem wissenschaftlichen Experiment teil. Drei Monate lang trainierten die amerikanischen Psychologen Ellen Langer und Charles Alexander[166] Heimbewohner, deren Durchschnittsalter bei 81 Jahren lag, in Meditation, in diesem Fall in »Transzendentaler Meditation« (TM): einer einfachen Technik zur raschen, tiefen Selbstversenkung, die der indische Mönch Maharishi Mahesh Yogi 1958 speziell für den »eiligen« westlichen Menschen entwickelte.[167] TM verlangt, zweimal täglich 15 bis 20 Minuten lang ein Schlüsselwort, ein *Mantra*, ganz in den Mittelpunkt des Bewußtseins zu rücken und unentwegt im Geiste zu wiederholen. (Darin steckt die indische Wurzel »man« = denken; mit der Endung »-tra« werden Ausdrücke für Werkzeuge gebildet.) Ein Mantra kann aus ein, zwei Wörtern bestehen oder aus einem ganzen Satz. Offenkundige verbale Bedeutung muß es nicht haben; oft besteht es aus sinnlos scheinenden Lautketten. Den Geist beruhigen, erweitern und erheben soll ein Mantra durch seinen Klang, seinen Rhythmus und eine tiefere, mystische Bedeutung, die sich nach und nach erschließt, je länger mit ihm geübt wird. Mantras sind keine magischen Zauberformeln, die automatisch wirken, unabhängig von dem, der sie gebraucht. Jedes Mantra ist ein ganz persönliches »Werkzeug«, das auf die Persönlichkeit, die Schwierigkeiten und Anliegen des Meditierenden »zugeschnitten« ist, ihn »anspricht« und bewegt; mit dem Meditierenden wird es vorweg abgestimmt. Grundsätzlich eignet sich jedes sprachliche Gebilde dafür. Das aus sechs Sanskrit-Silben bestehende *Mani-Mantra* »Om mani padme hum« beispielsweise kann angeblich, seiner ursprünglichen Bedeutung nach, unter anderem Mitgefühl und Hilfsbereitschaft gegenüber Notleidenden wecken; Neid, Eifersucht oder Wut soll es in heitere Gelassenheit verwandeln. »Transzendentale Meditation« ist denkbar einfach, rasch und mühelos zu erlernen – und wirkt nachweislich unmittelbar, tief und nachhaltig. Wer sie beherrscht, »versinkt« nicht eigentlich: Er erlebt den eigenartigen Zustand, sich völlig entspannt zu fühlen, obwohl er zugleich hellwach bleibt, auf Reize von außen leicht ansprechbar. Dazu bedarf es keines jahrelangen, asketischen Trainings, keiner besonderen Intelligenzleistungen, keiner außergewöhnlichen Konzentrationsfähigkeiten. Selbst die hochbetagten Pflegebedürftigen kamen mühelos damit zurecht.

Eine zweite Gruppe gleichaltriger Heimbewohner unterwiesen Langer und Alexander gleichzeitig in einfachen Techniken, sich zu entspannen; eine dritte Gruppe nahm an regelmäßigen Übungen zu erhöhter Konzentration und Aufmerksamkeit teil. Eine vierte Gruppe diente lediglich zur Kontrolle: Sie erlernte nichts davon.

Nach Abschluß der Trainingsphase unterzogen die Psychologen alle Versuchspersonen eingehenden Tests auf ihre körperliche, seelische und geistige Verfassung. Verglichen mit der altersgleichen Kontrollgruppe, schnitten die meisten deutlich besser ab. Doch bei weitem die höchsten Werte erzielten die TM-Trainierten.

Kann dieser bemerkenswerte Erfolg irgendwelchen Einfluß auf die Lebenserwartung der Hochbetagten haben? Die Sterberate in diesem Altersheim lag bisher sehr hoch: Nur 62 Prozent der Bewohner erlebten dort das jeweils nächste Jahr. Als Langer und Alexander das Schicksal ihrer Versuchspersonen weiterverfolgten, stellten sie überrascht fest: Drei Jahre später waren aus der Entspannungsgruppe noch 65 Prozent, aus der Konzentrationsgruppe noch 87 Prozent am Leben; von den regelmäßig Meditierenden war kein einziger gestorben.

Okkulte Kräfte sind dabei keineswegs im Spiel: Im meditativen Zustand entspannter Wachheit sinkt der Blutdruck, verlangsamt sich der Herzschlag, geht der Atem regelmäßiger und tiefer. Anspannung wird meßbar abgebaut: Der galvanische Hautwiderstand sinkt.[168] Der Laktateblutspiegel nimmt deutlich ab.[169] Verstärkt erzeugt das Gehirn »Alphawellen«, Aktionsströme im Bereich von 10 bis 12 Hertz, die mit Entspannungszuständen einhergehen.[170] Der Sauerstoffverbrauch, ein zuverlässiger Maßstab für Stoffwechselveränderungen, sinkt bereits in den ersten Minuten der Meditation um 16 Prozent – beinahe doppelt so stark wie beim Schlaf.[171] Wie Medizinforscher seit langem wissen, kann angeblich solch tiefe Entspannung Gesundheit erhalten und fördern. So schüttet das Zwischenhirn weniger Stresshormone aus, die das Immunsystem schwächen – und dadurch für Erkrankungen anfälliger machen. Auch über die unmittelbaren und langfristigen Wirkungen von TM auf Psyche und Geist sind sich Meditationsforscher und Psychotherapeuten weitgehend einig: Sie kann neurotische Persönlichkeitszüge abbauen; die Widerstandskraft gegen Streß erhöhen; Stimmungen und Gemütslagen stabilisieren; Spannungen und Zwänge, Ängste und Süchte abbauen; Identitätsgefühl, Selbstachtung und Eigenkontrolle stärken; Gedankenfluß und geistige Ausdauer erhöhen; wahrnehmungsfähiger, produktiver und kreativer machen; kognitive »Blockierungen« brechen; Aggressionen bewältigen helfen; zu intimem Kontakt fähig machen.[172] Geübte fühlen sich anhaltend frisch, energiegeladen, ruhig und gelassen, »im Gleichgewicht«. In der psychosomatischen Medizin häufen sich die Beweise dafür, daß solche Befindlichkeiten auch dem Körper gut tun. Unruhige, hastige »Typ-A«-Persönlichkeiten etwa tragen ein zwei- bis siebenfach erhöhtes Risiko einer koronaren Herzerkrankung – und sind für Krebs deutlich anfälliger als ausgeglichene, gelassene »B-Typen«.[173] Neuesten Untersuchungen zufolge treten bei Menschen, die regelmäßig meditieren, seltener Infektionen auf – und bis zu 87 Prozent weniger Herzerkrankungen, bis zu 55 Prozent weniger Krebs.[174]

Allerdings scheint bereits die bloße Teilnahme am Langer/Alexander-Experiment die Lebenserwartung günstig beeinflußt zu haben. Selbst aus der »Kontrollgruppe« lebten drei Jahre später noch 77 Prozent. Allein schon das Gruppenerlebnis, verbunden mit dem Gefühl, im Mittelpunkt wissenschaftlicher Aufmerksamkeit zu stehen, beachtet und für eine wichtige Aufgabe gebraucht zu werden, wirkte sich offenbar psychosomatisch vorteilhaft aus.

Warum allerdings die Überlebensrate der »Entspannungs«-gruppe nur bei 65 Prozent lag, bleibt auch Langer und Alexander schleierhaft. Möglicherweise hatten ihr von Anfang an überdurchschnittlich viele Schwerstkranke angehört.

Was hat transzendentale Meditation einfachen Entspannungs- und Konzentrationsübungen voraus? Den *religiösen* Bezug, vermuten manche. Der Zustand der Stille und des tiefen inneren Friedens, den geübte Meditierende erreichen, gilt Hindus nicht als Selbstzweck; er soll ihnen mystische Einsichten eröffnen: in die göttliche Schöpfung und die eigene Bestimmung in ihr. Die heilige Silbe »Om« etwa, lehrt Lama Govinda, »drückt das Erlebnis des Unendlichen in uns aus, das wir als fernes Ziel empfinden können oder als bloße Ahnung, als Sehnen... das wir verwirklichen können, indem wir die Begrenzung niederreißen und die Knechtschaft niederer Triebe überwinden«.[175] Als Türöffner zu derartigen Offenbarungen stillt Meditation, ebenso wie ein andächtiges Gebet, anscheinend ein religiöses Grundbedürfnis, stiftet Sinn, kann Altersdepression vertreiben – und neuen Lebensmut geben.

Nichts liegt Langer und Alexander allerdings ferner, als für die TM-Bewegung und ihren umstrittenen Guru Maharishi wissenschaftlich verbrämte Werbung zu betreiben. Andere Meditationstechniken, unter fachmännischer Anleitung intensiv eingeübt, hätten womöglich die gleichen, wenn nicht gar noch günstigere Effekte gezeitigt. Wie die Studie zudem belegt, braucht die »Mantra«-Technik, um zu wirken, keineswegs an eine bestimmte Philosophie, ein inbrünstiges religiöses Bekenntnis gebunden zu sein – zum Ärgernis vieler orthodoxer Hindus, welche die »westliche« Spielart als oberflächlich abtun; und zur Beruhigung aufgeregter Kritiker, vor allem von seiten der christlichen Kirchen, die hinter der saloppen, weltoffenen Präsentation der TM-Meditationstechnik der TM einen Köder für fernöstliche Heilslehren wittern. Um die seltsame Kraft von »Mantras« zu erleben, müssen Meditierende nicht erst an ewige, spirituelle Urtöne und mystische Grundbedeutungen glauben lernen, die sich nur Eingeweihten voll erschließen.[176] Auch eignen sich als »Mantras« uralte Sanskrit-Textstücke, die gläubigen Hindus heilig sind, grundsätzlich nicht besser als christliche Gebetsformeln und Bibelverse wie »Herr Jesus Christus, erbarme dich unser« oder »Gottes Friede ist in mir«. Vor allem ihrer religiösen Offenheit wegen hat sich diese vereinfachte Yogaübung von Maharishis Schule in der indischen Millionenstadt Madras aus mittlerweile weltweit verbreiten können. Schon 1977 zählte die transzendentale Bewegung in den Vereinigten Staaten und Europa 1,5 Millionen Anhänger. Inzwischen sollen sie über sechs Millionen Menschen allein in den USA praktizieren[177], wo Maharishis Bewegung, von zwei großen Dachorganisationen getragen, inzwischen sogar eine eigene Universität und eine Fernsehstation unterhält. (Eine deutsche Landesgruppe, mit Sitz in Frankfurt am Main, wurde im Dezember 1960 gegründet.) Vermutlich läge die Zahl der Anhänger noch wesentlich höher, wenn stümperhafte Einführungen, mantrische Geheimniskrämerei, plumpe Bekehrungsversuche einiger hinduistischer Eiferer, ein überzogener Erkenntnisanspruch als »Wissenschaft der kreativen Intelligenz«[178] sowie ein fragwürdiger Personenkult um Maharishi (wörtlich: »der große Seher«) nicht viele Neugierige abgestoßen hätten – während sie labile Sinnsucher in schlimme psychische Abhängigkeiten trieben. Nicht von ungefähr hat das Bonner Bundesgesundheitsministerium in zahlreichen Veröffentlichungen der TM-Bewegung vorgehalten, sie sei darauf aus, »Anhänger durch Meditationstechnik in eine Scheinwelt zu entführen«; ihre »entartete religiöse Technik« bewirke »Hörigkeit der Sektenmitglieder«. Daraufhin zog die empörte Internationale Meditationsgesellschaft (IMS) vor den Kadi – und mußte sich Mitte Mai 1989 vom Bundesverwaltungsgericht in Berlin eine Abfuhr erteilen lassen (Az: 7 C 2.87): Die Bundesregierung rechnete TM völlig zu Recht den gefährlichen »Jugendsekten« zu.

Doch mit Mantras zu meditieren, ist kein Privileg von TM-Bewegten.

»In Wirklichkeit beruht die korrekte Ausübung der TM-Technik auf keiner bestimmten kulturellen Richtung«, stellt Harold Bloomfield klar, Direktor für Psychiatrie am Institut für Psychophysiologische Medizin in San Diego (Kalifornien) – »sondern nur auf den angeborenen Fähigkeiten des Nervensystems«.[179] Auf solche Fähigkeiten setzt neuerdings sogar eine der größten privaten Krankenkassen der Niederlande, *Silver Cross*: Um 30 Prozent senkte sie 1988 die Beitragssätze für Versicherte, die regelmäßig meditieren.[180]

KEINE »INNENWELTLER«
Mystik macht verantwortlich

»Ich war eins mit allem.« »Alles um mich herum schien plötzlich Bewußtsein zu haben.« »Meine Identität löste sich auf, ich verschmolz förmlich mit den Menschen um mich herum.« Tiefe Meditationen, aber auch psychedelische Drogen wie LSD führen häufig zu mystischen Erlebnissen dieser Art. Erzeugen sie nicht zwangsläufig egozentrische »Innenweltler«? Auf höheren, »transpersonalen« und »kosmischen« Bewußtseinsebenen schwebend, heben Mystiker angeblich leicht ab, drücken sich um ihre soziale Verantwortung, steigen aus, ziehen sich ins stille Kämmerlein kontemplativer Versenkung zurück.

Dieses Vorurteil rücken Thomas Smurthwaite und Roy McDonald, zwei amerikanische Psychologen an der *State University* in San Diego, jetzt experimentell zurecht.[181]

133 Versuchspersonen – Studenten ihrer Universität – hatten sich zunächst in einem »Mystizismus-Test« mit 32 vorgegebenen Aussagen über acht typische mystische Erlebnisse einzuschätzen.

Anhand dieser Werte stellten die Wissenschaftler zwei Gruppen mit je 34 Mitgliedern zusammen: die eine mit stark ausgeprägten Erfahrungen dieser Art – darunter auffallend viele Frauen –, die andere mit besonders geringen. Wie stark beschäftigen sie sechs ausgewählte soziale Probleme: Atomkrieg, Umweltzerstörung, Kernenergie, Abtreibung, Todesstrafe,

Arbeitslosigkeit und Welthunger? Umfangreiche Fragebogen testeten daraufhin beide Gruppen: Wieviel wissen sie über das jeweilige Problem? Wie häufig denken sie darüber nach, diskutieren es mit Angehörigen, Freunden und Bekannten? Wieviel Zeit und Geld würden sie für Initiativen aufwenden, die sich dafür einsetzen? Verfolgen sie aufmerksam Nachrichten darüber? Würden sie einen Vortrag oder eine Debatte darüber besuchen?

Mystisch Erfahrene, das machte die Auswertung klar, sind keineswegs weniger sozial engagiert. Im Gegenteil: Ihre Testergebnisse liegen sogar leicht über dem Durchschnitt. Smurthwaite und McDonald widersprechen damit entschieden einer Studie der »Gruppe zur Förderung der Psychiatrie« am New Yorker »Dokumentationszentrum für Geistige Gesundheit«[182], einer Einrichtung namhafter amerikanischer Psychologen und Therapeuten: Ihnen zufolge fixieren mystische Zustände den einzelnen ganz auf innere Befriedigungen, rücken sein Ich ins Zentrum und blenden den Rest der Welt aus. Dieser Tendenz sehen die Psychologen ein Schlüsselerlebnis des mystischen Zustands entgegenwirken: die Erfahrung der Einheit allen Seins, der wechselseitigen Abhängigkeit aller Teile voneinander.[183] Dieses Erlebnis mache sensibel für alle Veränderungen in der natürlichen und sozialen Umwelt; es nähre die Sorge um die Erhaltung der Schöpfung und das Wohlergehen der Mitmenschen. Die San-Diego-Studie bestätigt damit Erfahrungen, die der weltbekannte LSD-Forscher und Psychotherapeut Stanislav Grof in seiner »Holotropen Therapie« machte: Die »transpersonalen« Erlebnisse, die psychedelische Drogen wie LSD bisweilen auslösen, können das Bewußtsein für soziale und planetarische Zusammenhänge teilweise dramatisch schärfen.[184]

Dabei gehört die Erfahrung der Einheit zu jenen Gipfelerlebnissen, die gewöhnlich erst lange, geschulte Meditation vermittelt. Deshalb, so vermuten die Forscher, sei sie wohl nur von den wenigsten Versuchspersonen in San Diego je erfahren worden: »Was hätte unser Test erst ergeben, wenn wir uns von Anfang an auf ausgesprochene Könner in meditativen Praktiken konzentriert hätten?«

IX
PRÄKOGNITION

»DURCH DAS LOCH STÜRZEN FAHRZEUGE . . .«
Brückeneinsturz vorweg geträumt

Sah eine junge Ärztin im Traum einen der folgenschwersten Brückeneinstürze in der Geschichte Amerikas voraus? Eingehend untersuchte ihren Fall der Philosoph Kerry S. Walters, Assistenzprofessor am Gettysburg College, Pennsylvania: »Einen Zufall schließe ich aus.«

Am Freitag, den 9. Mai 1980, gegen 7.30 Uhr, rammt das 34 000 Tonnen schwere Frachtschiff »Summit Venture« die »Sunshine Skyway Bridge«: eine 15 Meilen lange, in weitem Bogen gewölbte Brücke, die St. Petersburg (Florida) auf mehreren mächtigen Stützpfeilern, über das tiefblaue Wasser der Tampa Bay hinweg, mit Terra Ceia verbindet. Vom allmorgendlichen Berufsverkehr ist sie um diese Zeit dicht befahren. Ein mittleres Teilstück der Brücke, 390 Meter lang, bricht ein – und reißt einen Omnibus, drei Pkw und einen Lastwagen 42 Meter in die Tiefe. Kein Insasse überlebt, 32 Menschen kommen um. Expertengutachten geben hinterher den extremen Wetterbedingungen die Hauptschuld: Ein Sturm erreichte an diesem Morgen Hurrikanstärke, heftige Windböen und Regenschauer sorgten für miserable Sichtverhältnisse.

Eine halbe Stunde zuvor hat die 23jährige Medizinstudentin Melanie Sanders[185] aus Cincinnati, Ohio, einen Traum, an den sie sich bis heute lebhaft erinnern kann. Extrem kurz, »wie ein Blitz«, schießen der Schlafenden Bilder von einer »ausgedehnten« Brücke »irgendwo in Florida, vielleicht in einer Stadt« durch den Kopf, die »hoch über blauem Wasser« von einer unbestimmten Anzahl von »Säulen« gehalten wird. Plötzlich bricht die Brücke »in der Mitte« ein. Durch das Loch stürzen »ungefähr zehn« Fahrzeuge. »Irgendwann morgens« passiert das, wahrscheinlich zu den Stoßzeiten, denn Melanie sieht »dichten Verkehr«.

Unmittelbar nach ihrem Traum erwacht sie, schläft dann aber nochmals ein, bis gegen 8 Uhr. Ohne von den nächtlichen Schreckensbildern sonderlich aufgewühlt zu sein, erzählt sie

Abb. 27: Der Einsturz: Nachdem ein Frachtschiff einen Brückenpfeiler rammte, brach ein mittleres Teilstück der »Sunshine Skyway«-Brücke ein, riß fünf Fahrzeuge in die Tiefe.

zwischen 9 und 9.30 Uhr eher beiläufig zwei Mitarbeitern davon, die vorhaben, an diesem Tag zu einem Ärztekongreß nach Florida zu fahren.

Erst am späten Nachmittag erfährt Melanie, heute Assistenzärztin an einer Privatklinik, aus dem Rundfunk zum erstenmal von der »Sunshine-Skyway-Bridge«-Katastrophe. (Ihre beiden Kollegen sind um diese Zeit bereits nach Florida unterwegs, hören auf ihrer Fahrt aus dem Radio davon.) Sofort glaubt Melanie an einen präkognitiven Traum, findet das allerdings nicht einmal sonderlich aufregend und macht deshalb auch kein Aufhebens darum: Paranormale Erlebnisse, vor allem Wahrträume und außerkörperliche Erfahrungen (OBEs) hat sie schon, so weit sie sich zurückerinnern kann, vor allem aber seit 1980, nachdem sie regelmäßig zu meditieren begann. Auch ihre Mutter (heute 57) und ihre beiden Schwestern (34 und 21) sollen präkognitiv begabt sein: Sie sahen den Tod des Vaters voraus, der 1968 zu Weihnachten bei einem Verkehrsunfall ums Leben kam.

Dagegen beeindruckte Melanies Fall den Philosophen Kerry S. Walters aus Gettysburg, als er 1985 davon hörte. Eingehend interviewte er die junge Medizinerin, die er als »hochintelligent, umgänglich, allerdings stark angespannt« erlebte; er befragte Zeugen und Angehörige.[186] War Melanies Traum nach streng wissenschaftlichen Maßstäben *präkognitiv* (von lat. praecognoscere = wörtl. vorher erfahren, im voraus wissen) – ein echter Fall von außersinnlicher Wahrnehmung eines künftigen Ereignisses? Übereinstimmungen allein genügten Kerry Walters nicht – sie könnten zufällig sein. Er wollte wenigstens fünf Bedingungen erfüllt sehen, wie sie der englische Parapsychologe G. W. Lambert 1965 formuliert hatte[187]:

1. Was ein Schläfer präkognitiv »sieht«, muß er glaubwürdigen Zeugen berichten, *bevor* das betreffende Ereignis eintritt. Zwar hatte die junge Frau erst anderthalb Stunden später Gelegenheit, weiterzuerzählen, was sie träumte. Doch sowohl sie als auch ihre Kollegen erfuhren erst nachträglich, aus den Medien, von der Tragödie, die sich hunderte von Kilometern entfernt zugetragen hatte.

2. Der zeitliche Abstand zwischen Traum und dem betreffenden Ereignis muß so klein sein, daß zufällige Koinzidenzen unwahrscheinlich werden. (In diesem Fall betrug er lediglich eine halbe Stunde.)

3. Der Träumer sollte über kein Vorwissen verfügen, das als psychologischer Auslöser des Traums hätte fungieren können. Tatsächlich hatte Melanie Sanders nie zuvor von der betreffenden Brücke gehört. Bekannt war ihr lediglich, daß ihre Kollegen vorhatten, nach Florida zu reisen. Hat eine unterschwellige Besorgnis, es könnte ihnen etwas zustoßen, den Traum ausgelöst? Dagegen spricht für Walters, daß sie den Traum nicht im entferntesten als Warnung vor einer drohenden Gefahr empfand und deshalb überhaupt nicht beunruhigt war; auch kamen ihre beiden Freunde in dem Traum nicht einmal vor.

4. Ein präkognitiver Traum sollte das betreffende Ereignis weniger symbolisch als *realistisch* darstellen, in Bildern, die nicht erst noch zurechtgedeutet werden müssen.

Der Traum sollte zudem in möglichst vielen *Einzelheiten* mit dem tatsächlichen Geschehen übereinstimmen. Beide Bedingungen, 4. und 5., sieht Walters erfüllt. Nicht weniger als elf Details des geträumten Einsturzes »paßten« zum wirklichen: von Form, Aufbau, Länge und ungefährem Standort der Brücke über Zeitpunkt und Art des Unglücks bis hin zu den Fahrzeugen, die aus großer Höhe hinabstürzen.

Nur in zwei Details war der Traum der jungen Ärztin anscheinend völlig unstimmig: Bei ihr war das Wetter »sonnig« und »normal«; außerdem schienen ihr in das Unglück irgendwie auch »Kubaner« verwickelt zu sein. Aber könnte Melanie nicht, so spekuliert Walters, »sonnig« aus dem Brückennamen abgeleitet haben: »Sunshine«? Und ausgerechnet mit »Kubanern« assoziierte sie Florida womöglich deshalb, weil vor allem über diesen US-Bundesstaat seinerzeit viele Kubaner ins Land strömten, nachdem Fidel Castro im Mai 1980 zu einer »Politik der offenen Tür« übergegangen war, die Dissidenten die Ausreise erlaubte.

Sind Zweifel angebracht, weil der Traum keinerlei Hinweise auf einen der wichtigsten Aspekte enthielt: *wie* es zu der Katastrophe kommen konnte? Immerhin steckten in ihm auch keine offensichtlichen Fehler; schiere Phantasterei hätte die Brücke schließlich auch durch ein Erdbeben oder eine Bombe zum Einsturz bringen können. Daß präkognitive Träume die *Ursachen* künftiger Ereignisse im dunkeln lassen, sei im übrigen durchaus nicht unüblich, wie Walters betont. Er erinnert an das verheerende Grubenunglück, das sich 1966 in der Bergarbeiterstadt Aberfan in Süd-Wales zutrug: 128 Kinder und 16 Erwachsene kamen dabei um. Nicht weniger als 35 Einwohner hatten die Katastrophe geahnt – doch nur fünf schienen auch die Ursache schon im voraus zu wissen.[188] Nach Walters jedenfalls »haben wir allen Grund anzunehmen: Hier liegt ein echter Fall von Präkognition vor«.

GLÜCK IM SPIEL MIT »SECHSTEM SINN«?

Erhöht außersinnliche Wahrnehmung die Chance, Glücksspiele zu gewinnen? In Amerika wirbt eine staatliche Lottogesellschaft damit. Immer wieder sorgen Sensitive für Schlagzeilen, die in Spielcasinos und bei Pferdewetten angeblich absahnen. Experimente des namhaften Paraphysikers Russell Targ zur »Fernwahrnehmung« deuten darauf hin, daß jeder von uns lernen kann, Gewinnaussichten präkognitiv zu erhöhen. Warum wimmelt es dann nicht längst von Psi-Millionären? Das englische Medium Doris Collins glaubt an eine metaphysische Sperre.

»Haben Sie den sechsten Sinn?«, fragte die Anzeige groß und fett über eine ganze Zeitungsseite der amerikanischen Tageszeitung *Boston Globe hinweg.* Dann weiter, kleingedruckt: »Außersinnliche Wahrnehmung – besitzen Sie diese eigenartige, unerklärliche Macht? Das könnte sich sehr für Sie auszahlen. Machen Sie diesen einfachen Test. Auf der nächsten Seite steht eine Zahl zwischen 1 und 5. Schauen Sie jetzt nicht gleich nach. Lehnen Sie sich zurück. Konzentrieren Sie sich. Stärker. Erraten Sie's? Nun zum leichten Teil: Blättern Sie um!«

Wer mitmachte, fand auf der nächsten Seite, 28 Zentimeter groß, die Zahl 3 – und endlich einen Fingerzeig, wer dahintersteckte: die Staatliche Lotterie des US-Bundesstaats Massachusetts, auf Käuferfang für ihre Lose. »Haben Sie richtig geraten?«, fuhr sie fort. »Vielleicht war es ja gar kein bloßes Raten. Die allermeisten Menschen sollen zu irgendeiner Art von ASW, außersinnlicher Wahrnehmung, fähig sein. Was erklären mag, weshalb Tag für Tag über 7000 Menschen im Lotto gewinnen«. Und so drängelt sie: »Testen Sie Ihre ASW-Fähigkeiten! Machen Sie mit beim Zahlenspiel! Sie könnten jetzt schon wissen, welche Zahlen heute nacht gewinnen werden!«

Psi-Ungläubige reagierten empört. »Wenigstens ein Fünftel der Leser werden auf die 3 tippen, wenn sie vor die Wahl zwischen Zahlen von 1 bis 5 gestellt werden«, rechnete die Fachzeitschrift *Skeptical Inquirer* vor, das vierteljährlich erscheinende Organ der amerikanischen Skeptikervereinigung CSICOP. Das entspräche einer statistischen Gewinnchance von 20 Prozent. »Allein schon deshalb müßte die Lotterie des Betrugs angeklagt werden«.[189] Und Charles Akers, Mitglied bei CSICOP sowie der Amerikanischen Parapsychologischen Vereinigung, schrieb der *Boston Globe* einen geharnischten Brief[190]: Wie könne sich die Redaktion für so eine »betrügerische Werbekampagne« hergeben? Gewinnt denn jeder Fünfte, der Lotto spielt? In Wahrheit übersteige die Zahl der Gewinner doch nie die Zufallswahrscheinlichkeit.

Doch geht es wirklich immer mit dem Zufall zu, wenn Glücksspielern der große Wurf gelingt? In der Nacht zum 1. September 1987 fuhr die Krankenpflegehelferin Pearl Anderson aus dem Schlaf auf und rüttelte aufgeregt ihren Mann Ralph wach: Geld, eimerweise Geld habe sie aus einem riesigen Münzspielautomaten quellen sehen. »So lebendig, so realistisch habe ich noch nie geträumt.« Zu ihrem Erstaunen erklärte ihr Gatte sie nicht für verrückt – er bestärkte sie: »Dann tu', was dein Traum dir sagt!«

Pearl, fünffache Mutter und Oma von 18 Enkeln, fand den Mut dazu – zum erstenmal in ihrem Leben. Am Abend des nächsten Tages, nach Ende ihres Schichtdiensts in der Klinik, fuhr sie von ihrem kalifornischen Heimatort Oakland ins Spielerparadies Reno (US-Bundesstaat Nevada.) Gegen zwei Uhr nachts betrat sie den »Club Cal Neva«. Sofort steuerte sie auf die Münzspielautomaten zu. Einsatz: drei Dollar. Schon im zweiten Spiel erschien fünfmal die »7« – und bescherte Pearl Anderson umgerechnet 1,7 Millionen Mark.[191]

Sicherlich haben besonders eindrückliche Träume vom großen Geld schon millionenfach die Spielleidenschaft geweckt – und Gutgläubige Beträge verjubeln lassen, über die sie lieber schweigen. Daß hin und wieder ein Glückspilz gewinnt, *nachdem* er davon geträumt hat, ist allein schon aus statistischen Gründen zu erwarten – und kein Beweis dafür, daß der Traum den Gewinn *ankündigte*: *paranormal* vorwegnahm.

Rätsel geben da schon eher Träume auf, die einen baldigen Gewinn *im Detail* abbilden – erst recht, wenn sie *in Serie* auftreten. Gleich dreimal »sah« der Kanadier Albert James im Traum den Gewinner eines Pferderennens. Dreimal setzte er darauf, »obwohl ich von Pferden ebensowenig verstehe wie vom Wetten« – dreimal gewann er.[192]

Die Glückssträhne begann 1984: Eines Nachts träumte der Angestellte aus Vancouver, er verlasse sein Mietshaus mit einem Wettschein in der Hand. »Unterwegs treffe ich einen Freund, der wissen will, wohin ich gehe.

›Auf die Pferderennbahn!‹, erwidere ich.

›Dann setze auf die Nummer 5 im fünften Rennen!‹ rät er mir.«

Von seinem lebhaften Traum erwacht James, notiert sich sogleich die Zahlen. Am Wochenende darauf besucht er erstmals in seinem Leben den »Exhibition Park« von Vancouver, setzt in Rennen 5 auf Pferd 5, einen 1:30-Außenseiter – vorsichtshalber nur zehn Dollar. Bis zur Zielgeraden scheint 5 aussichtslos abgeschlagen – doch mit einem furiosen Endspurt zieht 5 noch am hohen Favoriten vorbei und gewinnt um Kopflänge.

Am 27. Dezember 1985 träumt James, wie er einem Pferd mit der Nummer 9 zujubelt, während es in führender Position dem Ziel zustrebt. Er hört sich selbst den Namen »Jocko« schreien. Zu spät erkundigt er sich – und erfährt, daß ein Pferd namens »Jockopero« soeben auf der Cloverdale-Rennbahn von Vancouver gewonnen hat: mit der Startnummer 9.

Sein dritter Wahrtraum, am 6. Mai 1986, beeindruckt Albert James noch stärker: Auf einer Tafel sieht er deutlich die Nummern 7 und 9 als die beiden Ersten des achten Rennens im

»Exhibition Park« aufgeführt. Sparsam wettet er zwei Dollar auf diesen Einlauf. (»Mehr hatte ich nicht zu setzen.«) Er gewinnt das Fünfzigfache. Denn »Sassy Tan« gewinnt vor »Jovial Liz«: Nummer 7 vor Nummer 9.

»Jetzt warte ich auf meinen vierten Wahrtraum. Danach bin ich über alle Berge«, schwört James.

Daß ASW-Gewinne bei Glücksspielen viel häufiger vorkommen, als an die Öffentlichkeit dringt, glaubt der amerikanische Fachjournalist Jack Lewis. Seit Jahren recherchiert er in den Casinos der Spielerstadt Las Vegas. Dabei stieß er eher zufällig auf mehrere »eindeutig Psi-Begabte«, die »mir bewiesen haben, wozu sie manchmal imstande sind«, »auch wenn es natürlich nicht immer klappt«.[193]

Einer von ihnen – Lewis schützt ihn durch das Pseudonym »Mr. Green« – könne »unter kontrollierten Bedingungen« den Fall eines Würfels mit einer Genauigkeit voraussagen, die um 41 Prozent über der statistischen Zufallswahrscheinlichkeit liege. Ein anderer – »Mr. Brown«, ein Offizier im Ruhestand – habe beim Black Jack entdeckt, daß er irgendwie den Wert einer Karte erahnte, *bevor* sie aufgedeckt wurde; selbst wenn er danebentippte, kam er dem tatsächlichen Wert meistens sehr nahe.[194] Auf Lewis' Drängen ließ sich Brown im »Barbary Coast Casino« von Las Vegas auf einen Test ein: Nacheinander wollte er 25 verdeckte Karten voraussagen. Reiner Zufall erlaubte Brown zwei Treffer – doch er erkannte sechs richtig. Selbst mit seinen Irrtümern war er »nahe dran«: Meist verschätzte sich Brown nur um ein bis zwei Punkte nach oben oder unten. *Bild*karten erahnte Brown allesamt: in zwei Fällen ganz genau, in zwei weiteren Fällen verwechselte er einen König mit einem Buben und eine Dame mit einem König. Anschließend beobachtete Lewis ihn beim Spiel: Mit Fünf-Dollar-Chips und Einsätzen zwischen fünf und 25 Dollar hatte sich Brown binnen anderthalb Stunden immerhin 365 Dollar erspielt.

Neugierig geworden, erprobte Lewis nun »mein eigenes ASW-Potential am Spieltisch. Das ging völlig daneben«.

Offenbar, so schließt er daraus, »besitzen nur ganz wenige die Gabe eines ›sechsten Sinns‹«.

Doch hierin irrt Lewis – zumindest den Experimenten zur »Fernwahrnehmung« zufolge, die Mitte der siebziger Jahre unter der Leitung des Physikers Russell Targ am renommierten Stanford-Forschungsinstitut (SRI) begannen. Nach zahlreichen Testreihen, in denen mehrere Versuchspersonen einen ihnen unbekannten, weit entfernten Zielort paranormal wahrnahmen, entdeckte Targ, »daß das Ziel oft schon genau beschrieben wurde, *bevor* es überhaupt feststand«. Zu dieser »*präkognitiven* Fernwahrnehmung« sei grundsätzlich »*jeder* fähig« und könne »dies durch Übung verbessern«.[195/196] Den aufsehenerregenden Beweis traten Targ und sein Kollege Keith Harary 1984 selber an. Sie trainierten sich darauf, die Entwicklung des Silberpreises an der New Yorker »Comex«-Börse vorauszusagen: Wird er in der kommenden Woche steigen oder fallen? Neun Wochen hintereinander lagen sie richtig. Die Wahrscheinlichkeit eines Zufallstreffers lag dabei bei 1 zu 50 000. Ein enthusiastischer Förderer von Targs Forschung verdiente damit 120 000 Dollar.[197] Selbst im angesehenen Börsenfachblatt *Wall Street Journal* sorgte dieser Spekulationsgewinn für Schlagzeilen.[198]

Aber warum wimmelt es weltweit nicht schon längst von Psi-Millionären? Müßten nicht alle Jackpots geknackt, alle Lotterien und Wettbüros pleite getippt, alle Casinos ruiniert sein?

»Wieso riskieren Sie eigentlich nicht mehr?«, wollte der Journalist Jack Lewis von Brown wissen. Bisher habe ihm kein Casino Hausverbot erteilt, rechtfertigte Brown seine 5-Dollar-Einsätze. Das solle auch so bleiben. Auch fürchte er Neider. Im übrigen fehle ihm ja nichts; was soll er mit Riesengewinnen anfangen? Bei »Mr. Green« waren es andererseits der Stress der Spielhallenatmosphäre und die Scheu vor finanziellen Risiken, deretwegen er außerstande war, seine Psi-Begabung gewinnbringend umzusetzen. Doch sollte es nicht trotzdem genug Paragnosten geben, die gewinnen wollen – und können, vorausgesetzt, sie erhalten, wie Targs Versuchspersonen, gezieltes ASW-Training und eine optimale Umgebung?

Doch selbst in Targs Versuchsreihen folgten auf Volltreffer immer wieder Nieten. Als Targ 1985 sein Börsenexperiment wiederholte, lag er bei allen neun Einzelprognosen daneben. 1987 spannte er die Leserschaft der Zeitschrift *Psychic Guide* ein – diesmal erfolgreich: acht von neun Mehrheitsvoten lagen richtig; ein ähnlich angelegter »Nationaler ASW-Test« mit Lesern der Zeitschrift *Omni* hingegen erwies sich erneut als Fehlschlag.

Lag es an unterschiedlichen Testbedingungen und -methoden? An der unterschiedlichen Zusammensetzung der Stichproben – etwa dem Geschlecht nach? So schaffen Frauen im deutschen Zahlenlotto viel häufiger sechs Richtige als Männer: Wie Mitte September 1988 durch die Presse ging, stellten sie seit Jahresanfang 207 von insgesamt 275 Hauptgewinnern. Dieser Anteil von über 75 Prozent ist um so erstaunlicher, als unter den 25 Millionen Bündesbürgern, die allwöchentlich ihre Lottoscheine ausfüllen, nur acht Millionen Frauen sind. Die Gründe dafür, die Jürgen Ketelmann vom Niedersachsen-Lotto vermutet, haben Parapsychologen schon mehrfach erhärtet: Wenn Frauen tippen, folgen sie im Durchschnitt »stärker ihrer Eingebung« – und lassen sich mehr Zeit, auf ihre »innere Stimme« zu horchen. Der typische männliche Tipper hingegen »macht seine Kreuze eher unüberlegt« – oder setzt stur auf seine Stammzahlen oder sein »System«. Auch versuchen Frauen unverkrampfter ihr Glück, meint Ketelmann: »Sie spekulieren nicht unbedingt auf sechs Richtige, hoffen auch auf Vierer und Fünfer«. Eile, Unkonzentriertheit, Anspannung, Verbissenheit, Schematismen, Erfolgszwang – all das hemmt nachweislich die Fähigkeit, außersinnlich wahrzunehmen.

Doch warum konnte bisher niemand, auch keine Frau, einen Lottogewinn serienweise wiederholen, falls auch nur ein einziger sein Glück tatsächlich einer halbwegs stabilen Psi-Fähigkeit verdankt? Daß ein anderer, geradezu metaphysischer Faktor mitspielen könnte, erwog Targ erstmals ernsthaft, nachdem er bei einem Börsenexperiment mit *neun* Prognosen *neun*mal scheiterte – »was bestimmt ebenso bemerkenswert ist wie neun Treffer«.

Von dem New Yorker Experiment von 1984 hellauf begeistert, hatte der Sponsor nun auf doppelten Einsatz gedrängt; Targ winkte eine 50prozentige Beteiligung am Gewinn. Zufall?

Im selben Jahr startete Targs SRI-Kollege Hal Puthoff den gleichen Test »zu *gemeinnützigen* Zwecken«: Sieben Teilnehmer legten sich auf insgesamt 30 Voraussagen fest. Davon bewahrheiteten sich 21 – mit einer Zufallswahrscheinlichkeit von weniger als 0,02. Trotz eines verhältnismäßig »flachen« Markts gewann Puthoff 25 000 Dollar.

Hängen paranormale Fähigkeiten womöglich davon ab, ob sie egoistisch oder selbstlos eingesetzt werden? »Warum benutzen Sie Ihre psychischen Kräfte eigentlich nicht dazu, um zu spielen – und zu gewinnen?«, wurde die englische Sensitive und Geistheilerin Doris Collins im März 1988 vor einem Millionenpublikum in der BBC-Talkshow »What is your answer« gefragt. »Wieso machen Sie damit nicht Ihr Glück?«[199]

»Ich habe noch nie Geld damit verdient«, erwiderte Doris Collins.

»Beim einzigen Mal, als ich ins Casino von Monte Carlo ging und gewann, lud mein Mann anschließend jeden ein; alle bestellten sich das Hauptgericht – und mein ganzer Gewinn war flöten. Seither habe ich beschlossen, nicht zu spielen.«

»Aber was ist mit der Börse?«, blieb Talkmaster Terry Wogan hartnäckig. »Würden Sie Ihre Fähigkeiten denn nicht einmal hier einsetzen?«

»Nein«, blieb Doris Collins standhaft. »Beim einzigen Mal, als ich daran dachte, gab es am nächsten Tag einen Börsenkrach!«

»Aber das hätten Sie doch im voraus wissen müssen«, witzelte Wogan.

»Jedenfalls wußte ich es nicht. Weil ich nicht über Geldangelegenheiten nachdenke.«

»Aber Sie *könnten* Ihre Fähigkeiten doch zu diesem Zweck einsetzen, oder?«, bohrte Wogan weiter.

»Nein«, erklärte die Sensitive kurz und bündig. »Denn meine Gabe ist mir nicht geschenkt worden, um daraus finanzielle Vorteile zu ziehen.«

»Muß die Versuchung dazu nicht gewaltig sein?« wunderte sich Wogan.

»Keineswegs«, entgegnete Doris Collins. »Weil ich mit meinem Leben zufrieden bin, so wie es ist.«

X
TELEPATHIE

EINFÜHLSAME GEHIRNE

Während sich zwei Menschen ineinander einfühlen, gleichen sich ihre Gehirnwellen an. Worauf bisher nur Einzeltests mit telepathisch Begabten hindeuteten, konnten zwei mexikanische Psychologen jetzt erstmals wissenschaftlich untermauern: Empathie hat eine physiologische Grundlage.

»Sie werden gleich Zeuge eines weltweit einmaligen Experiments«, begrüßt Dr. Cade die 400 Zuschauer, die sich am 17. Juli 1977 im Großen Hörsaal der Universität von Loughborough in der englischen Grafschaft Lancahsire eingefunden haben. Vor sich aufgebaut hat Cade, Mitbegründer und Leiter einer Londoner Elektronikfirma, zwei »Mind Mirrors«: physiologische Meßgeräte, welche Gehirnwellen nicht nur fortlaufend aufzeichnen, sondern gleichzeitig auf einem Bildschirm in dynamischen Mustern sichtbar machen. An das erste Gerät schließt Cade eine der berühmtesten Geistheilerinnen Englands an: Rose Gladden; an das andere eine Patientin Gladdens, Nora Forbes.

Nun schließen beide die Augen, entspannen sich, konzentrieren sich aufeinander.

Kurz darauf geht ein Raunen durchs Publikum: Nach und nach paßt sich das Hirnwellenmuster der Patientin immer stärker dem von Rose Gladden an. Schon nach einer Viertelstunde sind sie nahezu ununterscheidbar geworden.[200]

Zufall? Unter streng kontrollierten Versuchsbedingungen sind zwei Psychologen der Nationalen Universität von Mexiko City jetzt auf dasselbe Phänomen gestoßen: »Empathie hat eine physiologische Grundlage.«[201] Jacobo Grinberg-Zylberbaum und Julieta Ramos bildeten aus 26 erwachsenen Versuchspersonen Zweiergruppen. Um äußere Einflüsse möglichst vollständig auszuschalten, wurde jedes Paar in einen abgedunkelten, schalldichten Faraday-Käfig eingeschlossen, dessen metallische Umhüllung gegen elektromagnetische Strahlung abschirmt. Ungefähr einen halben Meter saßen die Probanden voneinander entfernt. »Nun wiesen wir sie an: ›Machen Sie es sich möglichst bequem. Bleiben Sie dann still und bewegungslos sitzen. Sie dürfen Ihr Gegenüber weder ansprechen noch berühren. Schließen Sie die Augen. Versuchen Sie jetzt, geistig Kontakt zueinander aufzunehmen, indem Sie sich die Gegenwart Ihres Partners bewußt machen. Geben Sie uns ein Zeichen, sobald Sie den Eindruck haben, daß Ihnen dies gelungen ist!« (Dazu hatten sie einen Knopf zu drücken.)

15 Minuten dauerte jede Sitzung. Unterdessen zeichnete ein Elektroenzephalograph die Gehirnströme der Testpersonen auf. Würden sie wiederspiegeln, was Menschen während solcher »direkter Kommunikationen« subjektiv erleben?

Die 26 erhaltenen Hirnstromkurven legten Grinberg und Ramos daraufhin in allen möglichen Zweierkombinationen unabhängigen Sachverständigen vor. Diese sollten »blind« begutachten: Von wem die Daten stammten, wußten sie nicht. Zu 70 Prozent konnten sie die Paare trotzdem einander richtig zuordnen. Manche EEG-Muster waren vorübergehend nahezu deckungsgleich geworden – auffällig oft bei Partnern, die hinterher von einem Gefühl berichteten, sie seien während des Versuchs regelrecht »ineinander aufgegangen«, »miteinander verschmolzen«. Einige Paare gaben an, sie hätten starke körperliche Empfindungen wie Wärme oder ein Kribbeln erlebt, während sie sich in ihr Gegenüber einfühlten. Manchen kam es so vor, als hätten sich ihnen Gedanken und Vorstellungen des andern aufgedrängt. Ob sich die Betreffenden zuvor schon kannten oder sich erstmals begegneten, spielte dabei anschei-

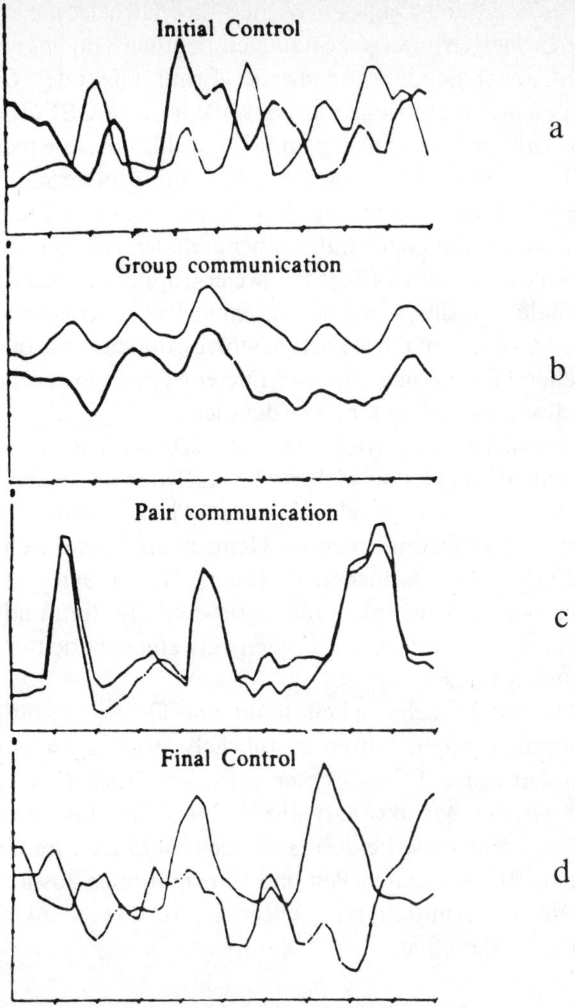

Abb. 28: »Wir gingen förmlich ineinander auf«: EEG-Muster der beiden Personen, die sich während des Grinberg/Ramos-Tests am tiefsten ineinander einzufühlen glaubten. Die Abbildungen zeigen jeweils fünf Hundertstel Sekunden ihrer Hirnstromaktivität (a) vor Beginn des Versuchs, (b) in einer Dreiergruppe, (c) während und (d) nach Abschluß des Versuchs.

nend keine Rolle. Dagegen wichen ihre Hirnströme *vor* und *nach* den viertelstündigen Sitzungen deutlich voneinander ab.

»Mit zunehmender Langeweile, Ermüdung oder Gewöhnung läßt sich nicht wegerklären, warum sich die EEG-Muster anglichen«, stellen Grinberg und Ramos klar. Als sie mehrfach dieselbe Versuchsperson nacheinander mit drei verschiedenen Partnern »direkt kommunizieren« ließen, trat das Phänomen immer wieder aufs neue auf. Dabei erwiesen sich die Entsprechungen als *spezifisch* für jede Zweiergruppe: Jedesmal traten Merkmale auf, die bei keinem zweiten Paar wiederkehrten.

Die Anwesenheit eines Dritten störte offenbar: Als die mexikanischen Psychologen mit vier Dreiergruppen experimentierten, schwächte sich der Effekt deutlich ab.

Erstaunlicherweise synchronisierte sich bei den Testteilnehmern zeitweilig auch die elektrische Aktivität der beiden Hirnhälften – der »analytisch-rationalen« linken und der eher »emotional-intuitiven« rechten Hemisphäre –, die sich sonst auf EEG's recht verschieden abbilden. »Wir fanden synchrone Muster, wie sie gewöhnlich nur in tiefer Meditation und anderen höheren Bewußtseinszuständen auftreten«, berichten Grinberg und Ramos.

Die beiden Forscher sehen damit eine Theorie bestätigt, die sie erstmals vor acht Jahren ausführlich vorgetragen haben (in dem bisher nur auf Spanisch erschienenen Buch *El Espacio y la Consciencia*, Mexiko City 1981): Menschen können untereinander »neuronale Felder« aufbauen, über die ihre Gehirne direkt aufeinander einwirken und Informationen austauschen. Diese Felder vermitteln möglicherweise auch »Gedankenübertragung«, Telepathie.

DIE ASW-TRÄUMER VON KELKHEIM

Schlafende können im Traum außersinnlich wahrnehmen, was andere Menschen gleichzeitig erleben und denken. Das bestätigen jüngste Experimente einer privaten Forschungsgruppe im hessischen Kelkheim.

Fünf Versuchspersonen, drei Frauen und zwei Männer, hatte der Initiator des 1976 gegründeten »Arbeitskreises für Grenzgebiete der Naturwissenschaften und der Psychologie«, der Diplom-Ingenieur Holger Jordan, für sein Experiment gewonnen.[202] Zu einem festgelegten Datum sollten sie sich gegen 23 Uhr schlafen legen. Um dieselbe Zeit begann sich Versuchsleiter Jordan auf sie zu konzentrieren, im Bemühen, ihnen eine Phantasiegeschichte einzugeben, die er sich nun spontan einfallen ließ: Er stellte sich vor, daß sich die Versuchspersonen »in einer Burg auf einer Halbinsel« befinden, üppig bewachsen mit tropischer Vegetation. »Am Himmel steht eine rote Sonne. Die Personen befinden sich im Inneren des Gebäudes, in einem alchemistischen Labor; dort gehen sie einem mathematischen Experiment nach.« In einigen Zeichnungen stellte Jordan seine Phantasien gleichzeitig graphisch dar.

Die Fünf sollten ihre Traumerinnerungen anderntags, gleich nach dem Aufwachen, schriftlich festhalten und dem Versuchsleiter per Post zusenden. Hatten sie im Schlaf telepathisch aufgenommen, was ihnen »eingegeben« wurde?

Zwei Versuchspersonen erinnerten sich an gar nichts; eine

Abb. 29: »Da weitermachen, wo amerikanische Traumforscher aufgehört haben«: Diplom-Ingenieur Holger Jordan, Leiter der Kelkheimer ASW-Experimente.

weitere hatte von einem großen, schwarzen Tiger geträumt. Bei den beiden anderen jedoch schien die geistige Botschaft zumindest bruchstückhaft angekommen zu sein:

– »Befinde mich in einem Raum, Farbe grau«, schrieb ein männlicher Teilnehmer. »Plötzlich fällt mir ein, daß ich an Holger einen Brief schreiben muß. Schreibe etwas und stecke den Text in ein Kuvert. Ich wundere mich über die Briefmarke, sie wird immer größer und größer: Ich kann ein *Schloß* erkennen, Farbe braun-weiß.« Seine Zeichnung dazu ist der Skizze des Versuchsleiters verblüffend ähnlich (siehe Abbildung 31).

– »Befinde mich in einer Apotheke – es ist die *Schloß*apotheke in der *Schloß*straße. Holger bedient mich gerade und reicht mir Zettel mit irgendwelchen *mathematischen* Zeichen. Ich packe sie ein und gehe nach draußen. Ich wundere mich noch über das *feucht-heiße Klima* und den *roten* Himmel.«

So bemerkenswert dieser erste Erfolg Ende 1987 zunächst auch schien: Etliche methodische Mängel schmälerten ihn. So übernahm ein und dieselbe Person Leitung, Durchführung und Auswertung des Versuchs – auf die Gefahr hin, daß sie mehr Übereinstimmungen zwischen telepathischer »Sendung« und

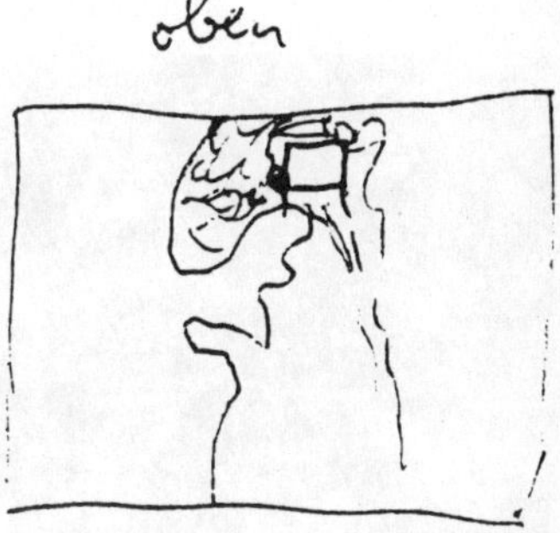

Abb. 30: Die telepathische Botschaft: Diese Kritzelzeichnungen brachte der »Sender« Holger Jordan zu Papier, während er sich seine Geschichte ausdachte.

Abb. 31: So kam die Botschaft an: Das »Schloß auf der Briefmarke«, von einem Versuchsteilnehmer nach einem Traum in derselben Nacht gezeichnet.

»Empfang« sieht als ein unabhängiger Gutachter. Das übermittelte Zielobjekt (»Target«) war nicht zufällig ausgewählt (»randomisiert«) worden; hätten sich womöglich auch mit anderen, »ungesendeten« Vorlagen Übereinstimmungen ergeben? Vor allem deshalb lehnte die renommierte englische »Society for Psychical Research« (SPR), die älteste parapsychologische Forschungsgesellschaft überhaupt, einen Vortrag darüber ab, obwohl selbst sie die Kelkheimer Ergebnisse eines Kurzberichts in ihrem offiziellen Mitteilungsblatt wert fand.[203] Hier müsse erst einmal nachgearbeitet, sauber repliziert werden, befanden ihre Gutachter.

Im November 1988 unternahm der Kelkheimer Arbeitskreis deshalb einen neuen Anlauf.[204]

Pünktlich gegen 24 Uhr legten sich sieben Testpersonen aus dem hessischen Kelkheim schlafen: fünf Frauen und drei Män-

Abb. 32: »Nur noch die letzten Hügelketten dieses verfluchten Sandhaufens. . .«: das Bild einer Wüstenlandschaft, das Holger Jordan im zweiten Kelkheimer Experiment telepathisch zu übermitteln versuchte.

ner zwischen 20 und 35 Jahren. Mindestens einen Kilometer Luftlinie entfernt, versuchte sich um dieselbe Zeit Holger Jordan auf sie zu konzentrieren, diesmal unter strenger Aufsicht einer »Kontrolleurin«, die Protokoll führte. Vor ihm lagen sechs gleiche, undurchsichtige und versiegelte Briefumschläge; in jedem steckte ein Bild: Fotografien, Zeichnungen und Drukke. Willkürlich entschied er sich für einen Umschlag, öffnete ihn – und hatte vor sich das Bild einer bizarren Wüstenlandschaft vor einer blauen Bergkette. Eine volle Stunde lang betrachtete er die Vorlage intensiv. Dazu dachte er sich eine Geschichte aus:

Wir reiten durch eine weite Wüste. Unsere Kehle ist schon ganz ausgedörrt von drei Tagen ohne Wasser. Doch da ist Hoffnung, denn wir können in der Gluthitze die Berge erkennen – sie sind nicht mehr weit. Nur noch die letzten Hügelketten dieses verfluchten Sandhaufens, und wir waren an der Station 4 angelangt. Nur Sand und blaue Berge – sehr romantisch, nur gut, daß mein Begleiter ein Roboter ist, sonst hätte ich ihm in den Nächten mit den zwei Monden etwas vorgeträllert. Wir suchen weiter nach dem edlen Metall...«

Kam Jordans »Botschaft« an? Tags darauf befragt, konnten sich fünf Teilnehmer an einen Traum erinnern, einer sogar an drei. »Drei Versuchspersonen hatten im Laufe der Nacht einen sehr großen Durst verspürt, an dem sie aufwachten«, berichtet Jordan. »Nach eigenen Aussagen mußten sie ihn mit einer unverhältnismäßig großen Flüssigkeitsmenge stillen.« In zwei Träumen tauchten Feldfurchen und Bodenlinien auf, die den typischen Windfurchen der Wüste entsprachen. Manche spürten einen Impuls, »etwas Wichtiges für jemanden zu erledigen«. Wie eine neutrale Auswerterin feststellte, kam in den Träumen auffällig oft auch die Tätigkeit des Reitens und die Farbe Blau vor, das Suchen nach etwas und die Leere (»Dürre, Feld, kein Baum«). Eine Schläferin nahm offenbar sogar die Vorstellung des Roboters auf: Sie träumte von einer »lebendig werdenden Puppe«.

Wozu eine Geschichte, zusätzlich zum »gesendeten« Bild? »In Vorversuchen mit einfachen Symbolen wie Kreis, Wellenlinie, Kreuz oder Quadrat haben wir festgestellt, daß telepathische Botschaften viel häufiger und genauer ankommen, wenn ihnen ein ›Begleittext‹ beigegeben wird«, berichtet Holger Jordan. Dies hätten frühere Testreihen zur Traumtelepathie, insbesondere im amerikanischen Maimonides Center[205], nicht berücksichtigt.

Doch so recht zufrieden ist Jordan noch immer nicht. So findet er die Geschichte, die er sich zum Bild ausdachte, zu »kompliziert«. Auch wurde nur das tatsächliche Target auf Übereinstimmungen geprüft, nicht alle sechs möglichen, die in den versiegelten Umschlägen steckten. Vielleicht beeinflußte sogar noch ein anderer, unvorhersehbarer Umstand das Ergebnis: »Am 24. November 1988«, einen Tag vor Versuchsbeginn, zog sich Jordan »einen schweren grippalen Infekt zu«. Am Versuchstag »hatte ich eine durchschnittliche Körpertemperatur von 39 Grad Celsius, stand unter dem Einfluß von Antibiotika und Analgetika«. Fieberkranken ist heiß, sie haben stärkeren Durst. War es *das*, was die ASW-Schläfer von Kelkheim telepathisch aufnahmen? Als Bekannte von Holger Jordan wußten sie vielleicht sogar um die starke Erkältung ihres Versuchsleiters, ehe sie sich schlafen legten. Haben sie am Ende Traumbilder konstruiert, die *dazu* paßten – unabhängig vom Test? Die Kelkheimer forschen weiter.

XI
HELLSEHEN

85 DEUTSCHE WAHRSAGER IM TEST

250 bundesdeutsche Wahrsager unterzieht der Münchner Schriftsteller Ullrich Schiemann zur Zeit einem Härtetest. »Viele Scharlatane, aber auch ausgesprochene Könner« fand er bis jetzt.

Auf »mindestens vier Millionen« Kunden schätzt Ullrich Schiemann (44) das »gewaltige Potential«, aus dem Deutschlands 90 000 Wahrsager schöpfen können. Was erwartet jemanden, der ihre Hilfe in Anspruch nimmt?

Theoretische Abhandlungen darüber, ob es einen »sechsten Sinn« überhaupt geben kann, überläßt Schiemann lieber anderen; er hält mehr davon, Fall für Fall nachzuprüfen, unvoreingenommen und auf alles gefaßt. Aus Inseraten in Tageszeitungen und esoterischen Zeitschriften besorgte er sich die Anschriften von 250 Wahrsagern. Selber testen wollte er nicht; mit dem Münchner Medium Karin Krug (41) verheiratet und Leiter eines »Ausbildungszentrums« für Zukunftsdeutung, in dem seine Frau »Nachwuchs« anlernt, hätte Schiemann als befangen gelten können. Deshalb schickte er einen guten Bekannten los, den er als »ausgesprochen neutral« schätzte: einen 46jährigen selbständigen Kaufmann. Dieser vereinbarte jeweils telefonisch einen Besuchstermin, ließ sich seine Vergangenheit, Gegenwart und Zukunft offenbaren und bezahlte dafür ein durchschnittliches Honorar von DM 140.–.

Abb. 33: Will 250 deutschen Wahrsagern auf den Zahn fühlen: der Münchner Verleger Ulrich Schiemann, mit dem bekannten Medium Karin Krug verheiratet. Wie seine eigene Frau abschneiden wird?

Auf einem umfangreichen Fragebogen hielt er anschließend seine Erlebnisse und Eindrücke fest. 85 solcher Testberichte hat Schiemann inzwischen ausgewertet: »Was dabei rauskam, ist erstaunlich, amüsant, beschämend ... aber manchmal auch verblüffend.«[206]

Zu den »dünn gesäten Propheten« gehörte eine Münchner Wahrsagerin, die aus den Karten sah, daß der Tester »einen Prozeß am Hals hat«. Eine Hellseherin aus Altdorf bei Landshut, promovierte Philologin, konnte ihm auf den Kopf zusagen, in welchem Alter er seine erste Frau kennenlernte, wie sie heißt, wann er heiratete, wann der Schwiegervater starb. Und ein Hellseher aus Jossgrund bei Bad Orb lieferte ihm genaue Charakterskizzen von Angehörigen; »dafür möchte ich ihm glatt die Note 1 geben«.

Doch die Mehrzahl, so Schiemann, »schmückt sich mit Kokolores und Brimborium und dient mit Binsenweisheit«. So habe der Pforzheimer Willi Gerstel alias »Hanussen II«, zu dem es auch schon Ronald Reagan, Rita Süßmuth und Hans-Dietrich Genscher zog, dem Tester 400 DM für eine halbe Stunde abgeknöpft; dafür bekam er »Analysen« wie die vorgelegt, »daß ich nicht zum Geldausgeben neige, wenn ich keins habe«.

Wahrsager lassen sich »leider Gottes sehr häufig über bevorstehende Krankheiten, Verluste, Unglücksfälle, ja sogar den

Tod aus«. Das findet Schiemann »verantwortungslos, wenn man bedenkt, was damit bei seelisch Labilen angerichtet werden kann«. Im übrigen bleiben die Offenbarungen durchweg verschwommen: etwa die »Berechnung« einer Astrologin aus Dudweiler, der Tester habe »so zwischen den Jahren 2002 und 2008 den kritischen Punkt zum Ableben«. Wo sie einmal konkreter werden, sind sie fast immer unüberprüfbar – wie die Entdeckung einer Münchner Spiritistin, der Tester sei ihr wiedergeborener Großvater, der im Ersten Weltkrieg durch einen Granatsplitter umkam. Oder sie liegen daneben – wie eine Wahrsagerin aus Taufkirchen, die nur Vornamen und Geburtstage des Testers und seiner Frau benötigte, um sich für DM 600.– dann ganz sicher zu sein: »Sie harmonieren weder geistig noch seelisch noch körperlich miteinander!« Trotz elf glücklicher Ehejahre?

Um die »schwarzen Schafe« auszusortieren, hat Schiemann kürzlich den »Ring deutscher Wahrsager« (RdW) mitgegründet: »Nur seriöse Kollegen und Kolleginnen können dieser Berufsvereinigung beitreten und mit dem ›Gütesiegel RdW‹ um Kunden werben.« RdW-Mitglieder und Absolventen seines »Ausbildungszentrums« bezieht Schiemann in künftige Tests hoffentlich ein.

»VOR MEINEM GEISTIGEN AUGE SAH ICH . . .«
Ein Bremer Medium zwischen Erfolg und Blamage

Sie charakterisiert fremde Gegenüber mit verbundenen Augen, spürt Aufenthaltsorte von Vermißten und versteckte Krankheitsherde auf. Dann wieder liegt sie arg daneben: etwa, wenn sie den iranischen Revolutionsführer Khomeini schon im Sommer 1988 selbstgewiß für tot erklärt – oder einem Marburger Medizinstudenten einen Sexualmord anhängt. Erfolge und Blamagen der Bremer Sensitiven Renate Brändle lehren, daß sich ein Medium nicht als unfehlbar erweisen muß, um gut zu sein.

Am 3. Mai 1988 verblüfft Renate Brändle (39) ein Millionenpublikum mit ihren medialen Fähigkeiten: In der ZDF-Unterhaltungssendung »Na siehste« besteht sie einen Blindversuch mit Bravour.

Nachdem ihr der Moderator Günther Jauch eine Brille mit geschwärzten, lichtundurchlässigen Gläsern aufgesetzt hat, greift er aus dem Studio willkürlich drei Besucher heraus, die in zwei bis drei Metern Abstand von Renate Brändle schweigend nebeneinander Platz zu nehmen haben. Ob das Medium die für sie unsichtbaren, völlig unbekannten Personen vor ihr »erspüren« kann? Schon nach einer halben Minute Konzentration wagt sie die ersten Aussagen. Auf Anhieb erahnt sie die Sitzordnung ihrer Gegenüber: »in der Mitte eine Dame, rechts und links davon ein Mann«. Die Frau beschreibt sie zutreffend als »etwas füllig«, deren Haar als »von Natur aus gelockt, jedenfalls mit einer Welle drin«. Unklar bleibt, inwiefern »im

Abb. 34: Bemerkenswerte Treffer, blamable Fehlgriffe: das Bremer Medium Renate Brändle.

Bereich der Brust die Aura nicht richtig klar« sei, was »auf Beschwerden im Brustbereich« hindeute, »vielleicht auch auf zuviel Rauchen«. (Beides verneint die Betreffende.) Dafür trifft Renate Brändle die Körpergröße auf den Zentimeter genau: »1,72 m«. (Ein Raunen geht durch das Publikum.) Ziemlich vage und weniger treffsicher charakterisiert die Bremerin den Herrn linkerhand: Er sei »nicht ganz schlank, aber auch nicht dick«, vermutet sie, sein Alter liege bei »fünfzig, vielleicht auch ein Jahr darüber«. (Er ist Mitte vierzig.) Dafür erahnt die gebürtige Österreicherin, Mutter eines 16jährigen Sohnes, verblüffend genau ihr prominentes Gegenüber zur Rechten: den Starkomponisten Ralph Siegel. Er sei »ziemlich lässig gekleidet« und »trinkt ganz gern mal einen, obwohl ihm das gar nicht so gut tut«. (Siegel nickt schmunzelnd.) Daneben liegt sie zwar mit ihrer Ahnung, er sei noch »relativ jung« und habe »abstehende Haare, teilweise blond gefärbt«. Eines jedoch trifft sie spontan: Er müsse »sehr viel Musikalität im Blut haben«.

Denn »er vibriert förmlich«. Selbst der skeptische Moderator Günther Jauch hat dafür am Ende nur ein Wort: »Phantastisch.«

Dabei fand Renate Brändle alles andere als ideale Bedingungen vor. Ihren Wunsch, mehr Zeit zu haben, akzeptierte die ZDF-Redaktion nicht. »Auch die Geräuschkulisse habe ich als sehr störend für meine Konzentration empfunden«: die Begleitmusik, die Einwürfe des Moderators, Ablenkungen aus dem Publikum, die hektische Betriebsamkeit der Kameraleute im Studio. Hinzu kommt »natürlich meine Befürchtung, vor einem so großen Publikum zu versagen, zumal ich ein solches Experiment zum ersten Mal mitgemacht habe«. »Es wurde vorher keine Probe gemacht, man vertraute voll und ganz auf meine Fähigkeiten.« »Unter den gegebenen Umständen« ist Renate Brändle »mit dem Ergebnis überwiegend zufrieden«. Trotzdem »würde in einer Einzelsitzung mit einem Menschen mehr herauskommen«.

Für einen gewagteren Test fehlte den ZDF-Verantwortlichen der Mut. Ursprünglich hatte Renate Brändle vor, einen Menschen daraufhin zu »durchleuchten«, »ob er krank ist und welche Krankheiten er hat«: »Ich gehe dabei wie mit ›Röntgenaugen‹ durch seinen Körper und sehe Blutbeschaffenheit, Funktionsfähigkeit der Organe oder Vernarbungen, etwa bei Magengeschwüren.« Doch »leider war der Redaktion der Sendung das Risiko zu groß. Man befürchtete bei eventuellen Krankheiten, die ich sehen würde, daß der Mensch, der sich zur Verfügung stellen würde, das nicht verkraften könne.«

Nachdem ich über Renate Brändles Auftritt in *Esotera* und *Das Neue Zeitalter* berichtet hatte, rief sie mich an. Seither stehen wir in Kontakt. Am 10. und 11. Juli 1988 trafen wir uns zu stundenlangen Gesprächen und formlosen »Tests«, während derer ein Tonband mitlief. Mich überraschte eine offene, natürliche, selbstkritische Frau ohne Allüren. Was sie vom Lebenslauf meiner anwesenden Freundin Petra »sah«, lag ziemlich daneben. Wie sie meine Eltern allein anhand eines Fotos charakterisierte, stimmte mehrfach zu präzise, als daß es mit Psychologismen abzutun wäre. Sie verblüffte mich mit der Diagnose, eine enge Verwandte von mir quäle ein schweres Unterleibsleiden; ahnungslos rief ich die Betreffende an, die 250 Kilometer entfernt wohnt – und erfuhr jetzt erstmals davon. Als sie mir den Selbstmord des schleswig-holsteinischen Ministerpräsidenten Uwe Barschel bestätigte, die baldige Freilassung des entführten Hoechst-Managers Rudolf Cordes und des tollkühnen Moskau-Fliegers Matthias Rust »präkognizierte«, muß sie nicht mehr gesehen haben, als ein durchschnittlich interessierter Zeitungsleser erwarten konnte. Als sie Monika Weimar, die wegen Mordes an ihren fünf- und siebenjährigen Töchtern zu lebenslanger Haft verurteilte Krankenschwester aus Philippsburg, für unschuldig erklärte und die Tat ihrem Lebensgefährten zuschob, stellte sie Behauptungen auf, die sich schwerlich überprüfen lassen. (Zumindest vorläufig: »Eines Tages wird sich der wahre Mörder stellen«, ist Renate Brändle sicher. »Er kann nicht den Mund halten und wird sich damit brüsten, seine Frau hinter Gitter gebracht zu haben.«) Wirklich bemerkenswert war ihre apodiktische Ankündigung, Bayerns Ministerpräsident Franz-Josef Strauß werde »in allernächster Zeit sterben«. (Wochen später schrieb sie mir: »Zweiflern würde ich jetzt gerne ›Ätsch‹ sagen, wenn das nicht so makaber wäre.«)

Arg daneben lag sie dann jedoch wieder mit einer Eingebung, die sie mir besonders eindrücklich geschildert hatte: »Khomeini lebt nicht mehr!« Der iranische Revolutionsführer Ayatollah Khomeini sei schon um die Jahreswende 1987/88 verstorben; seither habe die Führungsspitze in Teheran seinen Tod geheimgehalten – aus Furcht vor politischen Unruhen und um den Golfkrieg weiterführen zu können.

»Warum tritt der Ayatollah nie mehr live im Fernsehen auf, wird bloß zitiert? Weshalb erscheinen nur noch Archivfotos von ihm?«, fragt sie. »Als mir ein Bild von Khomeini in der Zeitung auffiel«, erinnert sich das Medium, »da ›sah‹ ich plötzlich, daß die Aura um ihn herum bereits am Erlöschen war«. Der Ayatollah sei nicht etwa einem bösartigen Tumor erlegen, über den die Presse bereits seit längerem spekuliert; »damit hätte er noch einige Zeit leben können, denn so weit fortgeschritten war sein Krebs noch nicht«, glaubt Frau Brändle, die als Geistheilerin seit Jahren auch Krankheiten »intuitiv« diagnostiziert, gelegentlich allein anhand von Patientenfotos. Irgendwann »nachts, im Schlaf« müsse sein Herz ausgesetzt haben. »Der Todeseintritt wurde am Morgen danach festgestellt, um die Zeit des Weckens.«

Wo befindet sich Khomeinis Leichnam jetzt? Renate Brändle »sieht« ihn »in einem Raum, der nur den engsten Vertrauten zugänglich ist«. Hier sei er »nur noch schattenhaft gegenwärtig«. »Ich sehe, daß sein Leib mumifiziert ist; man versucht, seinen ursprünglichen Zustand künstlich zu erhalten.« Wie sie »erspürt«, »umgibt seinen Körper noch heute ein Schein, der aber nicht mehr diesem irdischen, physischen Leben zuzuordnen ist, sondern bereits auf das jenseitige hindeutet«.

Erst Ende 1988 werde Khomeinis Tod bekanntgegeben. »Ein Großteil des Volkes wird dann erleichtert aufatmen, die Kriegsbegeisterung vollends erlahmen.« Wird sich das politische System danach ändern? »Nicht grundlegend. Die Privilegierten von heute halten sich an der Macht, die Masse der Bevölkerung bleibt arm und entmündigt. Ein Versuch des Schah-Sohns, in den Iran zurückzukehren, werde scheitern – und ihn selbst »in Lebensgefahr bringen«.

Schon acht Tage nach Renate Brändles Vision, am 19. Juli 1988, schien ein unerwartetes Indiz ihren Verdacht zu erhärten: Völlig überraschend willigte der Iran nachträglich in die ein Jahr alte Resolution 598 des UNO-Sicherheitsrates ein, die einen sofortigen Waffenstillstand, einen Truppenrückzug und Friedensverhandlungen zwischen den Kriegsgegnern am Persischen Golf fordert. Eine entsprechende Erklärung unterzeichnete nicht etwa Khomeini, sondern Staatspräsident Ali Chamenei – »offiziell und ohne Vorbedingungen«. »Hatte der rachsüchtige Greis den Krieg nicht bis zum Endsieg fortführen wollen?«, kommentierte die ZDF-Nachrichtensendung »heute« verwundert das plötzliche Einlenken.

Tote unterschreiben nicht mehr.

Noch Monate später blieb offen, ob an Renate Brändles Todesanzeige nicht doch etwas dran war. Was Massenmedien unterdessen an Zitaten, Fotos und bewegten Bildern vom greisen Schiitenführer verbreitet hatten, widerlegte nicht ihre »Konserven«-Theorie. Erst die *Satanischen Verse* des englischen Schriftstellers Salman Rushdie veranlaßten Khomeini, letzte Zweifel zu zerstreuen. Öffentlich forderte er im Februar 1989 die islamische Welt dazu auf, den Gotteslästerer hinzurichten. Im selben Monat empfing er den sowjetischen Außenminister Schewardnadse. Am 4. Juni 1989, um 5.30 Uhr (MEZ) starb Khomeini – an Krebs.

Ein weniger harmloser Irrtum, bei dem Renate Brändle offenbar paranormal den Hergang eines Verbrechens aufnahm, jedoch die Täter verwechselte, brachte einen 23jährigen Medizinstudenten vorübergehend unter Mordverdacht.[207]

Am Sonntag, dem 15. Mai 1988, also elf Tage nach Renate Brändles ZDF-Auftritt in »Na siehste«, klingelte bei der Bremer Wahrsagerin noch gegen 21.30 Uhr das Telefon. Eine Frau aus Bad Hersfeld, Marita Laumen, meldete sich: Das Fernsehexperiment habe sie sehr beeindruckt. Deshalb wende sie sich an Renate Brändle mit einem dringenden Anliegen: Ihr Sohn Paul (23) stehe unter dem dringendem Verdacht, am 12. Mai 1988, dem Himmelfahrtstag, eine 20jährige Jurastudentin vergewaltigt zu haben. Auf einer Wiese in der Nähe von Bauerbach bei Marburg, wo Paul Medizin studiert, hatte sich die junge Frau im Bikini gesonnt, als sie von einem Mann überfallen wurde. Mit einem Damenstrumpf maskiert, schubste er sie in den nahegelegenen Wald, drohte Gewalt an und verging sich an ihr. Als alles vorüber war, überkam ihn Reue: Zehn Minuten sprach er auf sein Opfer ein, bedauerte sein Vorgehen und bat um Verzeihung, ehe er davonlief.

Bereits zwei Tage später wurde Paul Laumen festgenommen. Mehrere Augenzeugen hatten einen jungen Mann in der Nähe des Tatorts mit einem Fahrrad gesehen, an dessen Gepäckträger eine auffällige Hartbox angebracht war. Daran erkannten es Passanten wieder, als es vor dem Marburger Klinikum stand – es gehörte Paul Laumen.

Die Anruferin hatte nur eine Sorge: »Wie kommt er aus dieser Sache raus?«

Spontan beruhigte Renate Brändle die aufgeregte Mutter: Es könne ja auch ein anderer gewesen sein, und soweit sie jetzt »sehe«, werde sich der polizeiliche Verdacht nicht bestätigen. »Ich bat sie um Geduld und verabredete mit ihr einen Termin für den nächsten Tag.«

Anschließend ging Frau Brändle zu Bett, versuchte einzuschlafen. »Plötzlich stiegen vor meinem geistigen Auge Bilder auf, die mir deutlich sagten: Dieser Sohn *mußte* der Täter sein.« Sie sah »seine Kindheit, seine gegenwärtige Situation, seine Veranlagung; daß er aus einem religiösen Elternhaus stammt, in dem Sexualität ein absolutes Tabu war«. »Er mußte noch nie in seinem Leben auf normale Art und Weise Verkehr gehabt haben. Ich sah nur Selbstbefriedigung«, die ihr überdies »ziemlich außergewöhnlich schien«. Was sie »am meisten irritierte«, war der Eindruck, daß »Menschen, die hilflos im Bett lagen, ein gewisses Macht- und Triumphgefühl in ihm weckten ... Der Umgang mit Leichen löste in diesem jungen Mann fast einen Orgasmus aus ... All das lief wie ein Film vor meinem geistigen Auge ab.«

Als Laumens Mutter am Montagmorgen, dem 16. Mai, erneut anrief, schilderte ihr Renate Brändle, was sie »gesehen« hatte – und erntete betroffene Zustimmung. Für sie stehe außer Frage, daß Paul zu Recht verdächtigt werde: Daß sie ihn zunächst spontan für unschuldig gehalten hatte, scheint ihr inzwischen daran gelegen zu haben, »daß ich mich nicht genug vom Wunschdenken und der Abwehrhaltung der Mutter distanzierte (›Mein Sohn kann es nicht gewesen sein‹); das hatte sich anfangs auf mich übertragen«. Was die polizeilichen Ermittlungen betraf, hatte Renate Brändle gute Nachrichten: »Ich sah, daß bei der Gegenüberstellung nichts herauskommen würde: Weder Blut- und Spermauntersuchungen noch eine Stimmprobe erbringen die Bestätigung, daß ihr Sohn Paul der Täter war. Die Vernehmung würde ergebnislos bleiben.« (Wie erst im November 1988 während der Gerichtsverhandlung bekannt wurde, hatte die Vergewaltigte tatsächlich neben Paul noch eine weitere Person als möglichen Täter identifiziert, als die Polizei eine Gegenüberstellung und eine anschließende

Sprechprobe vornahm. Auch gerichtsmedizinische Untersuchungen wiesen Paul die Tat nicht mit letzter Sicherheit nach. Davon hatte Renate Brändle Mitte Mai unmöglich wissen können.)

Nach Pfingsten 1988 meldet sich Marita Laumen erneut: Auf Renate Brändles Eindruck angesprochen und zur Rede gestellt, habe Paul seinen Eltern die Tat gestanden.

Am 4. Juni 1988 trifft sich Renate Brändle zu einem vierstündigen Gespräch mit dem 23jährigen und seinen Eltern in Bremen. Eindringlich rät sie Paul, seine Veranlagung therapeutisch behandeln zu lassen. Als Frau Laumen »noch die Zukunft ihres Sohnes wissen wollte, sah ich zum ersten Mal die Wiederholungsgefahr, die unter Umständen mit Mord enden würde. Auch das sagte ich der Familie.« Paul wiegelt ab: »Jetzt habe er seine Triebe im Griff, jedenfalls wolle er so etwas nicht wieder machen.« Unaufgefordert honoriert der Vater die Leistung der Hellseherin großzügig: mit einem 1000-Mark-Schein.

Dann reißt der Kontakt wochenlang ab. Um so erstaunter ist Renate Brändle, als der junge Mann am Dienstag, dem 5. Juli 1988, bei ihr anruft, diesmal »völlig aufgelöst«: »Ich stehe schon wieder unter Verdacht!«

Tags zuvor ist die Schülerin Karin Priewasser (11), Tochter eines Universitätsprofessors aus Marburg, nicht zu ihrer Klavierstunde gekommen. Ihre Leiche wird in einer Fichtenschonung gefunden. Ihr Mörder muß sie mit der Faust ins Gesicht geschlagen und zunächst »sexuelle Handlungen erzwungen haben«, wie Oberstaatsanwalt Kurt Pletsch später feststellt. »Als ein Jogger in der Nähe vorbeikam und das Opfer schreien wollte, hat er... dem Kind den Hals zugedrückt.« Dann bedeckte er es mit Laub.

Doch davon kann Renate Brändle noch nichts wissen, als sich Paul Laumen bei ihr meldet. »Glauben Sie mir, diesmal war ich es nicht!« beteuert er.

»Was waren Sie nicht?«, gibt sie zurück.

»Da wurde ein Mädchen vergewaltigt und anschließend umgebracht. Ich war zufällig in der Gegend. So bin ich wieder einer der Tatverdächtigen.«

»Gibt es denn noch einen Tatverdächtigen?«

»Ja, ich sah einen Mann mit Fahrrad, der auch in der Nähe war und den ich gebeten habe, bei der Suche behilflich zu sein.«

»Moment mal, Herr Laumen, wieso suchten Sie und was suchten Sie? Berichten Sie von Anfang an.«

»Ich saß auf einer Bank«, erzählt der 23jährige, »und lernte, als es zu regnen anfing. Ich stand auf und ging in eine nahegelegene Hütte . . ., als ich plötzlich die Mutter der Karin Priewasser den Hang heraufkommen sah. Völlig aufgelöst suchte sie ihre Tochter.« Paul Laumen bot ihr seine Hilfe an. Kurz nachdem sie sich getrennt hatten, begegnete er jenem Radfahrer, der ihm verdächtig vorkam. Doch er verfolgte ihn nicht weiter. Denn schlagartig wurde ihm klar, in welcher Zwickmühle er sich befand. »Plötzlich kriegte ich Panik und lief weg, nahm mein Fahrrad und fuhr nach Hause.«

Kurz darauf traf die Polizei bei ihm ein. Am Hals Paul Laumens fielen den Beamten Kratzspuren auf. Zur Zeit quäle ihn eine Neurodermitis, erklärte der Student, deshalb jucke es ihn ständig. Er mußte zur Vernehmung mit aufs Revier.

Während Renate Brändle ihn weiterreden ließ, »wehrte ich mich gegen den Verdacht, der in mir hochstieg. Ich beruhigte mich: Wenn er einmal der Täter war, muß er es deswegen jetzt nicht gewesen sein.« Schnell beendete sie das Gespräch: »Man wird Ihnen nichts nachweisen können, da können Sie ganz beruhigt sein.«

Eine schlaflose Nacht folgte. Deutlich spürte Frau Brändle »seine Angst«. Dann »sah ich das Mädchen (Karin Priewasser) vor mir, das nur wenig Verletzungen aufweisen mußte; sah das Erschrecken des Vergewaltigers, der erst, nachdem er das Mädchen ausgezogen hatte, bemerkte, daß es noch sehr jung war. Seine Erektion verschwand. Panik erfaßte ihn, als er sich plötzlich der Folgen bewußt wurde.« In diesem Augenblick dringt Paul Laumens Bild in ihre Eingebung ein: »Ich sah plötzlich die Panik, die ihn erfaßte, als er an sein Medizinstudium dachte, an seine Eltern.« Gegen Morgen »glaubte ich zu *wissen*, daß er es gewesen sei.«

Nun faßte sie »allen Mut zusammen und rief die Kripo

Marburg an«. Als sie in allen Einzelheiten vortrug, wie sie den Tathergang im Mordfall Priewasser »gesehen« hatte, horchten die Beamten auf. Am nächsten Morgen reisten die beiden Sachbearbeiter Gomohl und Schäfer nach Bremen an. Von 10 bis 17 Uhr verhörten sie das Medium, fertigten ein Protokoll von 27 Seiten an. »Ich schilderte alles, was ich gesehen hatte, was in der Realität geschah; wie die Leiche aussah; daß dem Mädchen ... der Hals zugedrückt worden war; die Verletzung, rundum alles.« Dabei irritierte sie, daß einer der Beamten zwischendurch immer wieder das Zimmer verließ. Erst gegen Ende nannte er seinen Grund dafür: »Ich hatte Angst, mich zu verraten, sei es durch eine Geste oder durch meine Mimik. So etwas haben wir noch nicht erlebt. Als wären Sie dabeigewesen. Das können Sie selbst in der Presse nicht gelesen haben.«

Paul Laumen wird festgenommen. Mehrere Tageszeitungen und Illustrierte präsentieren ihn als mutmaßlichen Mörder.

Am 13. Juli berichtet mir Frau Brändle über eine bemerkenswerte Anfrage. Ein Beamter der Bremer Kriminalpolizei habe bei ihr angerufen: Aus Marburg habe er gehört, »daß die ganz begeistert von Ihnen waren«. Ob er sie nicht für einen eigenen, aktuellen Fall einspannen könne? »Ganz diskret, versteht sich«, darauf lege er größten Wert.

Sie sprüht vor Zuversicht. »Ich habe heute gespürt, daß Paul Laumen mittlerweile gestanden hat.« Seither sei »die Spannung von ihm gewichen«.

Der 14. Juli 1988, ein Dienstag, bringt die überraschende Wendung: Ein Arbeits- und Wohnsitzloser aus Aachen, Hans-Jürgen B., gesteht den Mord an Karin Priewasser. Er ist genau gleich alt wie Paul Laumen. Erst drei Tage vor dem Verbrechen, am 1. Juli, war er aus einem Kölner Gefängnis entlassen worden. Dort hatte er wegen Sexualdelikten 27 Monate in Haft gesessen. Ein goldfarbenes Mofa, das herrenlos im Wald nahe dem Fundort der toten Schülerin lag, hatte die Polizei auf seine Spur geführt; ein Tankwart erkannte es wieder.

Kurz darauf erhält die ahnungslose Renate Brändle einen letzten Anruf von der Kripo Marburg: »Können Sie sich darauf konzentrieren, ob es eventuell einen anderen Täter gibt? Wir haben einen anderen im Verdacht.«

Sie verneint. »Ich sehe keinen anderen Täter als Peter Laumen.«

Der Beamte bedankt sich, kurz angebunden.

Einige Tage später liest Renate Brändle von dem Geständnis. »Ich war wie vor den Kopf gestoßen. Sollte ich jemanden zu Unrecht einer solchen Tat beschuldigt haben?« Eine Zeitlang klammert sie sich noch an die Theorie, der »neuaufgetauchte mutmaßliche Mörder« habe ein falsches Geständnis abgelegt, »um wieder hinter Schloß und Riegel zu kommen«; denn »er hat keine Lust, draußen zu leben«, »den Knast sieht er als sein Zuhause an«. Doch schließlich resigniert sie: »Die Realität sieht anders aus.«

Gegen Paul Laumen wird sie dann doch noch eine entscheidende Aussage machen: Am 29. November und 7. Dezember 1988 tritt sie vor der 1. Großen Strafkammer des Marburger Landgerichts als Hauptbelastungszeugin in einem Indizienprozeß auf, in dem Laumen der Vergewaltigung an der 20jährigen Jurastudentin für schuldig befunden wird. Allerdings stehen diesmal nicht ihre Fähigkeiten als Hellseherin auf dem Prüfstand – sondern ihre Eignung als gewöhnliche Zeugin jener Gespräche vom Frühjahr, in denen Laumen seine Schuld gestanden hatte.

Kann jemand als »Medium« gelten, der derart danebenliegt? Wer so fragt, klammert sich an mehrere falsche Voraussetzungen. Wie das Beherrschen einer Fremdsprache oder eines Musikinstruments, so ist der »sechste Sinn« eine Fähigkeit, die nicht einfach »da« ist, sondern sich *entwickelt*, und zwar entlang eines *Kontinuums*; eine Fähigkeit zudem, die sich bei verschiedenen Menschen *in unterschiedlichen Graden ausprägt*. Wie überall, so gibt es auch hier nur wenige »Naturtalente«; ebenso wenige Könner, die sich ihre hohe Medialität hart erarbeiten mußten; viel Durchschnitt; und etliche Versager, denen allenfalls Gelegenheitstreffer gelingen. Das »ideale« Medium legt sich unter beliebigen Umständen und unabhängig von jeglicher psychischen Verfassung stets selbstsicher auf klare, eindeutige, genaue und ausnahmslos zutreffende »außersinnliche Wahrnehmungen« fest. Daß solche Psi-Automaten weit und breit nicht in Sicht sind, spricht weder gegen die Möglichkeit von paranormalen Erkenntnissen, noch schmälert es die Leistung von Medien.

Zum zweiten gehört zum Wesen jeglicher Wahrnehmung, nicht nur der außersinnlichen, die Möglichkeit des Irrtums. Ebensowenig wie die sensorischen Informationen, die Auge, Ohr und andere Organe vermitteln, kommen Präkognitionen, telepathische Eindrücke oder Fernwahrnehmungen als *Wahr*nehmungen, *als* wahre Urteile über Ereignisse und Sachverhalte zu Bewußtsein. Dazu müssen sie interpretiert, gedeutet und nach verschiedenen Kriterien von bloßen Vorstellungen, Traumbildern oder Halluzinationen unterschieden, aus Mischzuständen herausgefiltert werden; phänomenologisch betrachtet, braucht zwischen ihnen nicht der geringste Unterschied zu bestehen. Woran *erkennt* ein Medium dann überhaupt einen Eindruck als ASW – und einen ASW-Eindruck seinerseits eher als Hellsicht, Zukunftswissen oder Gedankenübertragung? Manche richten sich nach unterschiedlicher Stärke und Klarheit; andere berichten von charakteristischen Gefühlen, welche die jeweiligen Eindrücke begleiten und dadurch gewissermaßen »markieren«. In jedem Fall kann ihre Intuition trügen.

Darüber stolperte ein ums andere Mal selbst der holländische Heilpraktiker, Magnetopath und hochbegabte Sensitive Gérard Croiset (1910–1980), obwohl er im übrigen zu den zuverlässigsten Medien gehört, die je zu polizeilichen Ermittlungen herangezogen worden sind. Mehrfach spürte er Vermißte auf – in den wasserreichen Niederlanden waren viele Ertrunkene darunter, deren Fundorte er anhand von markanten Punkten selbst dann angeben konnte, wenn er nie zuvor in der betreffenden Gegend gewesen war. (»Von einem Lagerhaus zur Schiffanlegestelle und dann senkrecht zu einer Kai-Anlage« schickte Croiset etwa einen Suchtrupp, der nach einem vermißten Jungen aus Urk fahndete, einem Fischerdorf am Rande der früheren Zuidersee. Am Schnittpunkt der beiden Linien fand man die Leiche.) Doch selbst Croiset konnte hellseherische und telepathische Eingebungen nicht immer auseinanderhalten. Als der Freiburger Parapsychologe Professor Hans Bender ihn einmal nach dem Verbleib einer Vermißten fragte, deutete Croiset auf einer Landkarte sogleich auf Meersburg am Bodensee: Dort sei sie ertrunken. Verblüffend genau beschrieb Croiset dabei den Yachthafen, den er nie zuvor gesehen hatte. Croiset war seiner Sache sicher – und saß dabei einer telepathischen Spiegelung auf: Was er paranormal aufnahm, war die Vermutung Benders und anderer Beteiligter, die gesuchte Frau habe in Meersburg den Tod im Wasser gesucht. Bald darauf tauchte die vermeintliche »Wasserleiche« putzmunter wieder zu Hause auf.[208]

Psi-Sensitivität und gesteigerte Sensibilität gehen gewöhnlich Hand in Hand: Es zeichnet medial Begabte geradezu aus, verstärkt »in sich hineinzuhorchen«, ihre Innenwelt sorgsam zu durchleuchten, selbst auf die flüchtigsten »Eingebungen« zu achten; diese Aufmerksamkeits- und Erwartungshaltung verstärkt die Bereitschaft, in jedes aufsteigende geistige Bild, bloß weil es irgendwie »eigenartig« scheint, gleich die Erkenntnisleistung eines »sechsten Sinns« hineinzudeuten. Wenn Ermittlungsbehörden mit Medien wie Croiset oder Brändle ergiebig zusammenarbeiten wollen, müssen sie aus diesen Gründen uneinlösbare Ansprüche zurückschrauben, statt sich nach unvermeidlichen Fehlschlägen achselzuckend abzuwenden. Medien werden nie Beweismaterial liefern können, das an die Zuverlässigkeit von Blutalkoholtests, Geschwindigkeitsmessungen oder ballistischen Gutachten heranreicht – bloß Fingerzeige, erste Anhaltspunkte. Denen freilich sollte ebenso aufgeschlossen nachgegangen werden wie Eindrücken von Augenzeugen – zumindest dann, wenn es an sonstigen »sachdienlichen Hinweisen« mangelt.

In einem anderen Fall trog Renate Brändles Intuition jedenfalls nicht. Wochenlang hatte die Kriminalpolizei Cloppenburg vergeblich nach einem Vermißten gesucht. Erst das Bremer Medium spürte ihn auf: Sie »sah«, daß der Mann sich erhängt hatte – und beschrieb Angehörigen den Fundort seiner Leiche.

Am 15. Oktober 1987, einem Donnerstag vormittag, bekam Renate Brändle einen aufgeregten Anruf aus Garrel im niedersächsischen Landkreis Cloppenburg: Ob sie einen Menschen ausfindig machen könne, der seit über zwei Wochen spurlos verschwunden sei?, wollte eine Frau Wolters wissen. Es gehe um den vermißten Gatten einer engen Freundin und Arbeitskollegin. Bei etlichen Hellsehern habe sie deswegen schon angefragt – doch stets Absagen erhalten. Selbst Rundfunksender habe sie angerufen, um Namen und Adressen medial Begabter in Erfahrung zu bringen. Über die Bremer »Bild«-Redaktion sei sie schließlich auf Renate Brändle gestoßen.

Sofort sagte die Hellseherin zu. Für den nächsten Tag, 10 Uhr, wurde ein Gesprächstermin in Bremen vereinbart.

Zu diesem Zeitpunkt hatte die Kriminalpolizei Cloppenburg schon 16 Tage lang mit Hubschraubern, Hunden und Helfern nach Günther Brock[209] gesucht – vergeblich. Als schwerer Alkoholiker war der 48jährige frühere Baggerführer, verheiratet und Vater dreier Kinder, auf eigenen Wunsch schon zum zweiten Mal in die Abteilung für Suchtkranke der St. Antonius-Klinik in Vechta eingewiesen worden. In den Alkohol getrieben hatten ihn offenbar Minderwertigkeitskomplexe: Während aus seinen beiden Brüdern »etwas geworden« war – der eine war Großbauer, der andere erfolgreicher Immobilienmakler –, quälte Brock von Kindheit an das Gefühl, ein »Verlierer« zu sein. Als »schwarzes Schaf« der Familie war er den hohen Ansprüchen seiner vermögenden, dominanten Eltern nie ganz gerecht geworden. Er mußte eine Lehre als Kfz-Mechaniker beginnen; was an Kreativität in ihm steckte – am liebsten wäre er Kunsthandwerker geworden –, konnte er nie so recht ausleben. Seiner Frau gegenüber, der er stets »etwas bieten wollte«, scheint er sich als Versager vorgekommen zu sein. Er floh in die Sucht, mit der Sucht in den Entzug; Ende September 1987 verschwand Brock aus der Klinik.

Doch von diesen Hintergründen erfuhr Renate Brändle erst später. Kurz nach dem Anruf fuhr sie gegen 14 Uhr in Richtung Bremerhaven. Weil wenig Verkehr herrschte, »sinnierte ich so vor mich hin«. Plötzlich sah sie »das Leben der Familie vor meinem geistigen Auge ablaufen ... drei Kinder, eines davon etwa 15 Jahre alt, das krank sein mußte; ein Haus, viel Arbeit, wenig Geld und eine Menge Probleme ... die Frau, abgearbeitet und ständig bereit, für das wohl ihrer Familie dazusein«.

Dann »sah ich den Mann hängen, in einer ganz eigenartigen Stellung: halb liegend, die Füße in einem Graben.«

Als tags darauf Ilse Brock mit ihrer Freundin eintraf, versuchte Renate Brändle, sie zunächst einmal davon zu überzeugen, »daß sie bei einem seriösen Medium gelandet sind«. Dazu »erzählte ich, was ich sah: von den Kindern, vom Leben des Ehemannes, von den familiären Verhältnissen. Bis auf wenige Abweichungen stimmte alles«, die beiden Besucherinnen zeigten sich stark beeindruckt.

Schließlich wurde Eva Wolters ungeduldig. Sie unterbrach: »Frau Brändle, diese Tatsachen kennen wir alle – bitte, kommen Sie jetzt zur Sache. Wir spüren, daß sie uns etwas verheimlichen.«

»Nun gut – ich sehe, daß Ihr Mann tot ist. Er hat sich erhängt. Sie können ihn an einer Stelle finden, die sonst kaum begangen wird«: nahe einer Autobahn, die ein Zaun von einem Wald trennt. Der Wald beginne mit niedrigem Gebüsch, gehe dann in hohe Laub- und Nadelbäume über. Hinter dem Wald liege ein freies Feld. Dorthin führe eine Straße in einer S-Kurve, die zuerst eine Biegung nach links mache. Dort stünden einzelne Häuser. Wer daran vorbeigehe, könne nun sowohl das freie Feld als auch die Autobahn sehen. In unmittelbarer Nähe befinde sich Brocks Leiche.

»Ja, ich weiß, wo das ist!«, rief Eva Wolters entgeistert aus. In heller Aufregung fuhren die beiden Besucherinnen sofort zur Kripo Cloppenburg. Doch ihre »Hinweise« quittierten die Beamten nur mit ungläubigem Kopfschütteln.

So machten sich die Brüder Brocks nun auf eigene Faust auf die Suche. Am Samstagnachmittag, gegen 13 Uhr, fuhren sie los. Drei Stunden später, gegen 16 Uhr, klingelte bei Renate Brändle erneut das Telefon: Nach ihren Anweisungen sei soeben Günther Brocks Leiche entdeckt worden, berichtete Eva

Wolters: fünf Kilometer von der Vechtaer Klinik und 28 Kilometer von seinem Haus in Garrel entfernt, in dichtem Unterholz, so daß er vom Polizeihubschrauber aus nicht zu sehen war. »Alles war genau so, wie Sie es beschrieben haben. Sie hatten recht, an diese Stelle wäre wohl erst Wochen später jemand gekommen. Auch fand man ihn so, wie von Ihnen beschrieben: erhängt, halb liegend. Der Ast war abgebrochen.«

XII
UFOS UND AUSSERIRDISCHE

GRÖSSTES UFO-FILMARCHIV EUROPAS EINGERICHTET

Eine europaweit einmalige Sammlung von Filmaufnahmen »fliegender Untertassen« hat die private Ufo-Forschungsgruppe CENAP aus Mannheim zusammengetragen, das »*C*entrale *E*rforschungs*n*etz *a*ußergewöhnlicher Himmels*p*hänomene«.

Das Archiv, das bis Ende 1988 bereits 32 Ufo-Filme aus den letzten 40 Jahren umfaßte, ist seit kurzem der Öffentlichkeit zugänglich. Die Filme sind zwischen drei Minuten und 1,5 Stunden lang, die gesamte Laufzeit liegt bei 30 Stunden. CENAP-Vorsitzender Werner Walter recherchierte dafür seit 1984 in aller Welt: Das Material stammt aus Brasilien, Japan, den Vereinigten Staaten, Großbritannien, Spanien, Dänemark und Frankreich. Neben Ausschnitten aus Nachrichtensendungen gehören auch Überspielungen von ehemaligem Geheimmaterial des US-Verteidigungsministeriums sowie aufsehenerregende Fernsehdokumentationen dazu: darunter *The Flying Saucer Mystery* (USA 1953), *De Quend* (Spanien 1983) und *These are the UFOs* (Japan 1985).

Ankauf, Überspielung, Zoll und Luftfracht der Filme finanzierte Werner Walter aus eigener Tasche: »Allein für eine Filmkopie zahlte ich bis zu 120 Dollar pro Aufzeichnung. Das

Abb. 35: Ein Leckerbissen aus dem CENAP-Filmarchiv: Ufo-Aufnahmen des Amerikaners Daniel W. Fry, der in den fünfziger Jahren durch angebliche »Kontakte mit Außerirdischen« von sich reden machte. »Nach unseren Analysen hängt hier ein kleines Modell am Faden, schwingt daran hin und her«, erklärt der CENAP-Vorsitzende Werner Walter.

Überspielen des Materials durch Digitalumwandlung kostet mich nochmals DM 2.50 pro Minute.« Alles in allem hätte er für seine Aufwendungen »bereits einen Mittelklasse-Pkw bekommen können«. Einen Zusammenschnitt des besten Materials bietet der CENAP-Vorsitzende Interessenten auf einer VHS-Videokassette von 240 Minuten Laufzeit an.[210] Unterdessen prüft Walter Angebote von hundert weiteren Ufofilmen. CENAP versteht sich als »Meldestelle für Ufo-Sichtungen, aber auch als Informationszentrale für die interessierte Öffentlichkeit und Medien«. Der junge Kaufmann Werner Walter, Jahrgang 1957, aus dem Mannheimer Neubaugebiet Vogelstang, gründete CENAP 1976 (gemeinsam mit dem Wallstädter Hansjürgen Kohler) nach einem einschneidenden Gesinnungswandel in Sachen UFOs. Zunächst ein glühender Verehrer Erich von Dänikens und Johannes von Buttlars, hatte ihn Anfang der siebziger Jahre eine Anzeige auf einen Wiesbadener Zirkel aufmerksam gemacht: die »Deutsche Ufo-Studiengesellschaft (DUIST) e.V.« um Karl L. Veit, der seit 1956 die »Ufo-Nachrichten« herausgab.[211] Walter trat ihr bei. Doch während ihn an der Frage nach Besuchern aus dem All vor allem die astronomische und technische Seite interessierte, gewann er zunehmend den Eindruck, den Wiesbadenern gehe es weniger um Aufklärung als um Spekulation und Geschäftemacherei. Mehrfach monierte er – und flog.

»CENAP« war Walters Antwort auf den Rausschmiß: »Für uns sind Ufos eine wissenschaftliche Herausforderung und keine Ersatzreligion.«

Die Mitglieder seines »Forschungsnetzes« sind über die ganze Bundesrepublik verstreut; aktuelle Sichtungsfälle recherchieren sie vor Ort, übersetzen einschlägige Artikel aus ausländischen Fachzeitschriften, betreiben Quellenstudien in Zeitungsarchiven und Universitätsbibliotheken. Weil den meisten von ihnen eine akademische Ausbildung fehlt, bescheiden sie sich mit der »Aufgabe, das Ufo-Phänomen *vor*wissenschaftlich zu untersuchen«, um es »schlußendlich einer seriösen wissenschaftlichen Betrachtung zuzuführen«: durch Psychologen, Soziologen, Physiker, Astronomen und Vertreter anderer betroffener Fachrichtungen. Die Mitglieder dieser losen Vereinigung ohne Vereinsstatus sind über die ganze Bundesrepublik verstreut. Alle arbeiten ehrenamtlich, auf Kosten ihrer Freizeit; ihre Auslagen tragen sie selbst. Knapp 400 Ufo-Erscheinungen haben sie bis Frühjahr 1989 mit geradezu kriminalistischem Spürsinn untersucht und bewertet – skeptisch, aber undogmatisch und auf Überraschungen gefaßt –, darunter auch Sichtungsberichte aus dem Braunschweiger Luftfahrt-Bundesamt, der Flugsicherung Frankfurt sowie regionaler Flugüberwachungsstellen. Ausnahmslos fielen die Ufos bislang in zwei Kategorien: entweder Erfindungen von Wichtigtuern, Psychopathen und Lügnern – oder Sinnestäuschungen und Fehldeutungen von Ballons, Satelliten, Planeten, Kometen, Hubschraubern, Flugzeugen, Wolkenformationen und anderen Erscheinungen. Bei ihren Ermittlungen arbeitet CENAP von Fall zu Fall mit Polizeidienststellen, Länderbehörden und Instituten für Luft- und Raumfahrt zusammen. Ergebnisse veröffentlicht es in der monatlichen Zeitschrift *CENAP-Report*. Zweimal jährlich veranstaltet die Gruppe Ufo-Fachtagungen.

Ihre rührige, sachliche Öffentlichkeitsarbeit überzeugt zunehmend selbst staatliche Stellen. Als einzige deutsche Ufo-Forscher wurden CENAP-Vertreter ins Bonner Verteidigungsministerium eingeladen, zu Gesprächen mit dem Führungsstab der Luftwaffe. Im März 1989 hielten sie an der Mannheimer Bundeswehr-Hochschule einen Vortrag mit Ufo-Material aus dem umfangreichen CENAP-Archiv. Ausdrücklich empfahl 1986 das baden-württembergische Innenministerium CENAP als Anlaufstelle für Ufo-Meldungen.

SPUREN GESICHERT: REGIERUNGSBEHÖRDE PRÜFT UFO-LANDUNG IN SÜDFRANKREICH

Eine angebliche UFO-Landung in Südfrankreich hinterließ materielle Spuren, die Regierungsbehörden sorgfältig analysiert – und bestätigt haben. Der französische Arzt und Psiforscher Dr. Alfred Krantz stieß auf den offiziellen Untersuchungsbericht. Auf den Basler »Psi-Tagen«, dem inoffiziellen Weltkongreß für Grenzwissenschaften, machte er Ende 1987 den Vorfall erstmals öffentlich bekannt.

Als sich 1974 in Südfrankreich UFO-Sichtungen häufen, bleibt Dr. med. Alfred Krantz aus Pau »a priori skeptisch«. »Aber verschiedene Zeitungsartikel und die Nähe der Vorgänge zu meinem Wohnsitz erregten meine Neugierde.« Als Facharzt für Neurologie und Psychiatrie will er »herausfinden, ob es sich nicht etwa um psychische Störungen handelt«.

Von da an ermittelt und befragt Krantz Dutzende von Augenzeugen, liest sich in die Ufo-Fachliteratur ein. Da fällt ihm ein Heft mit dem Titel »*Analyse d'une Trace*« (»Analyse einer Spur«) in die Hände – und er traut seinen Augen kaum. Nicht irgendein Ufologenzirkel, sondern eine Regierungsbehörde befindet hier in Ihrer »Enquete 81/01 – Nr. 15« vom 1. März 1983 auf 65 Seiten wissenschaftlich trocken: Nach sorgfältiger Prüfung finde sie keinerlei Anhaltspunkte dafür, Berichte über eine UFO-Landung zwei Jahre zuvor zu bezweifeln.[212] Dahinter steht »GEPAN«, die »Forschungsabteilung für unidentifizierte Flugobjekte« (»*G*roupe d'*é*tude des *p*hénomènes sp*a*ciaux non identifiés«); sie gehört zu Frankreichs staatlichem Raumforschungszentrum, dem *Centre Nationale d'Etude Spatiale* (CNRS).[213] Die Gendarmerie im ganzen Land ist beauftragt, dieser Behörde auffällige Beobachtungen unverzüglich zu melden und mit ihr zusammenzuarbeiten. Anfang 1981 kommt so ein mysteriöser Vorfall zur Anzeige:

Am Nachmittag des 8. Januar 1981 ist Renato Nicolai, ein 55jähriger pensionierter Maurer und jetzt Landwirt, im südfranzösischen Trans-en-Provence mit Bauarbeiten an einer Terrasse oberhalb seines Hauses beschäftigt. Um 17.10 Uhr sieht Nicolai plötzlich, in 50 Metern Höhe zwischen den Spitzen zweier großer Bäume, »ein rundes, dunkles Objekt geräuschlos vom Himmel fallen«. In einer Entfernung von 80 Metern landet es in Nicolais Garten. Ungefähr eine Minute lang liegt es still und unbeweglich neben der zwei Meter hohen Wand aus Lehm und trockenen Steinen, welche die Terrasse zur Bergseite hin abgrenzt.

Zunächst vermutet Nicolai, ein Versuchsflugzeug der französischen Luftwaffe könnte sich da auf sein Grundstück verirrt haben. Denn ganz in der Nähe liegt die Militärbasis Canjuers.

Nicolai nähert sich bis auf rund 45 Meter. Jetzt sieht er ein einförmiges, dunkelgraues Etwas, ungefähr zwei Meter hoch und zweieinhalb Meter im Durchmesser, aufgebaut wie aus zwei ungleichen Halbkugeln, die ein flacher, 15 Zentimeter breiter Rand trennt. Die obere Halbkugel ist höher und gewölbter als die untere. Das Gehäuse, glatt und kompakt, schimmert matt bleifarben. Es ruht auf kleinen Teleskopbeinen. Nicolai fallen keine Antennen, keine Fenster, keine Unebenheiten oder sonstige mechanische Besonderheiten auf.

Mehr Zeit zur Beobachtung bleibt dem verdutzten Zeugen nicht mehr: Etwas Staub aufwirbelnd, steigt das Objekt hoch, begleitet von einem leisen Pfeifton. Dann neigt es sich seitlich. Ehe es blitzschnell davonrast, fallen Nicolai an der Unterseite noch vier Ausbuchtungen auf, »wie Maurereimer«: offenbar Luken. Beim Start spürt er weder Wärme noch Druckwellen.

Fassungslos rennt er zum Haus und berichtet seiner ungläubigen Frau (52), was er gesehen hat. Am nächsten Morgen gehen beide zum Ort des Geschehens. Sofort fallen ihnen deutliche Spuren am Boden auf, die vorher nicht dort gewesen waren. Sie erzählen einem Nachbarn davon, der aufgeregt die Polizei von Draguignan alarmiert. In Nicolais Garten finden die Gendarmen einen 12 bis 18 Millimeter tiefen Abdruck, mit einem Durchmesser von rund 2,20 Meter. An zwei Stellen haben sich »Kufen« ins Erdreich gegraben. Der »Landeplatz« ist auffällig dunkler als die Umgebung. Offenbar rührt er von einer tonnenschweren Last her: Steine sind in den Boden gedrückt. Einige davon weisen schwarze Stellen auf.

Die Polizei nimmt mehrere Bodenproben; auf jeder markiert sie den genauen Abstand vom Zentrum der »Landestelle«. Zusammen mit einem ausführlichen Bericht schickt sie die Proben an GEPAN.

Die staatliche Forschungsstelle reagiert unverzüglich. Zwei Mitarbeiter von GEPAN erkunden das Gelände, nehmen weitere Proben vom Boden und der Vegetation. Mit der Untersuchung beauftragt GEPAN das Nationale Institut für Agrarforschung (INRA) und vier weitere namhafte Laboratorien, darunter Einrichtungen der Universitäten Metz und Toulouse.

Die mikroskopischen Analysen des Bodens bestätigen erhebliche mechanische und thermische Einwirkungen, bis zu 600 Grad Celsius. Ein monokristalliner Bestandteil wird gefunden, der sonst nirgendwo in der Umgebung vorkommt. Noch deutlicher hat sich die Vegetation verändert: Chromatographische Analysen von umstehenden Pflanzen zeigen erhebliche Veränderungen in den Pigmenten der Blätter. Ihr Gehalt an Chlorophyll, Phenotin, Karotin, Lutein, Violoxanthin, Protochlorophyllid weicht bis zu 50 Prozent von der Norm ab, bei jungen Blättern sogar bis zu 80 Prozent. Noch 40 Tage nach dem Vorfall sind diese Schwankungen deutlich feststellbar. Wie die 22 Druckseiten füllenden Kurven und Tabellen des GEPAN-Berichts zeigen, nahmen die meßbaren Veränderungen mit zunehmendem Abstand vom Zentrum gleichmäßig ab. Die Forscher versuchten, Samen radioaktiv zu bestrahlen, um ähnliche Veränderungen von Pflanzen zu erzeugen: Es mißlang.

Falls Nicolai Märchen auftischte – wie brachte er derartige Veränderungen zuwege?

US-PRÄSIDENT REAGAN SAH UFO – UND LIESS ES VERFOLGEN

Während eines Inlandflugs über Kalifornien sah Ronald Reagan, US-Präsident von 1980 bis 1988, ein UFO – und wies den Piloten an, es zu verfolgen. Seither glaubt der zeitweilig mächtigste Mann der westlichen Welt an Außerirdische – wie schon sein Amtsvorgänger Jimmy Carter nach einem ähnlichen Erlebnis 1969.

Zu der außergewöhnlichen Begegnung soll es bereits 1974 gekommen sein, als Reagan noch Gouverneur von Kalifornien war. Erst im Oktober 1988, gegen Ende von Reagans Amtszeit als Präsident, hat der damalige Pilot Bill Paynter sein Schweigen gebrochen. Ein Interview Paynters mit dem *National Enquirer*, mit 20 Millionen Exemplaren eine der auflagenstärksten Zeitungen Amerikas, sorgt in den Vereinigten Staaten für beträchtliches Aufsehen. »REAGAN SAH UFO UND BEFAHL SEINEM PILOTEN: FOLGE IHM!«, überschrieb das US-Massenblatt die Titelseite seiner Ausgabe vom 11. Oktober 1988.[214]

»Wir flogen in einer ›Cessna Citation‹. Mit Reagan war ein Pulk von Sicherheitsbeamten an Bord«, entsinnt sich der inzwischen 72jährige Pilot, der noch heute fliegt. (Inzwischen leitet er ein Luftfrachtunternehmen in Sacramento.) »Es war gegen 21 oder 22 Uhr nachts. Wir waren in der Nähe von Bakersfield, als ich Gouverneur Reagan und die anderen auf ein riesiges weißes Licht aufmerksam machte, ein Stück hinter meinem Flugzeug.«

Abb. 36: »Reagan sieht Ufo und befiehlt seinem Piloten: Verfolge es!« – Schlagzeile im *National Enquirer* vom 11. Oktober 1988, der auflagenstärksten Zeitung Amerikas.

»Als es auftauchte, war es mehrere hundert Yards entfernt.« (Ein Yard entspricht 0,9 Meter.) »Es hielt zunächst gleichen Abstand von uns. Dann ließ es sich plötzlich zurückfallen, beschleunigte und flog mit unglaublicher Geschwindigkeit eine 45-Grad-Kurve. Jeder im Flugzeug war höchst erstaunt. Auch Gouverneur Reagan drückte seine Überraschung aus«, erklärte Paynter. »Das mysteriöse Objekt war ganz sicher kein Flugzeug. Wenn man einem Flugzeug voll Stoff gibt, kann es zwar mächtig beschleunigen – aber nicht wie vom Teufel gejagt.«

Kurz darauf, während eines Fluges von Los Angeles nach Sacramento, schilderte Reagan seine Ufo-Sichtung dem damaligen Leiter des Washingtoner Büros des angesehenen Börsenfachblatts *Wall Street Journal*, Norman C. Miller. Bis heute entsinnt sich Miller, inzwischen Herausgeber der Tageszeitung *Los Angeles Times*, sehr genau an Reagans Worte: »Wissen Sie, Miller, als ich letzte Woche aus dem Fenster unseres Flugzeugs schaute, sah ich dieses glänzend-weiße Flugobjekt. Es flog im Zickzack in der Gegend herum. Ich ging zum Piloten und sagte: ›Hast Du jemals so was gesehen?‹, worauf er geschockt antwortete: ›Niemals!‹ Ich wies ihn an: ›Folge ihm!‹ Wir verfolgten es mehrere Minuten. Es strahlte dabei ständig ein glänzendweißes Licht aus. Zu unser aller Erstaunen stieg es vor Bakersfield senkrecht in den Himmel.«

Dabei deutete Reagan aus dem Fenster und zeigte Miller wild gestikulierend, wie das Objekt in die Höhe schoß. »Gleich nachdem ich ausstieg, erzählte ich Nancy alles darüber. Und wir begannen, die lange Geschichte der Ufos nachzulesen. Wie Sie wissen, künden schon die Hieroglyphen der alten Ägypter von Ufos!«

Miller saß sprachlos da, als er das hörte. »Wollen Sir mir weismachen, Gouverneur, daß Sie an Ufos glauben?«, fragte er. »Da überkam Reagan Entsetzen«, erinnert sich Miller. »Es dämmerte ihm langsam, was sein Erlebnis bedeuten würde – und daß er mit einem Chefreporter darüber sprach. Er faßte sich schnell und sagte: ›Ach, wissen Sie, was Ufos angeht, bin ich Agnostiker.«

In Wahrheit muß Reagan schon Jahre zuvor fest davon überzeugt gewesen sein, daß es Ufos gibt. Bill Boyarski, ein Reporter der *Los Angeles Times*, erinnert sich: »1965 fuhr ich mit Reagan durch Kalifornien. Es war kurz vor seiner Wahl zum Gouverneur. Reagan gestand mir, daß er an fliegende Untertassen glaube. Er habe einen Bekannten, der tatsächlich ein solches Raumschiff gesehen hat.«

Die weltpolitischen Dimensionen seiner »Begegnung der dritten Art« ließen Reagan seither anscheinend nicht mehr ruhen. Im Kreis von Freunden und engen Vertrauten soll er sich öfter auf das Gedankenspiel eingelassen haben, was geschähe, »wenn unsere Welt plötzlich durch fremde Rassen von anderen Planeten aus dem Universum bedroht würde. Wir würden alle kleinen lokalen Differenzen vergessen, die zwischen unseren Ländern bestünden, uns zu einer Einheit zusammenfinden und uns bewußt werden, daß wir letzten Endes auf dieser Erde wirklich eine Menschheit sind.«[215]

Schon Reagans Amtsvorgänger Jimmy Carter hatte öffentlichen Hohn für sein mehrfaches Bekenntnis riskiert: Im Jahre 1969, damals noch als Gouverneur des US-Bundesstaats Georgia, habe er ein Ufo gesichtet.[216] Wie Carter vier Jahre später dem *National Investigations Committee on Aerial Phenomena*

(NICAP) in Kensington (Maryland) schilderte[217], »befand ich mich mit zehn Mitgliedern des ›Lions Club‹ Anfang Oktober 1969 in Leary« – einer Kleinstadt im Südwesten des Bundesstaates Georgia –, »um dort eine Rede zu halten. Gegen 19.15 Uhr erblickten wir plötzlich das Ufo. Es war hell und groß wie der Mond, schimmerte erst bläulich, dann rötlich und kam unserer Gruppe bis auf 300 Meter nahe. Fast zehn Minuten konnten wir das unheimliche Objekt beobachten, bevor es wieder im All verschwand.

Das Erlebnis saß offenbar tief. »Wenn ich Präsident werde«, versprach Carter geradezu feierlich kurz von den Präsidentschaftswahlen vom November 1976 in einem Interview[218], »dann werde ich jede einzelne Information über Ufo-Sichtungen in diesem Land für die Wissenschaft und für das Volk freigeben.« Jahre später, als Carter bereits ins Weiße Haus eingezogen war, ließ er seine wissenschaftlichen Berater der Raumfahrtbehörde NASA vorschlagen, eine neue Ufo-Untersuchung in die Wege zu leiten – er blitzte ab. Noch im Februar 1989 ging ein Telefonanruf durch die Klatschpresse, den der New-Age-bewegte Filmstar Shirley MacLaine von ihm erhalten haben will: »Shirley, du hast recht«, soll er ihr gesagt haben. »Die Außerirdischen existieren wirklich.«[219]

Ob der 39. Präsident der Vereinigten Staaten sein Glaubensbekenntnis allerdings ausgerechnet auf das Ufo-Phänomen von Leary stützen sollte, machen neuere Recherchen des amerikanischen Ufologen Robert Sheaffer fraglich.[220] Als er vom »Lions Club« eine Kopie des Berichts anforderte, den Carter selbst über seinen Besuch in Leary angefertigt hatte, staunte Sheaffer nicht schlecht: Datiert war das Papier mit Montag, dem *6. Januar* 1969 – also neun Monate *früher*, als der Präsident aktenkundig gemacht hatte. Nun überprüfte Sheaffer »die Positionen der Planeten während des Januar und stellte fest, daß Venus der vorherrschende Abendstern war und sich ihrer maximalen Helligkeit annäherte. Die Venus stand um 19.15 Uhr des 6. Januar 1969 in West-Südwest in etwa 25 Grad Höhe, was ziemlich genau der Position entspricht, die Carter für sein Ufo meldete. Wetteraufzeichnungen des nahen Flughafen von Albany wiesen darauf hin, daß es an diesem Abend sehr kalt war... Tatsächlich war der Sichtungstag auch der kälteste Tag des ganzen Winters gewesen! In dieser frischen, kalten und klaren Luft erscheinen Planeten und Sterne besonders groß und leuchtend.«

Falls Carter tatsächlich die Venus mit einem Ufo verwechselte, »befindet er sich in guter Gesellschaft«, kommentiert Werner Walter, Vorsitzender der Mannheimer Ufo-Forschungsgruppe CENAP. »Kein anderes Himmelsobjekt ist für so viele Ufo-Sichtungen verantwortlich wie jener Schwesterplanet der Erde.« Denn »kein anderes, ausgenommen Sonne und Mond, erreicht eine größere Helligkeit am Himmel. Oftmals ist der ›Abendstern‹ sogar schon vor Sonnenuntergang zu sehen.« Immer dann häufen sich Sichtungen von »Raumschiffen« derart, daß die Venus schon als »Königin der Ufos« bezeichnet worden ist.

Ein gestresster Spitzenpolitiker kann sich im Datum von Ereignissen vertun, die Jahre zurückliegen – aber sollte Carter, der bei der US-Marine immerhin eine Ausbildung in Kerntechnik und Kernphysik erhielt, wirklich außerstande sein, Planeten und Ufos auseinanderzuhalten? Wäre sich Carter seiner Sache nicht sicher gewesen – wie hätte er sich, seinerzeit demokratischer Bewerber um das Präsidentenamt, mit dieser dubiosen Geschichte an die Öffentlichkeit wagen können? Auf die Gefahr hin, sich mitten im Wahlkampf zum Gespött zu machen? (»Hat jemand fürs Weiße Haus genügend Weitblick, der nicht einmal himmelwärts schauen kann?«) »Das Ding hatte drei Lichter, die von Rot zu Grün wechselten«, bestätigte Carters 23jähriger Sohn Jeff später gegenüber Journalisten die Schilderungen seines Vaters – verhält sich die Venus so? Sein Versprechen, geheimes Ufo-Material öffentlich zu machen, hielt der Präsident nie – doch ist dafür nur ein einziger Grund denkbar: daß kein solches Material existiert?

Und *was* war es, das Reagan verfolgen ließ? Ein Planet jedenfalls nicht. Ob der Präsident womöglich »einen Raketenstart beobachtete« – darüber könne man vorläufig nur spekulieren, gibt sich Werner Walter zurückhaltend. Zumindest die abrupte Beschleunigung aus stationärer Position, die Zick-zack-Bahn und die steile 45-Grad-Kurve passen nicht zur »Raketen-Theorie«. Zwei Umstände erschweren eine Nachprüfung. Zum einen gilt das Skandalblatt *National Enquirer* nicht gerade als seriöseste Nachrichtenquelle, auch wenn die Reagan-Story sorgfältig recherchiert scheint und sich auf gewichtige Zeugenaussagen stützt. (Ein alternder Pilot mag sich mit einem prominenten Namen, einer tollkühnen Verfolgungsjagd wichtig machen und ein dickes Informationshonorar einstreichen wollen – aber der Herausgeber der *Los Angeles Times?*) Zum anderen gibt sich Reagan nach außen als Agnostiker in Sachen Ufos; »aber das«, gibt Werner Walter zu bedenken, »tat er auch 1988, als man ihn danach fragte, was seine Frau Nancy von der Astrologie halte...«

AUSSERIRDISCHER AUF US-STÜTZPUNKT GETÖTET?

Ein außerirdisches Wesen soll 1978 auf einem amerikanischen Militärstützpunkt getötet worden sein. Darauf deuten Berichte eines ehemaligen Offiziers der US-Luftwaffe hin. Nicht erst in diesem Fall schürt eine sonderbre Geheimnistuerei von Regierungsstellen und Streitkräften wilde Gerüchte um abgestürzte Ufos und geborgene Leichen von Außerirdischen, die vor der Öffentlichkeit versteckt werden – aus Angst vor einer Massenpanik.

18. Januar 1978, Luftwaffenstützpunkt *McGuire* in der Nähe von Fort Dix, US-Bundesstaat New Jersey: Gegen 3.15 Uhr morgens fährt Sergeant Jeffry Morse[221], ein Sicherheitsoffizier, allein auf Streife über das Gelände.

Um die gleiche Zeit werden die Staatspolizei von New Jersey und die Militärpolizei von Fort Dix von mehreren Anrufern aufgeschreckt, die über dem Flugplatz und dem Armeelager von Fort Dix mehrere rätselhafte Flugkörper gesichtet haben wollen; ein Kavallerist wird nach *McGuire* losgeschickt.

Über Funk erfährt Morse, daß es auf *McGuire* zu einer Schießerei gekommen und Alarm ausgelöst worden ist. Er erhält den Befehl, zum rückwärtigen Tor Nr. 5 zu fahren und dort den Kavalleristen zu empfangen.

Morse läßt ihn ein. »Er wollte gleich zum Rollbahngebiet im abseits gelegenen Teil der Basis«, erinnert sich Morse. Dabei »informierte er mich, daß ein Militärpolizist von Dix von einem niedrig fliegenden Objekt, das über seinem Wagen schwebte, verfolgt worden sei. Dieser habe es als ovale Gestalt beschrieben, die in einer bläulich-grünen Farbe glühte. Dabei sei die Funkverbindung des Streifenwagens ausgefallen. Plötzlich sei vor dem Wagen ein etwa 1,20 Meter langes, graubraunes Ding mit großem Kopf, langen Armen und schmächtigem Körper aufgetaucht. Der Militärpolizist geriet in Panik und feuerte fünfmal mit seinem Colt, Kaliber 45, auf das Ding, einmal auch auf den Flugkörper über ihm. Das Objekt flog daraufhin kerzengerade nach oben und näherte sich elf anderen, die hoch oben am Himmel standen ... Das Ding jedenfalls rannte in die Büsche hinein ... Daraufhin sei Alarm geschlagen und mehrere Streifen losgeschickt worden, um das Ding aufzugreifen.«

Die beiden beteiligten sich an der Suche – und »fanden das Ding in der Nähe der Rollbahn«, schreibt Morse. »Es hatte anscheinend einen Zaun überklettert und starb, als es weiterlaufen wollte.«

Bis auf 15 Meter kommt Morse an den Körper heran. Im grellen Licht eines Landescheinwerfers erblickt er eine haarlose, glänzende, schlangenartig verkrümmte Gestalt – humanoid, aber zweifellos nichtmenschlich. »Über 1,20 Meter groß, hatte das Wesen einen überdimensionalen Kopf, einen schmächtigen Oberkörper, dünne Arme und Beine, graubraune Haut.«

Weiter nähern kann sich Morse nicht mehr. Die Rollbahn wird abgeriegelt. »Plötzlich herrschte überall große Verwirrung. Niemand durfte dem betroffenen Gebiet nahekommen. Wir mußten es absperren und warten, bis die Leute für Spezialuntersuchungen vom Luftwaffen-Büro kamen und sich der Sache annahmen.«

»Das war das letzte, was ich sah. Von dem Ding ging ein übler, ammoniakartiger Geruch aus.« Kurz darauf trifft ein Bergungstrupp vom Luftwaffenstützpunkt *Wright-Patterson* mit einer C 141 ein. Morse beobachtet, wie der Leichnam aus einem tragbaren Tank besprüht und mit einem weißen Tuch bedeckt wird. Noch vor Tagesanbruch sei der Körper sorgsam auf eine Plattform gelegt und ein Holzkasten darum gezimmert worden. Schließlich sei das Gehäuse in einen rechteckigen, silbermetallenen Container verfrachtet worden, ungefähr drei auf drei Meter groß und mit unscharfen, blauen Markierungen versehen. »Diesen verluden sie in ein Flugzeug und starteten gegen 7 Uhr Richtung Dayton... Es wurde kein Bericht angefertigt, und wir erhielten die Anordnung, nichts über den Vorfall verlauten zu lassen. Sonst würde man uns vor Gericht stellen.«

Diesen Bericht, auf offiziellem Briefpapier der Sicherheitspolizei (PACAF) von San Francisco geschrieben, findet der amerikanische Ufo-Forscher Leonard Stringfield am 23. September 1980 in seiner Post.[222] Morses Brief schließt mit der eindringlichen Bitte: »Ich werde die Luftwaffe in zwei Monaten verlassen – geben Sie meinen Namen nicht weiter, sonst bekomme ich Schwierigkeiten.«

Mehrere Ufo-Betrügereien, die mit gefälschten Dokumenten arbeiteten, hatte Stringfield zuvor bereits aufgedeckt. »Aber diesmal schien alles auf die Echtheit des Berichts hinzudeuten: Der Briefkopf war echt mit exaktem militärischem Format, und der Schreiber beschrieb seine Eindrücke ohne Emotionen.«

Doch dann reißt der Kontakt plötzlich ab. Abgesandte Briefe kommen nie an. Geheime Postüberwachung? Erst im Dezember 1983 hört Stringfield wieder von Morse, diesmal telefonisch: Zwei Tage nach dem Vorfall sei das gesamte Personal eingehend verhört und angewiesen worden, Stillschweigen zu bewahren. Um ganz sicher zu gehen, habe man die Einheit aufgelöst und einzeln in verschiedenste Teile der Welt versetzt. Morse kam nach Okinawa, andere auf die Philippinen, nach Korea oder in die Bundesrepublik. Damit sollten die Spuren von Zeugen verwischt werden.

Am 23. Dezember 1983 legt Morse der Luftwaffe dann einen offiziellen »Vorfalls/Beschwerde-Bericht« über das »Ereignis 239–78« vom 18. Januar 1978 vor. Gleichzeitig wird ein Protokoll der Staatspolizei New Jerseys in Wrightstown Barracks bekannt: Am selben Tag, 3.15 Uhr, seien über Fort Dix tatsächlich mehrere Flugobjekte unbekannter Herkunft gesichtet worden.

Doch als Stringfield nachhakt, will keine Behörde davon Kenntnis haben. Verschweigen sie etwas? Oder lügt Morse? Hat er die Dokumente am Ende doch gefälscht? Der Ufologe ist sich unschlüssig. Auch die deutsche Organisation CENAP, das »Centrale Erforschungsnetz außergewöhnlicher Himmelsphänomene«, hat Zweifel.[223] Zum einen sei es ein Leichtes, sich amtliche Formulare zu besorgen. So schrieb ein Scherzbold aus Oklahoma City im April 1957 das US-Außenministerium an und gab sich als Sammler von Briefbogen aus – umgehend erhielt er einige unbeschriebene Exemplare zugeschickt. Außerdem stecke in Morses Bericht wenigstens eine Ungereimtheit: »Als am 24. Juli 1969 die ersten Astronauten vom Mond zurückkehrten, wurden sie umgehend in Quarantäne versetzt, denn man konnte nicht völlig ausschließen, daß sie gefährliche Krankheitserreger zur Erde brachten. Vergleicht man diese Vorsichtsmaßnahmen ... mit der angeblichen Bergung eines Außerirdischen durch eine »Spezialtruppe«(!), kommt man nicht umhin, entweder unglaublichen Leichtsinn oder einen schlecht ausgedachten Schwindel zu vermuten ... - Daß der Körper längere Zeit offen liegengeblieben sein soll und man zunächst gar eine Holzkiste um ihn herum zimmerte, ist ... aus hygienischer Sicht völliger Unsinn.«

Gerüchte um solchen »Unsinn« nährt freilich seit Jahrzehnten ein seltsames Versteckspiel von offizieller Seite. So berichtete der angesehene republikanische Politiker Barry Goldwater, jahrzehntelang Senator des US-Bundesstaats Georgia und 1964 bei den Präsidentschaftswahlen nur knapp dem demokratischen Bewerber Lyndon B. Johnson unterlegen, im April 1988 der Tageszeitung *New Yorker*[224]: »Jahr für Jahr bekomme ich an die hundert Anrufe von Leuten, die möchten, daß ich das ›Grüne Zimmer‹ auf dem Luftwaffenstützpunkt *Wright-Patterson* aufsuche, weil die Air Force dort sämtliches gesammelte Ufo-Material unter Verschluß halte. Einmal fragte ich bei General Curtis LeMay an, ob ich diesen Raum betreten dürfe. Er sagte: ›Nicht nur dürfen sie da unter gar keinen Umständen rein – sprechen Sie mich nie mehr darauf an!‹« In einem Brief vom 28. März 1975 teilte Goldwater einem Ufologen mit, er habe ein entsprechendes Gesuch »schon vor 10 bis 12 Jahren eingereicht«, sei aber abgewiesen worden. »Es wird streng geheim behandelt«.[225]

Bei diesem »Es« soll es sich um Überreste eines abgestürzten Ufos und Leichen mehrerer Außerirdischer handeln, die angeblich 1947 bei Corona (New Mexico) aufgefunden wurden, in der Nähe des Luftwaffenstützpunkts Roswell. Am 2. Juli, gegen 21.50 Uhr, wollten mehrere Augenzeugen ein riesiges, glühendes Objekt gesichtet haben, das mit rasender Geschwindigkeit über das Gebiet flog. Kurz darauf wurde Mac Brazel, ein Schafzüchter nordwestlich von Roswell, von einer gewaltigen Detonation aufgeschreckt, die ihm viel lauter vorkam als das Gewitter, das sich gerade entlud. Am nächsten Morgen stieß er auf Reste einer hauchdünnen, biegsamen, aber äußerst zähen Substanz, die wie eine Folie aussah. Das Material war über ein Gebiet von 400 Quadratmetern verstreut. Außerdem soll Brazel ein diskusförmiges Objekt entdeckt haben. Sechs Tage später, am 8. Juli 1947, zitierte die Tageszeitung *Roswell Daily Record* den Nachrichtenoffizier des Militärstützpunkts, Leutnant Warren Height: »Die zahlreichen Gerüchte bezüglich der ›fliegenden Untertasse‹ haben sich gestern bewahrheitet, nachdem die Nachrichtenstelle des 509. Bombergeschwaders der 8. Luftflotte auf dem Stützpunkt Roswell ... dank der Mitarbeit eines ortsansässigen Ranchers und des Sheriffbüros von Chaves County in den Besitz eines diskusförmigen Objektes kam.«

Tagelang klingelten Neugierige in Roswell die Telefone heiß – doch die seltsamen Überreste waren bereits weitertransportiert worden: in das Hauptquartier der 8. Luftflotte nach Fort Worth in Texas. Kurz darauf gab der dortige Brigadegeneral Roger Ramey über Rundfunk eine Erklärung ab: Bei dem, was Brazel gefunden habe, handle es sich lediglich um Überreste eines meteorologischen Meßgeräts.

Jahre später brachte der amerikanische Bauingenieur Grady Barnett den »Roswell-Zwischenfall« erneut in die Schlagzeilen: Am Morgen des 3. Juli 1947, also einen Tag nach dem vermeintlichen Absturz, hätten er und mehrere Archäologiestudenten 400 Kilometer von Roswell entfernt im Wüstensand etwas Metallenes blinken sehen. Als sie näherkamen, fanden sie das Wrack eines melonenförmigen Flugobjekts, mit einem Durchmesser von ungefähr zehn Metern. Um es herum waren Leichen verstreut: unbehaarte Wesen mit winzigen Augen und riesigen Köpfen. Ein Trupp Soldaten habe kurz darauf das Gebiet abgesperrt und allen Augenzeugen eingeschärft, es sei ihre »vaterländische Pflicht«, über den Vorfall Stillschweigen zu bewahren. Erst 33 Jahre später, Ende der siebziger Jahre, machten die Autoren William L. Moore und Stanton T. Friedman den »Roswell-Zwischenfall« weltbekannt; für eine Dokumentation darüber hatten sie 92 teilweise hochrangige Informanten befragt, darunter Militärs und Sicherheitsbeamte. Ihren Verdacht, staatliche Stellen würden Vorfälle dieser Art planmäßig vertuschen, teilen unter anderen Wilbert Smith, Leiter eines Ufo-Forschungsprojekts der kanadischen Regierung in den späten fünfziger Jahren; der frühere CIA-Beamte Victor Marchetti; sowie der Physiker Robert Sarbacher, der in einer Forschungs- und Entwicklungsabteilung des amerikanischen Verteidigungsministeriums arbeitete.[226] Zumindest der ehemalige US-Präsident Richard Nixon habe die konservierten Leichen von Roswell persönlich zu Gesicht bekommen – zusammen mit seinem engen Freund, dem 1987 verstorbenen Schauspieler und Freizeitufologen Jackie Gleason. Das jedenfalls behauptet Gleasons Witwe Beverly McKittrick in ihrem 1988 erschienenen Buch *The Great One*, einer Biographie über ihren Gatten. Als *Top Secret* klassifiziert, befänden sich die Körper im Luftwaffenstützpunkt Homestead im US-Bundesstaat Florida. Für Nixon und Gleason seien sie dort auf Operationstischen aufgebahrt worden.[227]

Welches vernünftige Motiv hätte die Verschleierung? Angst vor Massenpanik, wähnen Ufo-Gläubige. Auf Dauer lasse sich das umfangreiche Material unmöglich geheimhalten, darüber seien sich auch staatliche Stellen im klaren. So kursieren neuerdings Gerüchte um *EPH (Ufo Education Program Hypothe-*

sis): Die US-Regierung verfolge ein »Ufo-Erziehungsprogramm«, das der Öffentlichkeit im Laufe der Zeit in kleinen Häppchen behutsam die ganze Wahrheit über Außerirdische näherzubringen versuche.

Noch die abenteuerlichste Spekulation wird von staatlichen Stellen angeheizt, die sich unter Ausschöpfung aller juristischen Mittel dagegen wehren, Ufo-Unterlagen herauszurükken, die sie unter dem Druck des »Informationsfreiheits-Gesetzes« freigeben müßten.[228] Zu dem spärlichen Material, das trotzdem gelegentlich publik wird, gehört ein Dokument aus dem Hauptquartier der US-Luftwaffe, das der amerikanische Ufoforscher William L. Moore aus Burbanks (Kalifornien) 1987 in der von ihm herausgegebenen Monatszeitschrift *Focus* präsentierte[229]: eine »streng geheime Sicherheitsinformation« vom 14. Juli 1954 in Form einer Aktennotiz von Robert Cutler, einem engen Vertrauten des damaligen US-Präsidenten Dwight Eisenhower. Demnach habe Eisenhower eine Geheimeinheit »MJ-12« eingerichtet, mit dem Auftrag, »alle wissenschaftlichen, technologischen, medizinischen und nachrichtendienstlichen Informationen aus UFO-Sichtungen und Kontakten mit außerirdischen Lebewesen zu sammeln«. Sie habe unter dem Decknamen »Projekt Aquarius« gearbeitet. Wie es in dem Papier heißt, hätten sich dabei zahlreiche »Ufos« (»*U*nidentifizierte *F*lug*o*bjekte«) als »*identifizierte* fremde Maschinen« herausgestellt. Schon im September 1947 habe Präsident Truman, der Amtsvorgänger Eisenhowers, ein Expertenteam auf ein Ufo-Forschungsprojekt *Sign* angesetzt. (Der »Roswell-Zwischenfall« ereignete sich zwei Monate zuvor.)

Ob die »Geheimpapiere« echt sind, bezweifelt allerdings die Mannheimer Ufo-Forschungsgruppe CENAP: »Seit Jahren geistern in der Ufo-Szene immer wieder mehr oder weniger geschickte Fälschungen angeblicher Geheimdokumente herum, zu Phantasieprojekten wie *Snowbird* und *Sigma*«, erklärt CENAP-Vorsitzender Werner Walter.[230] »Kaum anzunehmen, daß es gleichzeitig mehrere hochgeheime Projekte gegeben hat, die alle den gleichen Zielen und den höchsten Stellen dienten.« Also müsse »zumindest eines der Dokumente falsch sein.« Aber a l l e ?

WISSENSCHAFT UND WISSENSCHAFTLER – DREI UNAUFGEFORDERTE NACHWORTE

»Die Wissenschaft ist nur eine Episode der Religion. Und nicht einmal eine wesentliche.«

Christian Morgenstern
(1871 – 1914)
deutscher Dichter

»Die Wissenschaft: Bereicherung und Verarmung. Die eine Methode drängt alle andern beiseite. Mit dieser verglichen, scheinen sie alle ärmlich, höchstens Vorstufen. Du mußt zu den Quellen niedersteigen, um sie alle nebeneinander zu sehen, die vernachlässigten und die bevorzugten.«

Ludwig Wittgenstein
(1889 – 1951)
österreichischer Philosoph

»Wissenschaftler sind ebenso gewöhnliche, dickköpfige und unvernünftige Wesen wie irgendwer sonst, und ihre außerordentlich hohe Intelligenz macht ihre Vorurteile nur um so gefährlicher.«

Hans Jürgen Eysenck
*(*1916)*
britischer Psychologe
deutscher Herkunft

ANMERKUNGEN

DER BELLARMIN-KOMPLEX

1 Ausführlich dokumentiert und kommentiert dieses BGH-Urteil die *Zeitschrift für Parapsychologie und Grenzgebiete der Psychologie*, 20/1978, S. 119–124.

2 »Schwier warnt vor der ›Droge‹ Okkultismus«, Information 89/2/88 der Landesregierung Nordrhein-Westfalen vom 5. Februar 1988.

3 Mitte Oktober 1988 in einer Predigt zur Priesterweihe im Zisterzienserkloster Himmerod.

4 So Professor Dr. med. Otto Prokop und Dr. iur. Wolf Wimmer in ihrem Pamphlet *Der moderne Okkultismus*, Stuttgart 1976, rezitiert in der Koblenzer *Rhein-Zeitung* vom 22.2.1989. »Aus Gründen der Psychohygiene« habe »Fairneß ihre Grenzen«, stellen sie vorweg klar (Vorwort S. 1)

5 Wer mit einem solchen Träger rechnet, braucht sich nicht auf einen Leib/Seele-Dualismus festzulegen, wie Philosophen seit Descartes immer wieder unterstellt haben. Die Idee der *res cogitans* – einer »rein geistigen Substanz«, die ein unüberbrückbarer ontologischer Abgrund von allem übrigen Seienden trennt, entspringt einer begriffsverwirrten Erkenntnistheorie – und fällt mit ihr. Vgl. Harald Wiesendanger, *Mit Leib und Seele. Ursprung, Entwicklung und Auflösung eines philosophischen Problems*, Frankfurt 1987, ib. S. 416 ff.

6 Vernon Neppe (mit D. Swiel), »The Incidence of Anomalous Experience Utilising Naive Subjects«, *Parapsychological Journal of South Africa* 7/1986, S. 34–53; Neppe, »Subjective Paranormal Experience«, *Psi* Vol. 2, Nr. 3/1980, S. 2ff. Zu ähnlichen Ergebnissen kommen Erlendur Haraldsson u.a., »National survey of psychical experiences and attitudes towards the paranormal in Iceland«, in: J.D. Morris/W.G. Roll/R.L. Morris (Hrsg.), *Research in Parapsychology 1976*, Metuchen 1977, S. 182–186; J. Palmer/M. Dennis, »A Community mail service of psychic experiences«, ebda., S. 130–133.

7 Unter dieser Bezeichnung werden an US-Hochschulen bereits Vorlesungen gehalten.

8 Dieses griechisch-lateinische Kunstwort schlug Professor Dr. Dr. Andreas Resch, Direktor des Innsbrucker »Instituts für Grenzgebiete der Wissenschaft«, in der von ihm herausgegebenen Quartalszeitschrift *Grenzgebiete der Wissenschaft* (IV/69, S. 81) vor. Unter *Paranormologie* versteht Resch die Wissenschaft von den paranormalen Erscheinungen insgesamt. Im Gegensatz zu Termini wie Para*psychologie* und Para*physik* vermeidet es sein Vorschlag, den Untersuchungsbereich von vornherein in die Zuständigkeit eines bereits vorhandenen Wissenschaftszweigs zu verweisen. An der Lateran-Universität des Vatikan in Rom, wo Resch einen Lehrstuhl innehat, hält er über Paranormologie regelmäßig Vorlesungen.

9 Die wichtigsten Ergebnisse faßt Haines zusammen in »A Review of Alleged UFO sightings by Aircraft Pilots«, *The Explorer. Newsletter of the Society for Scientific Exploration*, Vol. 3, No. 2/Oktober 1986, S. 9.

10 Die Rolle von »Grenzfragen« insbesondere in der akademischen Psychologie diskutiere ich an mehreren Beispielen in *Zwischen Wissenschaft und Aberglaube. Grenzbereiche psychologischer Forschung*, Fischer: Frankfurt 1989.

I OKKULTISMUS: DIE NEUE JUGENDDROGE?

11 Diese Horrorzahl, die seit Monaten durch die Presse geistert, hat ihre eigene, vielsagende Geschichte. Nach zahlreichen Vorträgen vor Schülern der neunten bis dreizehnten Klassen im Ruhrgebiet und angrenzenden Orten schätzte eine pädagogische Fachkraft des »Sekten-Info Essen« Anfang 1988 (eher vorsichtig), daß 30 Prozent der Schüler nähere Kenntnisse und ein Prozent praktische Erfahrungen auf diesem Gebiet haben. Ein Journalist der *Westdeutschen Allgemeinen Zeitung* schloß davon auf die Schülerzahl (»In den Schulen ist der Teufel los«, WAZ 20.6.1988). Von da ab stand für bundesdeutsche Massenmedien fest: Es sind 200 000 – mindestens.

12 *Süddeutsche Zeitung*, »Schüler fliehen in die Geisterwelt«, 15.12.1988

13 Erst ein Jahr später, im Frühjahr 1989, erschien sie in der *Zeitschrift für Parapsychologie und Grenzgebiete der Psychologie* 30/1988, S. 5–32 (Johannes Mischo: »Okkultpraktiken bei Jugendlichen – Ergebnisse einer Umfrage bei Religionslehrern im Bistum Trier«).

14 Nachdem die Untersuchung erstmals Anfang September 1988 auf dem 5. Workshop der »Wissenschaftlichen Gesellschaft zur Förderung der Parapsychologie e.V.« (WGFP) in Offenburg vorgestellt worden war, dauerte es über ein halbes Jahr, bis sie endlich im Druck vorlag. Bauer, E./Lay, B./Mischo, J., »Eine Umfrage bei psycho-sozialen Beratungsstellen zum Thema ›Okkulte Praktiken‹ bei Jugendlichen«, *Zeitschrift für Parapsychologie und Grenzgebiete der Psychologie* 30/1988, S. 33–56.

15 Seine Zahlen trug Wolfgang Hund Mitte Dezember 1988 während des Hearings der SPD-Fraktion im bayerischen Landtag vor. Die statistische Auswertung von Hunds Umfrage präsentiert Ulrich Müller in einem »Exkurs: Epidemiologie des Okkultismus« seines Buches *Das Leben und Wirken des ›Satanisten‹ T.«*, Almanach-Verlag: Regensburg 1989.

16 Die folgende Übersicht faßt wesentlich differenzierte Auswertungen zusammen; Prozentzahlen habe ich auf- und abgerundet.

17 Weil ich dieses Buch bis Juni 1989 redaktionell abgeschlossen haben mußte, konnte ich Müllers aktuelle Zahlen nicht mehr berücksichtigen.

18 Wie sensationsgeile Journalisten regelrechte »Vorzeigesatanisten« aufbauen, um ihren Redaktionen Stoff zu liefern, führt Ulrich Müller in *Das Leben und Wirken des ›Satanisten‹ T.* (Regensburg 1989) exemplarisch vor. Sogar die Robe, in der sich der junge Mann ablichten ließ, hatte der Pressefotograf selbst mitgebracht.

19 Vgl. dazu Werner Schiebeler, *Besessenheit und Exorzismus*, Ravensburg 1985, S. 77–108; Hans Naegeli-Osjord, *Besessenheit und Exorzismus*, Remagen 1983, S. 155–169; Felicitas Goodman, *Anneliese Michel und ihre Dämonen*, Stein am Rhein 1980.

20 Daß die Reinkarnationslehre spätestens seit Ian Stevensons Arbeiten zu einer empirisch diskussionsfähigen, wissenschaftlichen Theorie mit beachtlichem Erklärungswert geworden ist, belege ich in *Zwischen Wissenschaft und Aberglaube. Grenzbereiche psychologischer Forschung*, Fischer: Frankfurt 1989, Kap. 1: »Im Drüben fischen?«.

21 Hans Bender, *Psychische Automatismen. Zur Experimentalpsychologie des Unterbewußten und der außersinnlichen Wahrnehmung*, Leipzig 1936.

22 So in seinem klassischen Aufsatz über »Mediumistische Psychosen. Ein Beitrag zur Pathologie spiritistischer Praktiken«, *Zeitschrift für Parapsychologie und Grenzgebiete der Psychologie* 2/3, 1958/59, S. 173–200; nachgedruckt in: *Parapsychologie. Entwicklung, Ergebnisse, Probleme,* Hans Bender (Hrsg.), Darmstadt 1976, 5. Aufl. 1980, S. 574–604.

23 *Die Magie als experimentelle Naturwissenschaft*, Leipzig 1912, 3. Aufl. Darmstadt 1968.

24 Bender berichtet darüber in seinem »Rundbrief« vom Januar 1988.

25 Naegeli-Osjord, *Besessenheit und Exorzismus*, Remagen 1983, S. 181ff.

26 Zit. a.a.O., S. 183.

27 *Der Spiegel* 42/12.10.1987, S. 74

28 Zuckermann spricht von *sensation-seeking*, Balint von *thrills* (Schauer, Zittern, Erbeben, Erregung); vgl. M. Zuckermann, »Dimensions of Sensation Seeking«, *Journal of Consulting and Clinical Psychology* 36 (1) 1979, S. 45–52; M. Balint, *Angstlust und Regression*, Stuttgart 1959.

29 Johannes Mischo, »Okkultismus und Seelsorge«, *Zeitschrift für Parapsychologie und Grenzgebiete der Psychologie* 30/1988, S. 70–98, dort S. 70.

30 Ernst Böttinger, *Einstellung zum ›Okkulten‹ und Persönlichkeitsmerkmale*, unveröffentlichte Diplom-Arbeit, Freiburg i.Br., Psychologisches Institut 1976. Zusammenfassend berichtet Böttinger über seine Untersuchung unter gleichem Titel in *Zeitschrift für Parapsychologie und Grenzgebiete der Psychologie* 18/1976, S. 117–128.

31 Zu ähnlichen Ergebnissen kam schon G. Sannwald, als er Anfang der sechziger Jahre den Persönlichkeitsmerkmalen von Personen mit paranormalen Erlebnissen nachforschte *(Zeitschrift für Parapsychologie und Grenzgebiete der Psychologie* 5/1961, S. 61–119 und 6/1962, S. 28–71.

32 Prof. Dr. med. Otto Prokop (mit Dr. iur. Wolf Wimmer), *Der moderne Okkultismus*, Stuttgart 1976

33 *Der Spiegel* Nr. 42/12.10.1987

34 Johannes Mischo u.a., »Ergebnisse der Pilotstudie ›Okkultpraktiken bei Jugendlichen«, a.a.O., S. 15.
35 Louisa Rhine, *Psi – Was ist das?*, Freiburg 1977, ib. S. 118ff., S. 298ff.
36 Ebda., S. 118.
37 vgl. J. Palmer, »Scoring in ESP tests as a function of belief in ESP, Part I: The sheep-goat effect«, *Journal of the American Society for Psychical Research* 65/1971, S. 373–408; Gertrude Schmeidler / R.A. McConnell, *ESP and Personality Patterns*, Westport, Conn. 1973 (Erstauflage 1958).
38 »Defense Mechanisms and Psi«, *Parapsychological Review* 19 (3) Mai/Juni 1988, S. 12.
39 R. Cadoret / J.G. Pratt, »The Consistent Missing Effect in ESP«, *Journal of Parapsychology* 14/1950, S. 244–256.
40 In: *Die Schweigespirale. Öffentliche Meinung – unsere soziale Haut,* Frankfurt 1982, Vorwort S. XIII.
41 Literaturtips für »Jugendschützer« in Sachen Okkultismus: Zu *außersinnlicher Wahrnehmung* R. Targ/H. Puthoff, *Jeder hat den sechsten Sinn*, Bergisch Gladbach 1982; N. Ullman/S. Krippner/S. Vaughan, *Traumtelepathie*, Freiburg 1976; M. Ebon, *Neue Beweise der ASW-Forschung*, München 1982.
42 Zu *Psychokinese*: Louisa Rhine, *Psychokinese – Die Macht des Geistes über die Materie*, Genf 1977; E. Bauer/K. Kornwachs/W.v. Lucadou, »Psychokinese: Trick oder Wissenschaft?«, *Bild der Wissenschaft* 15/September 1978, S. 46–59; W.v. Lucadou, *Psyche und Chaos*, Freiburg 1989.
43 Z.B. Ian Stevenson, *Reinkarnation*, Freiburg 1983; D. Scott Rogo, *The Search for Yesterday. A Critical Examination of the Evidence for Reincarnation,83* Englewood Cliffs, N.J. 1985; Harald Wiesendanger, »Im Drüben fischen?«, in *Zwischen Wissenschaft und Aberglaube. Grenzbereiche psychologischer Forschung*, Fischer: Frankfurt 1989, Kap. 1.
44 Z.B. Fanny Moser, *Spuk – Ein Rätsel der Menschheit*, Frankfurt a.M. 1980
45 Z.B. A. Gauld, *Mediumship and Survival*, London 1982
46 Die nordrhein-westfälische Landesverfassung etwa regelt im Artikel 14, erster Absatz: »Für die religiöse Unterweisung bedarf der Lehrer der Bevollmächtigung durch die Kirche oder durch die Religionsgemeinschaft.«
47 Vgl. Adolf Holl (Hrsg.), *Die zweite Wirklichkeit*, Wien 1987
48 Ebda., S. 8
49 Das ergab eine Repräsentativumfrage von Alwin J. Hammers und Ulrich Rosin im März 1972 unter 1500 katholischen und evangelischen Pfarrern, Vikaren und Theologiestudenten: »Die Parapsychologie im Urteil deutscher Theologen«, *Zeitschrift für Parapsychologie und Grenzgebiete der Psychologie* 15/1973, S. 15–35; Vorabdruck aus: *Psi und Psyche*. Festschrift für Professor Hans Bender, hrsg. von Eberhard Bauer, Stuttgart 1974.
50 Wolfgang Janzen, *Okkultismus*, Quell: Stuttgart 1989
51 Karl Rahner, *Worte ins Schweigen*, Innsbruck 1954
52 So Kurt Koch mehrfach in seiner *Seelsorge und Okkultismus*, Basel 1982.
53 Johannes Greber, *Der Verkehr mit der Geisterwelt Gottes, seine Gesetze und sein Zweck. Selbsterlebnisse eines katholischen Geistlichen*, Buschhoven 1985.

54 *The Spiritualist Gazette* No. 195, November 1988, S. 1,4,8. Erst am 1. März 1979 berichtete die englische Tageszeitung *Daily Telegraph* darüber. In vollem Wortlaut veröffentlichte die Vierteljahreszeitschrift *The Christian Parapsychologist* den Report der Underhill-Kommission.

55 Hans Bender, *Mediumistische Psychosen*, S. 575, in ders. (Hrsg.), *Parapsychologie. Entwicklung, Ergebnisse, Probleme*, 5. Aufl. Darmstadt 1980.

56 R. Streichardt danke ich für eine Kopie des unveröffentlichten Vortragsmanuskripts (»Psychische Störungen infolge okkulter Praktiken – Ein Überblick über Genese und Interventionsmöglichkeiten«, 9 S., Freiburg 1989).

57 S. Anm. 15, S. 3.

58 Wolfgang Dreiss, *Die ohne Körper leben*, ohne Verlagsort und Erscheinungsjahr zit. in Hans Naegeli-Osjord, *Besessenheit und Exorzismus*, Remagen 1983, S. 180ff.

59 Robert A. Baker, »How to Bust a Ghost: Two Quick But Effective Cures«, *The Skeptical Inquirer* 11 (1) 1986, S. 84–90.

II ASTROLOGIE UND KOSMOBIOLOGIE

60 Peter Niehenke (Hrsg.), *Skandal in Bielefeld. Kampf hinter den Kulissen, die Annahme einer unliebsamen Dissertation zu verhindern. Eine Dokumentation*, 40 S., Freiburg 1987.

61 Daß »Intuitionen« dieser Art sowohl die Astrologen selbst als auch ihr horoskopgläubiges Millionenpublikum auf vielfältige Weise trügen können, belegen einschlägige Tests und Experimente empirischer Psychologen seit Jahrzehnten nahezu übereinstimmend. Wissenschaftlich unfruchtbar sind »Intuitionen« deswegen noch lange nicht. Vgl. dazu Harald Wiesendanger, *Zwischen Wissenschaft und Aberglaube. Grenzbereiche psychologischer Forschung*, Fischer: Frankfurt 1989, Kap. 2: »Warum die Sterne nie lügen«; eine Kurzfassung erschien in *Psychologie heute* 8/1988, S. 36–45. Ähnliche Probleme mit »Evidenzerlebnissen« machen auch anderen grenzwissenschaftlichen Deutungs- und Beratungspraktiken wie der Graphologie zu schaffen: *Zwischen Wissenschaft und Aberglaube*, a.a.O., Kap. 3: »Schicksal in der Tinte«; vgl. *Psychologie heute* 6/1987, S. 20–27.

62 Ich berichtete darüber in *Das Neue Zeitalter* Nr. 21/18.5.1988 (»Riesenkrach um Doktorarbeit zur Astrologie«, S. 38f.) sowie in *Psychologie heute* 8/1988.

63 Reinhard Wiechoczek, *Astrologie. Das falsche Zeugnis vom Kosmos*, Düsseldorf 1984, dort S. 184.

64 Astrologen übersehen freilich gerne, daß Gauquelins Statistiken, auch wenn sie *manche* kosmopsychologischen Zusammenhänge als mehr oder minder *signifikant* ausweisen, ihrer gegenwärtigen Deutungs- und Beratungspraxis ebenso einen Strich durch die Rechnung machen wie Astrologiekritikern. Auch Gauquelin selbst sieht das so. Vgl. dazu Harald Wiesendanger, *Zwischen Wissenschaft und Aberglaube*, a.a.O. (Anm. 61)

65 Ders.: *Kritische Astrologie. Zur erkenntnistheoretischen und empirisch-psychologischen Prüfung ihres Anspruchs*, Aurum: Freiburg i. Br. 1987.

66 »Sehr aufschlußreich« fand Modersohn das Buch des Münchner Professors Dr. med. Christof Wunderlich, *Das mongoloide Kind. Möglichkeiten der Früherkennung und Betreuung*, Stuttgart 1970, 2. neubearb. Aufl. 1977.

67 Allein zwischen 1972 und 1981 haben rund 30 Genetische Beratungsstellen in der Bundesrepublik etwa 20 000 Amniocentesen durchgeführt; nach Ursel Theile, »Sozialmedizinische Aspekte der genetischen Beratung«, in: *Das behinderte Kind – Prävention und Behandlung*, K. Hartung u.a. (Hrsg.), Marburg 1981, S. 1–10, dort S. 9.

68 Diese Zahlen erfuhr Modersohn aus Kanada, wo die Chorion-Biopsie schon längere Zeit praktiziert wird als bei uns.

69 Vgl. dazu M. Mikkelsen u.a., »Incidence study of Down's syndrome in Copenhagen, 1960–1971: with chromosome investigation«, *Ann. Hum. Genet.* 40/1976, S. 177–182; Mikkelsen, »Down-Syndrome: Cytogenetical epidemiology«, *Hereditas* 86/1977, S. 45–50. Zudem verdoppelt sich das Wiederholungsrisiko, wenn die Mutter bei der Geburt des ersten mongoloiden Kindes jünger als 20 Jahre war (es liegt bei einem Prozent, gegenüber 0,5 Prozent im europäischen Durchschnitt aller Altersgruppen). Das berichtete Frau Mikkelsen nach einer Studie von 1655 Fällen auf der 3. *European Conference on Prenatal Diagnosis of Genetic Disorders* 1978 in München.

70 Wichtige Anregungen verdankt Modersohn dem Buch *Das Universum lebt. Gedanken über den organischen Aufbau des Weltalls* (Düsseldorf/Wien 1978) von Walter Bargatzky, dem ehemaligen Präsidenten des Deutschen Roten Kreuzes (DRK).

71 Daß Mongolismus keinesfalls mit einer Erbkrankheit verwechselt werden darf, betont Modersohn nachdrücklich. »Genau das ist das Down-Syndrom in 97 Prozent aller Fälle eben *nicht*. Denn bei ihm ist kein defektes *Gen* der Urheber der Fehlentwicklung schon im Mutterleib, sondern ein voll entwickeltes, ganz normales Chromosom 21.«

72 Erich Modersohn (mit Baldur Ebertin), *Vorbeugung gegen Mongolismus*, Denkschrift der Kosmobiologischen Akademie Aalen, Herbst 1976, 10 S. Im übrigen distanziert sich Modersohn heute entschieden von dieser »entstellten, fehlerhaften Darstellung« und verweist auf eine neue Broschüre von 1985 (s.u. Anm. 76).

73 Daß diese Gefahr mit zunehmendem Alter der Väter deutlich zunimmt, belegen zunehmend mehr Studien. Ein höheres Risiko bei Männern über 55 Jahren fanden etwa J. und E. Stene, als sie Down-Fälle aus Kopenhagen statistisch analysierten: »Statistical methods for detecting a moderate paternal age effect...«, *Ann. Hum. Genet.* 40/1977, S. 343–353.

74 In das Kürzel »BHLM« sind die Namensinitialen der vier beteiligten Forscher eingegangen: *B*randau, *H*ausmann, *L*utz, *M*odersohn.

75 »Entwicklungs-Rehabilitation bei Kindern mit Down-Syndrom«, in: *Kinderzentrum München – Aktion Sonnenschein. Jahresbericht 1987*, Prof. Dr. med. Theodor Hellbrügge u.a. (Hrsg.), S. 7–9

76 Broschüre *Vorbeugung gegen Mongolismus*, Lippstadt/Passau, Dezember 1985, 20 S., gegen DM 5.– und frankierten Rückumschlag erhältlich über: Walter Lutz, Fa. Terratekt, Postfach 3423, 8520 Erlangen.

77 Rémy Chauvin: *Parapsychology: When the Irrational Rejoins Science*, McFarland: Jefferson NC/London 1985 (englische Übersetzung von *La parapsychologie*, 1966). Unter dem Pseudonym Pierre Duval veröffentlichte er zuvor bereits *Nos pouvoirs inconnus* (1966) sowie *Certaines Choses que je ne m'explique pas*(1976).
78 *Dieu des savants* (1958), *Les Surdoués* (1975), *Du fond du coeur* (1976), *Le Synode des fidéles* (1979).
79 *Les Défis de la guerre future* (1979), *Des fourmis et des hommes* (1979), *Le Secret des portulans* (1980).
80 Rémy Chauvin: »›Built upon water‹ Psychokinesis and Water Cooling: An Exploratory Study«, *Journal of the Society for Psychical Research* Vol. 55, No. 810, Januar 1988.
81 Rémy Chauvin, »Quelques phénomènes étranges en rapport avec la météorologie, et qui intéressent les biologistes«, *Année Biologique* 32/1956, 233–245. Chauvin stützte sich hierin auf kurz zuvor veröffentlichte Entdeckungen von H. Bortels, »Zwei einfache Modelle meteorologischer Reaktionen in ihren Beziehungen zu Luftdruckänderungen und der Solaraktivität«, *Archiv der Meteorologie, Geophysik und Bioklimatologie* 5/1954, 235–257; G. Piccardi, »Über einen Zusammenhang zwischen atmosphärischen und kosmischen Phänomenen und physikalisch-chemischen Prozessen«, *ebda.* 6/1955, S. 487–505; C. Boute, »Wirkungen elektrischer Felder und Strahlungen atmosphärischen und kosmischen Ursprungs auf das Wasser«, *ebda.* 7/1956, S. 146–155.
82 Chauvin (mit Roger Darchen): »Can clairvoyance be influenced by screens?«, *Journal of Parapsychology* 27/1963, S. 33–43; vgl. dazu Chauvin, *Parapsychology: When the Irrational Rejoins Science*, a.a.O., S. 35f.
83 René Peoc'h: »Chicken Imprinting and the Tychoscope: An Anpsi Experiment«, *Journal of the Society for Psychical Research,* Vol. 55, No. 810, 1988, S. 1–11.
84 Im Jahre 1935 hatte der österreichische Verhaltensforscher Konrad Lorenz (1903–1989) auf dieses eigenartige Nachfolgeverhalten mancher Vogelarten gegenüber dem ersten bewegten Objekt aufmerksam gemacht. Auch wenn erst mit Lorenz' Arbeiten die systematische Erforschung von Prägungsvorgängen im Tierreich begann, waren ähnliche Beobachtungen schon sehr viel früher gemacht worden; so etwa von D. Spalding 1893 an Küken, von dem deutschen Zoologen Oskar Heinroth 1910 an Wildgänsen.
85 Rémy Chauvin, »A PK Experiment With Mice«, *Journal of the Society for Psychical Research* 53/Juli 1986, No. 804, S. 348–351. Vgl. Chauvin, Parapsychology: When The Irrational Rejoins Science, McFarland: Jefferson NC 1985, S. 36–41.
86 Warum startet das »Tychoskop« nicht vom Mittelpunkt des Kreises aus, sondern am Rand, direkt vor der Maus? Chauvin hat zwei gute Gründe dafür: Zum einen hatten Vorversuche gezeigt, daß die Maus das Tychoskop stärker beeinflussen kann, wenn es in ihrer Nähe ist; »vielleicht erschreckt sie das Geräusch des Apparats«. Zum anderen muß die Versuchsfläche völlig eben sein. Daß sie keinerlei Neigung aufweist, die den Lauf des Mobiles beinflussen könnte, läßt sich am besten kontrollieren,

indem man das Mobile nacheinander von der Ost-, West- Süd- und Nordmarke des Kompasses losfahren läßt. Vgl. Chauvin (1986), a.a.O., S. 348.

87 Tatsächlich treten *nur so* statistisch signifikante PK-Effekte auf, wie Chauvin in Vorversuchen feststellte (a.a.O., S. 349).

88 Pierre Janin, »Psychism and Chance«, in: *The Philosophy of Parapsychology*, B. Sharpin/L. Coly (Hrsg.), Parapsychology Foundation: New York 1977, S. 237–259.

89 Pierre Janin, »The Tychoscope: A Possible New Tool for Parapsychological Experimentation«, *Journal of the Society for Psychical Research* 53/1986, S. 341–347.

90 Schwarz, B.: »K: A Presumed Case of Telekinesis«, International *Journal of Psychosomatics* 32 (1) 1985, 3–21.

91 Schwarz, B.: »Paranormally Linked Sealed Rings«, *Pursuit* 19/1986, 102–105.

92 Schwarz, B.: »Presumed Physical Mediumship of UFOs«, *Flying Saucer Review* 31 (6) 1986, 18–22.

93 Schwarz, Lisa Thyra: »The Miracles of Peter Sugleris«, unveröffentl. Manuskript.

94 Schwarz, B.: »The Possible Levitations of Peter Sugleris«, *Pursuit*. Journal of SITU (»Society for the Investigation of the Unexplained«), Vol. 20, Nr. 1/First Quarter 1987, S. 2–8.

95 Merz, Beverly: »The Body Pays a Penalty for Defying the Law of Gravity«, *Jama* 256 (15) 1986, 2040–2043, 2052.

96 Erlendur Haraldsson: »Sai Baba, Man of Miracles«, *Fate* Vol. 41 No. 8, Issue 461 (August 1988), S. 63–72. Ausführlicher schildert Haraldsson seine Begegnungen mit Sai Baba in *Modern Miracles*, New York 1988.

IV ERLEBNISSE IN TODESNÄHE

97 Nancy Evans Bush, »The Near-Death Experience in Children: Shades of the Prison-House Reopening«, *Anabiosis – The Journal for Near-Death Studies*, Vol. 3, No. 2, Dezember 1983, S. 177–193.

98 Elisabeth Kübler-Ross, *On Children and Death*, New York 1983; deutsch: *Kinder und Tod*, Zürich 1984.

99 Ihr Bericht darüber erschien in einem Kapitel ihres Buchs *With the Eyes of Mind*, Praeger: New York 1985.

100 Melvin Morse, »A near-death experience in a 7-year-old child«, *American Journal of Diseases of Children* 137/1983, S. 959–961.

101 Melvin Morse (mit Paul Castillo, David Venecia, Jerrold Milstein, Donald Tyler), »Childhood Near-Death Experiences«, *American Journal of Diseases of Children* 140/ November 1986, S. 1110–1114.

102 Raymond Moody, *Life After Life*, Covington 1975; ders., *Reflections on Life After Life*, St. Simons Island 1977; Kenneth Ring, *Life at Death: A Scientific Investigation of the Near Death Experience*, New York 1980; Michael Sabom, *Recollections of Death: A Medical Investigation*, New York 1982; George Gallup jr., *Adventures in Immortality*, New York 1982.

103 H. G. Egdell/I. Kolvin, »Childhood Hallucinations«, *Journal of Child Psychology and Psychiatry* 13/1972, S. 279–287; M.F. Weiner, »Hallucinations in children«, *Arch Gen Psychiatry* 5/1961, S. 544–553.

104 Wilder Penfield, »The role of the temporal cortex in certain psychical phenomena«, *Journal of Mental Science* 101/1955, S. 451–465; ders. (mit T. Rasmussen): *The Cerebral Cortex of Man: A Clinical Study of Localization of Function*, New York 1950.

105 Kübler-Ross, *Kinder und Tod* (vgl. Anm. 2), S. 236.

106 Satwant Pasricha/Ian Stevenson: »Near-Death Experiences in India. A Preliminary Report«, *The Journal of Nervous and Mental Disease* Vol. 174, No. 3, S. 165–170. Stevensons Stichprobe umfaßt elf Männer und fünf Frauen, im mittleren Alter von 35 Jahren. Ihr Nahtodeserlebnis lag durchschnittlich 14 Jahre zurück.

107 Mit Hilfe eines eigens entwickelten, detaillierten Fragebogens hatte Stevenson schon 1979 Nahtodeserlebnisse von 78 erwachsenen Amerikanern erhoben; auf die dabei ermittelten Zahlen stützt er seinen Ost-West-Vergleich. (Stevenson/Greyson, »The phenomenology of near-death experiences«, *American Journal of Psychiatry* 137/1980, S. 1193–1196.

108 H. Alabaster, *The wheel of law: Buddhism*, Delhi 1972 (Erstveröffentlichung 1871)

109 Resat Bayer, der für Stevenson jahrelang in der Türkei arbeitete, erfuhr in Anatolien von einem solchen Fall.

110 Karlis Osis/Erlendur Haraldsson, *At the hour of death*, New York 1977, S. 181 (deutsch: *Der Tod, ein neuer Anfang. Visionen und Erfahrungen an der Schwelle des Seins*, Freiburg 1978). Sie verglichen Visionen von 877 Patienten aus US-amerikanischen und indischen Krankenhäusern; dabei fanden sie ebenso deutliche kulturelle Unterschiede wie Stevenson. Allerdings weist ihre Studie etliche methodische Mängel auf; so befragten sie keinen Patienten direkt, sondern vertrauten den schriftlichen Angaben von Ärzten und Pflegepersonal auf Fragebögen. Auch erfaßten sie Schwerkranke allgemein, nicht bloß NDE-Erfahrene; nur 163 Patienten hatten tatsächlich in Lebensgefahr geschwebt.

111 S. H. Sandweiss, *Sai Baba: The holy man and the psychiatrist*, San Diego 1975, S. 102–103.

112 Zur Bedeutung von Argumenten um den »phänomenologischen Gehalt« von Erfahrungen für das Leib/Seele-Problem vgl. Harald Wiesendanger, *Mit Leib und Seele. Ursprung, Entwicklung und Auflösung eines philosophischen Problems*, Frankfurt 1987, Kap. »Widerspenstige Qualia: Wohin mit unserer ›phänomenalen‹ Innenwelt?«, S. 261–293.

113 E. Gurney/F. W. H. Myers/F. Podmore, *Phantasms of the living*, 2 Bde., London 1886

114 Ian Stevenson, *Telepathic impressions: A review and report of thirty-five new cases*, Charlottesville 1970.

V REINKARNATION

115 Stevenson analysiert diesen Fall ausführlich in *Reinkarnation – Der Mensch im Wandel von Tod und Wiedergeburt. 20 überzeugende und wis-*

senschaftlich bewiesene Fälle, Freiburg, 5. Aufl. 1986, S. 109–124; or.: *Twenty Cases Suggestive of Reincarnation*, Charlottesville 1966.

116 a.a.O., S. 260–263.

117 Ian Stevenson (mit N.K. Chadha): »Two Correlates of Violent Death in Cases of the Reincarnation Type«, *Journal of the Society for Psychical Research* Vol. 55, No. 811, April 1988, S. 71–79. Auf denselben Zusammenhang will der Münchner Reinkarnationstherapeut Thorwald Dethlefsen gestoßen sein: Bei »Rückführungen« der ersten Jahrgänge nach 1945 kam erstaunlich oft ein Leben zum Vorschein, das im Zweiten Weltkrieg endete.

118 Ganz selten identifiziert sich ein Kind mit einer Person, die erst starb, *nachdem* es geboren wurde; einige dieser Fälle legen *Besessenheit* nahe. Beispiele dafür nennt Stevenson in a.a.O. (s. Anm. 1), S. 51ff., sowie in *Cases of the reincarnation type. IV. Twelve cases in Thailand and Burma*, Charlottesville 1983.

119 »Two Correlates...«, a.a.O., S. 75. (Stevensons Statistik ist hier nur auszugsweise und mit gerundeten Zahlen wiedergegeben.)

120 Vgl. Stevenson, *Reinkarnation*... (S. Anm. 1), S. 233ff.

121 »Two Correlates...«, a.a.O., S. 76 (vgl. Anm. 5.)

122 Nach *Demographic Yearbook*, United Nations, N.Y. 1970.

123 Ian Stevenson (mit Cook, E.W. / Pasricha, S. / Samararatne, G. / U Win Maung): »A Review and analysis of ›unsolved‹ cases of the reincarnation type: II. Comparison of features of solved and unsolved cases«, *Journal of the American Society for Psychical Research* 77/1983, S. 115–135.

124 Ian Stevenson/Satwant Pasricha: »Indian Cases of the Reincarnation Type: Two Generations Apart«, *Journal of the Society for Psychical Research* Vol. 54, No. 809, Oct. 1987

VI SPIRITISMUS

125 Entweder noch am selben Abend oder wenige Tage darauf schrieb Lina de Brady-Boni anhand der Tonbandaufzeichnungen ein Protokoll. Daraus stellte sie im Herbst 1987 einen 16seitigen Bericht in italienischer Sprache zusammen, den sie später ins Englische übersetzte. Eine gekürzte und überarbeitete deutsche Übersetzung des englischen Texts stellt Dr. Theo Locher, Präsident der »Schweizerischen Vereinigung für Parapsychologie« (SVPP), in einem 10seitigen »Orientierungsblatt« vor; ihm danke ich für die Überlassung des Materials. (Lina de Boni-Brady/Theo Locher, »Jenseitige sprechen, schreiben und handeln in Sitzungen. Ist es wirklich Dr. Gastone de Boni, der sich meldet?«, *55. Orientierungsblatt der SVPP*, Biel, Januar 1989). Einen Kurzbericht veröffentlichte Theo Locher in: *Schweizerisches Bulletin für Parapsychologie*, Nov. 1988, 23.Jg., Nr. 2, S. 13f. Von zwei weiteren Sitzungen, die Lina Bradys Bericht nicht mehr erfaßt, übergab sie dem SVPP-Präsidenten Tonbandmitschnitte.

126 Parapsychologen sprechen von *Xenographie* (von griech. *xenos*: fremd, *graphein*: schreiben): In automatischer oder direkter Schrift entstehen Texte in einer Sprache, die kein Anwesender beherrscht.

127 L. Güldenstübbe, *Positive Pneumatologie*, Stuttgart 1870

128 Zum Phänomen der »direkten Schrift« vgl. John S. Farmer, *Twixt Two Worlds*, London 1886; »M.A. Oxon« (Pseudonym für Stainton Moses), *Direct Spirit Writing (Psychography)*, London 1878, Nachdruck London 1952; J.J. Owen, *Psychography*, San Francisco 1893.

129 Es handelt sich um das *istituto grafologico g. moretti*, 61029 Urbino, p.za s. francesco 7. Das zweiseitige Gutachten erstellte der Graphologe Lamberto Torbidoni.

130 Demofilo Fidani, *Il Medium esce dal Mistero*, Trento 1986; *La Vita Eterna (1988)*

131 Hans Naegeli-Osjord: »Die Infestation, die leichteste Form der Besessenheit«, 20 S., unveröffentl. Manuskript eines Vortrags im November 1987 auf den Basler Psi-Tagen.

132 Ders., *Besessenheit und Exorzismus*, Reichl: Buschhoven 1983, ib. S. 170ff., 186ff.

133 Wie eine jüngste Analyse von über 60 Fällen zeigt, die dem Freiburger Institut für Grenzgebiete der Psychologie und Psychohygiene im Laufe von vier Jahrzehnten gemeldet wurden, kann Spukgeschehen erheblich länger anhalten, als die bisherige Forschung annahm: Die beiden Diplom-Psychologinnen Monika Huesmann und Friederike Schriever stießen auf Fälle »personengebundenen« Spuks, welche die Betroffenen bis zu 13 Jahren heimsuchten (veröffentlicht in *Zeitschrift für Parapsychologie und Grenzgebiete der Psychologie* 30/1988). Einige davon würde Naegeli-Osjord allerdings eher als leichte Formen von Besessenheit einordnen.

134 In ihrem exorzistischen *Rituale Romanum* von 1614 ging die katholische Kirche ursprünglich nur von *obsessio*, Besessenheit im eigentlichen Sinne aus. Erst seit dem 18. Jahrhundert unterscheidet sie *circumsessio* und *infestatio* als leichtere Erscheinungsformen.

135 Theo Locher, »Was verursacht den Bieler Spuk?«, *Schweizerisches Bulletin für Parapsychologie* 23. Jg., Nr. 2/November 1988, S. 16–18.

136 Ein Pseudonym, zum Schutz der Betroffenen. Theo Locher selbst schreibt von einer »Frau A.«.

137 Ausführlich berichtet Naegeli darüber in »Ein selbsterlebter Spuk«, *Neue Wissenschaft* Bd. 7, Nr. 2/1957; vgl. *Besessenheit und Exorzismus*, a.a.O. S. 23f.

138 *Para* Nr. 53/Sept.1988, S. 1, 3–5; *Psychic News* No. 2941, 22. Oktober 1988, S. 1 (kommentierte Übersetzungen eines Artikels in der schwedischen Tageszeitung *Eskilstuna Kuriren* vom 16.2.1988).

139 Rainer Holbe, *Bilder aus dem Reich der Toten. Die paranormalen Experimente des Klaus Schreiber*, München 1987

140 In: *Hör zu*, 36/28.8.1987, S. 92.

141 Hans Bender, »Zur Analyse außergewöhnlicher Stimmphänomene auf Tonband«, *Zeitschrift für Parapsychologie und Grenzgebiete der Psychologie* 12/1970, S. 226–238

142 a.a.O., S. 231ff.

143 a.a.O., S. 238.

144 Nach Theo Locher, »Neue Telefonate aus dem Jenseits – neue Kontakte per Computer und Fernsehgerät«, *Schweizerisches Bulletin für Parapsychologie*, 23. Jg., Nr. 2/November 1988, S. 18–19.

145 a.a.O., S. 19.
146 a.a.O., S. 19.
147 Mit seinem »Feldgenerator« bietet der Mönchengladbacher Elektroakustiker Hans Otto König den »Jenseitigen« Frequenzen im Ultraschallbereich an, die sie angeblich besonders leicht modulieren können. Die übermittelten Informationen seien dadurch in der Lautstärke einer normalen menschlichen Stimme zu hören.
148 Köberle berichtet darüber im offiziellen Mitteilungsblatt seines Vereins, der *VTF-Post* 50/1988. Die folgenden Zitate entnehme ich daraus.
149 *Ich kann sprechen*, München 1985.
150 *Trance-Dialog mit ›C.G. Jung‹*, Melsbach 1988; Vortrag und Demonstration der Coudris auf den Basler Psi-Tagen im November 1988. Das Buch gibt knapp 40 Kontakte aus den ersten drei Jahren wieder. Ein zweiter Band erscheint im Herbst 1989, ein dritter im Frühjahr 1990; insgesamt sind sieben geplant.
151 Klappentext zum *Trance-Dialog*, a.a.O.
152 Nach der Ankündigung der Veranstaltungen in *Die Andere Realität*, Herbstausgabe 1988, S. 2; für die »Akademie für Esoterik« leistet diese Zeitung laut Impressum »Öffentlichkeitsarbeit«.
153 *Erinnerungen, Träume, Gedanken von C.G. Jung*, aufgezeichnet und herausgegeben von Aniela Jaffé, Olten 1971.
154 Dieter Wiergowski, »Im Trance-Dialog mit ›C.G. Jung‹«, *Die Andere Realität*, Herbstausgabe 1988, S. 1–2.

VII PARAMEDIZIN

155 Guy Leon Playfair, »Austria's Medical Shocker«, *Fate* Vol. 41/1988, No. 9, Issue 462, S. 42–48; vgl. ders., »The spark of hope«, *Guardian* 6. April 1988, S. 23.
156 *Heiltees, die Wunder wirken*, Genf 1986.
157 Michael Shallis, *The Electric Shock Book* (1988). Mit Zusammenhängen zwischen Bioelektrizität und Heilen setzen sich ebenfalls auseinander: Robert O. Becker, *The Body Electric*, New York 1985; Guy L. Playfair, *Medicine, Mind and Magic* (1987).
158 Daß Elektrizität paranormale Leistungen begünstigt, ist seit Ende des 19. Jahrhunderts mehrfach beobachtet worden, vor allem im Zusammenhang mit Experimenten zum »animalischen Magnetismus« des umstrittenen deutschen Arztes Franz Anton Mesmer (1734–1815). Schon der französische Baron Eugène Albert d'Aiglun Rochas (1837–1914), Psiforscher und Leiter des militärischen Polytechnikums in Paris, dokumentierte mehrere Fälle, in denen die Kräfte von Medien dadurch zunahmen: so etwa bei der Neapolitanerin Eusapia, die häufig eine Elektrisiermaschine benutzte, um sich »ein Fluidum zu verschaffen« (*L'extériorisation de la motricité. Recueil d'expériences et d'obervations*, 4. Aufl. Paris 1906, S. 364f., 374f.). Nicht selten traten bei Medien seltsame Leuchtphänomene, Entladungen, Anziehungen und andere elektromagnetische Phänomene auf. Zusammenfassend dazu *Encyclopedia of Occultism & Parapsychology*, Leslie Shepard (Hrsg.), Detroit 1984, Bd. II, »Electric Phenomena«, S. 403f.

159 Vgl. Rochas, a.a.O., S. 549–570; Bourrot, H./Burot, P., *La suggestion mentale et l'action à distance des substances toxiques et médicamenteuses*, Paris 1887, S. 292ff.; Dr. Despine, *De l'emploi du magnétisme animal et des eaux minérales*, Paris 1840, S. 231, 254; Ch. Lafointaine, *L'art de magnétiser ou le magnétisme animal, considéré sous le point de vue théoretique, pratique et thérapeutique*, Brüssel 1851, S. 210f. Ein Dutzend Fälle stellt die schweizerische Zoologin und Parapsychologin Fanny Moser (1872–1953) vor in: *Der Okkultismus. Täuschungen und Tatsachen*, Band II, München 1935, S. 883f.

160 Fanny Moser, a.a.O., S. 884; sie kannte Laudenheimer persönlich.

161 Die Nachrichtenagenturen AFP (*Gulf News*, 3. März 1988) und CNA (*L'express*, Mauritius, 7. März 1988) griffen den Fall auf. Vgl. »Electric Man«, *Fortean Times* 50/1988, S. 33.

162 »Pauline steht ständig unter Strom«, *Bild am Sonntag* 22./23.5.1988, S. 10f.; als wissenschaftlichen Kronzeugen zitiert das Blatt Dr. Peter Hodges von der Universität Manchester.

163 a.a.O., S. 886.

164 David Boadella (Centre for Bioenergy, London), »Oszillatorenspulen nach Lakhovsky«, *Illustriertes Handbuch alternativer Heilweisen*, Ann Hill (Hrsg.), Freiburg 1980, S. 172 (or.: *A Visual Encyclopedia of Unconventional Medicine*, London 1978).

165 Dieser Schilderung zugrunde liegt ein 90minütiger Filmvortrag Schuberts auf den »Basler Psi-Tagen«, 6. November 1987, und ein anschließendes längeres Interview.

VIII MEDITATION UND MYSTIK

166 »Golden-Age Meditators Live Longer«, *Venture Inward* Nr. 3–4/1987, S. 9; *APA Monitor* (Mitteilungsblatt der »American Psychological Association«), Oktober 1986.

167 Maharishis genaues Alter ist unbekannt. Manche Autoren schätzen sein Geburtsjahr um 1918. Weitgehend im Dunkel blieb bislang auch sein Lebensweg. Angeblich zunächst Physiker, soll er sich in ein abgelegenes Kloster im Himalaya zurückgezogen haben. Der Guru Dev, dessen Schüler er 13 Jahre lang war, unterwies Maharishi in einer alten Meditationstechnik, die in den Vedas, den ältesten Hindu-Schriften, ihren Ursprung hat. In seiner Abgeschiedenheit soll Maharishi Einsichten erlangt haben, aufgrund derer er am 1. Januar 1958 in Madras seine Schule der »Transzendentalen Meditation« begründete. Im Jahr 1959 machte sie der Yogi erstmals in den USA bekannt. Zu Ursprung, Methode, Anwendung und weltanschaulichem Hintergrund vgl. H. Bloomfield/M. Cain/D. Jaffe/R. Kory, *TM: discovering inner energy and overcoming stress*, New York 1975 (dt.: *TM: Lebenskraft aus neuen Quellen*, Düsseldorf/Wien 1976); White, J., *Alles über TM. TM – die neue Lehre des Maharishi Mahesh Yogi*, München 1976. Kritisch dazu: M. Mildenberger/A. Schöll, *Die Macht der süßen Worte. Zauberformel TM: die Bewegung der transzendentalen Meditation*. Wuppertal 1977.

168 David Orme-Johnson, »Automatic Stability and Transcendental Meditation«, *Journal of Psychosomatic Medicine* 35 (4) 1973, S. 341–349.

169 R.K. Wallace/H. Benson/A.F. Wilson, »A wakeful hypometabolic physiological state«, *American Journal of Physiology* 221 (3) 1971, S. 795–799; R.K. Wallace/H. Benson, »The physiology of meditation«, *Scientific American* 226 (2) 1972, S. 84–90.

170/171 Vgl. Literatur Anm. 169 sowie R.K. Wallace, »Physiological effects of transcendental meditation«, *Science* 167/1970, S. 1751–1754; R.K. Wallace, *Physiological effects of transcendental meditation: a proposed fourth state of consciousness*, Doctoral dissertation, University of California, Los Angeles 1970.

172 Zu den psychologischen Auswirkungen regelmäßiger Meditation und ihren Anwendungen in der Psychotherapie und Psychiatrie vgl. zusammenfassend Daniel Goleman, »Meditation und Bewußtsein – Ein asiatischer Weg zu psychischer Gesundheit«, sowie Patricia Carrington, »Moderne Formen der Meditation«, beide in: *Transpersonale Psychotherapie*, Seymour Boorstein (Hrsg.), Bern/München/Wien 1988, S. 205–222 bzw. S. 251–271. Harold Bloomfield, »Anwendungsmöglichkeiten des Programms der Transzendentalen Meditation auf die Psychiatrie«, *Psycho-Fahrplan*, V. Binder u.a. (Hrsg.), München 1977, S. 125–151 (or.: *Modern Therapies*, Englewood Cliffs, N.J. 1967).

173 Die beiden Kardiologen Friedman und Rosenman beschrieben 1959 erstmals diesen Zusammenhang. Vgl. dazu D.C. Glass, *Behavior patterns, stress and coronary disease*, New Jersey 1977.

174 »Ermäßigung für Meditierende«, *Esotera* 12/1988, S. 5.

175 Zit. nach Johannes H. Boeckel, *Meditationspraxis*, München 1977, 5. Aufl. 1984, S. 53.

176 »Mantras haben Kraft und Bedeutung nur für den Eingeweihten«, beharren strenge Hüter der indischen Tradition wie Lama Govinda. »Das heißt, nur für den, der durch die besonderen Erfahrungen und Erlebnisse hindurchgegangen ist, aus denen das mantrische Wort oder die mantrische Formel entstanden und mit dem sie unlösbar in ihrem innersten Wesen verknüpft sind«; zit. nach Johannes F. Boeckel, *Meditationspraxis*, a.a.O., S. 53.

177 Diese Zahl nennt Nevill Drury in seinem *Lexikon esoterischen Wissens*, München 1988, S. 600f.

178 Wieviel sich von den Versprechen der TM-Bewegung wissenschaftlich einlösen läßt, stellen zusammenfassend vor: D.P. Kanellakos/J.S. Lukas, *The psychobiology of transcendental meditation: literature survey*, Reading, Pa. 1974; D.W. Orme-Johnson/H.T. Farrow (Hrsg.), *Scientific research on the transcendental meditation program: collected papers* (Vol. 1), New York 1975.

179 Harold Bloomfield, a.a.O. (Anm. 7), S. 149. Mit *Transcendental TM: discovering inner energy and overcoming stress*, New York 1975, landete er als Koautor einen Bestseller. (dt. Übers. s. Anm. 174).

180 *Esotera*, a.a.O. (Anm. 174)

181 Thomas J. Smurthwaite/Roy D. McDonald: »Examining Ecological Concern Among Persons Reporting Mystical Experiences«, *Psychological Reports* 60/1987, 591–596.

182 Group for the Advancement of Psychiatry, *Mysticism: spiritual quest or psychic disorder*?, Mental Health Materials Center: New York 1976.

183 Daß zur mystischen Erfahrung wesentlich ein Gefühl der *Einheit* gehört, fanden schon namhafte Psychologen wie Erich Fromm (»Psychoanalysis and Zen Buddhism«, in E. Fromm/D.T. Suzuki/R. DeMartino (Hrsg.), *Zen Buddhism and Psychoanalysis*, New York 1960), W.T. Stace (*Mysticism and philosophy*, New York 1960) und Abraham Maslow (*Religion, values and peak experiences, New York 1976)*.

184 Stanislav Grof: The Adventure of Selfdiscovery (1987), deutsch: *Das Abenteuer der Selbstentdeckung: Heilung durch veränderte Bewußtseinszustände*, München 1987, ib. Kap. I.C, S. 63ff.

IX PRÄKOGNITION

185 Auf ausdrücklichen Wunsch der jungen Frau wurde ein Pseudonym eingesetzt. Name und Adresse der Wahrträumerin sowie zweier Zeugen gibt Kerry Walters an interessierte Forscher weiter, »vorausgesetzt, die Identität der Betreffenden bleibt streng vertraulich«. (Gettysburg College, Dept. of Philosophy, Gettysburg, Pennsylvania 17325, USA)

186 Kerry S. Walters: »An Ostensibly Precognitive Dream of the 1980 Sunshine Skyway Bridge Desaster«, *The Journal of Religion and Psychical Research*, Vol. 10, Nr. 2/1987, 97–103.

187 G. W. Lambert: »A Precognitive Dream About a Water Spout«, *Journal of the Society for Psychical Research* 43/1965.

188 J. C. Barker: »Premonitions of the Aberfan Disaster«, *Journal of the Society for Psychical Research* 44/1967.

189 Kendrick Frazier, »Selling the Lottery with ESP«, *Skeptical Inquirer* 12/Herbst 1987, S. 25–26.

190 Charles Akers, »Lottery's Con Game«, *Boston Globe* 28. April 1987.

191 John Ellis Sech, »Jackpot Dream«, *Fate* Vol. 41, No. 7/Juli 1988, S. 96.

192 Albert W. James, »I Dreamed the Winning Races«, *Fate* Vol. 41, No. 7/Juli 1988, S. 97–98.

193 Jack Lewis, »ESP Wins in Las Vegas«, *Fate* Vol. 40/Oktober 1987, S. 61–63.

194 Namen und Adressen von Brown und Green liegen den Herausgebern von *Fate* vor.

195 Russell Targ, »ESP on Wall Street«, *The Explorer* Vol. 4, No. 2/April 1988, S. 1–2.

196 Russell Targ, »The National ESP Test«, *New Realities*, Sept./Okt. 1987, S. 35–40.

197 Russell Targ/Keith Harary: *Jeder hat ein 3. Auge*, Goldmann: München 1985; or.: *The Mind Race: Understanding and Using Psychic Abilities* (1984).

198 *Wall Street Journal*, »Did Psychic Powers Give Firm a Killing in the Silver Market?«, 22. Oktober 1984.

199 *Psychic News* No. 2911, 26. März 1988, S. 1 und 4.

X TELEPATHIE

200 Ernst Meckelburg, *Psycholand*, Frankfurt 1986, S. 186ff.
201 Jacobo Grinberg-Zylberbaum/Julieta Ramos, »Patterns of Interhemispheric Correlation During Human Communication«, *Journal of Neuroscience* 36/1987, S. 41–53.
202 Holger Jordan, »Ein Traumtelepathie-Experiment«, unveröffentl. Manuskript (3 S.) vom 15. November 1988
203 *SPR Newsletter*, No. 26, Juli 1988, S. 19.
204 Arbeitskreis für Grenzgebiete der Naturwissenschaften und der Psychologie, »Ergebnisse einer Untersuchung der möglichen Übermittlung von Informationen an Probanden während des Schlafs«, unveröffentl. Bericht Nr. 13/88 vom 22. Dezember 1988 (10 S.). Kontakt: Holger Jordan, Eppsteiner Str. 61, 6233 Kelkheim 2. – Fehlerquellen dieser Art wollen die Kelkheimer jetzt in einem bislang einmaligen Großversuch zur Traumtelepathie ausschalten. Dafür suchen sie bundesweit 300 Männer und Frauen im Alter zwischen 18 und 90 Jahren, die mitmachen möchten. »Versuchsbeginn wird voraussichtlich der 10. Februar 1990, 24.00 MEZ sein«, kündigt Jordan an. Die Teilnehmer sollen über das ganze Bundesgebiet verstreut sein. Vorweg werden ihnen lediglich das Datum und die Dauer des Experiments mitgeteilt; außerdem erhalten sie einen Fragebogen und den Vordruck eines Traumprotokolls, auf dem sie ihre Eindrücke notieren sollen. Am Versuchstag haben sie sich gegen 22 Uhr schlafen zu legen. Ab Mitternacht wird ihnen der Projektleiter dann von Kelkheim aus zwei Stunden lang seine Eindrücke von einem Foto telepathisch senden; dieses wird unmittelbar vor Versuchsbeginn nach einem Zufallsverfahren aus zehn Fotos ausgewählt, die in versiegelten, undurchsichtigen Umschlägen stecken. Jordan: »Am darauffolgenden Morgen sollen alle Versuchspersonen ihre Nachtträume niederschreiben und eventuell Zeichnungen beifügen.« Ein unabhängiger Gutachter wird diese Aufzeichnungen dann auf Ähnlichkeiten untereinander und mit der Vorlage prüfen.
205 M. Ullman/S. Krippner, *Dream Studies and Telepathy*, New York 1970; Ullmann, M./Krippner, S./Vaughan, A., *Dream Telepathy*, London 1973 (dt. *Traumtelepathie*, Aurum: Freiburg 1976).

XI HELLSEHEN

206 Ullrich Schiemann, *Das darf doch nicht ›Wahrsagen‹ sein,* Band 1, AVP-Verlag: München 1988.
207 Den Fall Paul Laumen hat Renate Brändle in einem 22seitigen schriftlichen Protokoll vom 4. Januar 1989 festgehalten. Die Namen des Angeklagten und seine Familienangehörigen habe ich geändert.
208 Bender schildert diese und ähnliche Begebenheiten um Croiset in *Unser sechster Sinn. Hellsehen, Telepathie, Spuk*, Reinbek 1972, S. 105f.
209 Mit Rücksicht auf die Angehörigen des Selbstmörders habe ich für alle Beteiligten Pseudonyme eingesetzt. Günter Brock wurde am 24. September 1987 beigesetzt.

210 CENAP, Werner Walter, Eisenacher Weg 16, 6800 Mannheim 31.
211 Aus gesundheitlichen Gründen stellte der alternde DUIST-Präsident Ende 1988 das Erscheinen der ältesten deutschen Ufo-Zeitung ein.
212 Alfred Krantz: »Eine Ufo-Landung in Frankreich«, Teil I eines unveröffentlichten Manuskripts, vorgetragen auf den Basler Psi-Tagen 5.–9.11.87. Inzwischen hat auch der amerikanische Autor George C. Andrews den Fall aufgegriffen (*Extraterrestrials among us*, St. Paul 1988).
213 Centre National d'Etude Spatiale (C.N.E.S.) – GEPAN; 18, avenue Edouard Belin, F–31055 Toulouse-Cedex.
214 *National Enquirer* Oct. 11, 1988, No. 30586–2, S. 1. Reagans Ufo-Sichtung erwähnen kurz auch Jane Mayer und Doyle McManus, *Landeslide: The Unmaking of the President* (1988). Ausführlich erörtern sie: *Mufon Ufo Journal* (Ausgabe vom Oktober 1988); *Cenap-Report* Nr. 155, 1/89, S. 21–25.
215 Den *Ufo-Nachrichten* der »Deutschen Ufo-Studien-Gesellschaft« (DUIST) in Wiesbaden zufolge (Nr. 311–313, Juli–Dezember 1988, S. 1,2) soll Reagan während des Genfer Gipfeltreffens im November 1985 sogar den sowjetischen Staats- und Parteichef Michail Gorbatschow darauf angesprochen haben. Cenap-Vorsitzender Werner Walter allerdings, der DUIST mehrfach der Nachrichtenfälschung überführte, weiß nur von entsprechenden Äußerungen Reagans »in privatem Kreis«.
216 Eingehend reanalysiert die Mannheimer CENAP-Forschungsgruppe Carters Beobachtung in ihrem *Cenap-Report* Nr. 156 (2) 1989, S. 3–21.
217 Das 1956 gegründete NICAP, inzwischen nicht mehr aktiv, veröffentlichte Carters Protokoll in seinem Mitteilungsblatt *Ufo Investigator* vom Februar 1977. (Ursprünglich ein Zusammenschluß ufo-interessierter US-Bürger, hatte sich NICAP unter der Mitgliedschaft von Naturwissenschaftlern und hochrangiger Militärs bald zu einer Prüfungsinstanz von nationalem Ansehen entwickelt.) CENAP liegt eine Kopie vor; vgl. *Cenap–Report* 156 (2) 1989, S. 14.
218 *Cenap-Report* Nr. 156 (2) 1989, S. 6f.
219 »Jimmy Carter rief Shirley MacLaine an«, *Bild* Di 21.2.1989, Nr. 44/8, S. 8.
220 Robert Sheaffer, *The UFO Verdict: Examining the Evidence*, Buffalo, N.Y. 1981, Kap. 2: »Close encounter of the first kind: Jimmy Carter«.
221 Ein Pseudonym, mit dem Leon Stringfield seinen Informanten schützt.
222 Leon Stringfield, »The Fatal Encounter in Fort McGuire: A Case Report«, *Mufon Symposium Proceedings* 1985; deutsch: »Außerirdischer in den USA erschossen?«, *Night Lights* 5/1987, S. 21–32.
223 ebda., S. 30f.
224 *The New Yorker* 25. April 1988.
225 Jerome Clark, »Material Evidence«, *Fate* Vol. 41 (No. 12, Issue 465) Dezember 1988, S. 101–104.
226 Eine Bilanz angeblicher Ufo-Abstürze zieht Jerome Clark in einer vierteiligen Serie »UFO Crashes« in *Fate*, Ausgaben vom Januar bis April 1988; eingehend analysiert Timothy Good, *Above Top Secret* (New York 1988) das Material.

227 Nach Meldungen in der Tageszeitung *The Boston Herald* vom 29. Juli 1987 sowie im *Strange Magazine* 1/1988, S. 72.

228 Werner Walter, »Geheime ›Ufo‹-Untersuchungen in den USA?«, *Night Lights* 9/1987, Nr. 139, S. 4–10.

229 William L. Moore, »What does our Government know about UFOs?«, *Focus* Vol. 2, No. 7, 30. April 1987.

230 Quelle s. Anm.227, dort S. 8.

Quellenvermerke zu den Abbildungen

Abb. 1: Niehenke; Abb. 2,3: Modersohn; Abb. 4,5,9,10: Chauvin; Abb. 6,7: Peoc'h; Abb. 11: Situ; Abb. 12: Penfield/Rasmussen; Abb. 13: Stevenson; Abb. 14,16: Fidani; Abb. 15: Brady; Abb. 17: Thorlin; Abb. 18,20: VTF; Abb. 19: Holbe; Abb. 21,22,23: Coudris; Abb. 24: Hochenegg; Abb. 25,26: Schubert; Abb. 27: DNZ; Abb. 28: Grinberg/Ramos; Abb. 29,30,31,32: Jordan; Abb. 33: Schiemann; Abb. 34: Brändle; Abb. 35,36: CENAP.

Harald Wiesendanger (Hg.)
Wiedergeburt
Herausforderung für das westliche Denken

Fischer Taschenbuch Band 10031

Steckt in meinem Körper eine Person, die mehrmals lebte, starb und wiedergeboren wurde? An eine Wiedergeburt glaubt neuesten Umfragen zufolge bereits jeder vierte Nordamerikaner und Westeuropäer, darunter mindestens zwölf Millionen Bundesbürger. Was jahrtausendelang religiöse Glaubenssache war, haben Parapsychologen wie Ian Stevenson mittlerweile in eine handfeste empirisch-wissenschaftliche Theorie verwandelt. Immer mehr »Reinkarnationstherapeuten« führen in »frühere Leben« zurück – und heilen damit. Die Idee der Reinkarnation scheint auf dem Wege, in die westliche Welt einzubrechen – die Lücke füllend, die der Niedergang der christlichen Kirchen, der Verfall der öffentlichen Moral, die Sinnleere hochtechnisierter Industriegesellschaften hinterlassen haben. In diesem Buch diskutieren namhafte Psychologen aus Forschung und Praxis, Historiker, Philosophen und Theologen einige herausragende Aspekte dieses kulturellen Umbruchs, unter ihnen Thorwald Dethlefsen, Adolf Holl, Geddes MacGregor, Andreas Resch, Milan Ryzl, Werner Schiebeler und Ernst Topitsch.

Fischer Taschenbuch Verlag

fi 708 / 1

Philosophie

Jean Le Rond D'Alembert
Einleitung zur 'Enzyklopädie'
Günther Mensching (Hg.)
Band 6580

Jean Le Rond D'Alembert
Denis Diderot u.a.
Enzyklopädie
Eine Auswahl. Herausgegeben von Günther Berger. Band 6584

Francis Bacon
Weisheit der Alten
Philipp Rippel (Hg.). Band 6588

Seyla Benhabib
Kritik, Norm und Utopie
Die normativen Grundlagen der Kritischen Theorie. Band 10723

Henri Bergson
Die beiden Quellen der Moral und der Religion
Band 11300

Petra Braitling,
Walter Reese-Schäfer (Hg.)
Universalismus, Nationalismus und die neue Einheit der Deutschen
Philosophen und die Politik
Band 10963

Ernst Cassirer, Jean Starobinski,
Robert Darnton
Drei Vorschläge, Rousseau zu lesen
Band 6569

René Descartes
Ausgewählte Schriften
Herausgegeben von Ivo Frenzel
Band 6549

Denis Diderot
Über die Natur
Herausgegeben und mit einem Essay von Jochen Köhler. Band 6583

Hans-Georg Gadamer (Hg.)
Philosophisches Lesebuch
3 Bände: 6576/6577/6578

Jens Heise
Traumdiskurse
Die Träume der Philosophie und die Psychologie des Traums
Band 6585

Thomas Hobbes
Behemoth oder Das Lange Parlament
Herausgegeben und mit einem Essay von Herfried Münkler. Band 10038

Max Horkheimer
Zur Kritik der instrumentellen Vernunft
Band 7355

Martin Jay
Dialektische Phantasie
Die Geschichte der Frankfurter Schule und des Instituts für Sozialforschung. Band 6546

Philosophie

Ralf Konersmann
Erstarrte Unruhe
Walter Benjamins Begriff der Geschichte. Band 10962

Susanne K. Langer
Philosophie auf neuem Wege
Das Symbol im Denken, im Ritus und in der Kunst. Band 7344

Ludger Lütkehaus (Hg.)
„Dieses wahre innere Afrika"
Texte zur Entdeckung des Unbewußten vor Freud. Band 6582

Niccolò Machiavelli
Politische Schriften
Herfried Münkler (Hg.). Band 10248

Platon
Sokrates im Gespräch
Vier Dialoge. Band 6550

Jean-Jacques Rousseau
Schriften
Herausgegeben von Henning Ritter
2 Bände: 6567/6568

Bertrand Russell
Das ABC der Relativitätstheorie
Band 6579
Moral und Politik. *Band 6573*
Philosophie. Die Entwicklung meines Denkens. *Band 6572*

Joachim Schickel
Philosophie als Beruf
Band 7315

Hans Joachim Störig
Kleine Weltgeschichte der Philosophie
Band 11142

Bernhard H. F. Taureck (Hg.)
Psychoanalyse und Philosophie. Lacan in der Diskussion
Band 10911

Christoph Türcke
Kassensturz
Zur Lage der Theologie
Band 11249
Sexus und Geist
Philosophie im Geschlechterkampf. Band 7416
Der tolle Mensch
Nietzsche und der Wahnsinn der Vernunft. Band 6589

Voltaire
Philosophische Briefe
Band 10910

Charles Whitney
Francis Bacon
Die Begründung der Moderne
Band 6571

Franz Wiedmann
Anstößige Denker
Die Wirklichkeit als Natur und Geschichte in der Sicht von Außenseitern. Band 6587

Serge King

Begegnung mit dem verborgenen Ich

236 Seiten, kartoniert
ISBN 3-591-08313-5

Die Huna-Lehre, ein uraltes magisches System, geht davon aus, daß wir uns unsere Realität selbst schaffen, indem wir ein ganz bestimmtes System von Glaubenssätzen und festgefahrenen Meinungen haben, das unsere Aktionen und Reaktionen, Gedanken und Gefühle bestimmt. Wer Zugang zu den verborgenen Aspekten seiner Persönlichkeit hat, wer sie ans Licht des Bewußtseins zu holen vermag, wird besser als andere imstande sein, mit seinen alltäglichen Problemen umzugehen, negative Verhaltensmuster aufzulösen und Ängste zu überwinden.

AURUM VERLAG · BRAUNSCHWEIG